언택트 시대의
마음택트
리 더 십

4차 산업혁명 시대, 서번트리더십

거꾸로미디어

언택트 시대의

마음택트
리 더 십

4차 산업혁명 시대, 서번트리더십

차례

1장 서번트 리더십에서 언택트 리더십까지(A to Z)

2장 나는 누구인가? 그들은 누구인가?

3장 타인을 위한 삶

4장 시대를 읽는 서번트 리더

추천사 (가나다순)

강동구 | 인천대학교 교수

이 책에서는 새로운 시대가 요구하는 리더십을 너무나 쉽게 설명하고 있습니다. 어렵게만 느껴지는 리더십에 대한 글이 쉽게 읽히고, 쉽게 이해됩니다. 무엇보다 이 책은 나 자신을 다시 한번 돌아보게 함으로써 복잡한 관계 속에서 내가 가져야 할 리더십의 본질을 일깨워줍니다. 많은 부분에서 공감되었고 읽으면서 힐링되는 느낌을 받았습니다. 책을 통해 나를 돌아보고 마음의 편안함을 느꼈습니다.

김영진 | 제20·21대 국회의원

불확실한 사회 속에서 '마음택트'를 위해서는 자성지겸예협이 필요하다는 것을 이 책을 통해 알게 되었습니다. 정조의 리더십이 세상을 변화시키는 FIRE 파 이 어 하이브리드 리더십의 기초가 된다는 것에 수원 지역구의 국회의원으로서 자부심을 느낍니다. 아울러 이 책이 아동부터 노인까지 4차 산업혁명 시대와 언택트 시대, 그리고 뉴노멀 시대에 정치, 경제, 교육 등 리더들에게도 좋은 지침서가 될 것이라고 확신합니다.

김용서 | 정조를 사랑하는 전 수원시장

백성의 소리에 귀 기울였던 리더, 백성의 더 나은 삶을 위해 살았던 리더, 끊임없는 학습을 통해 창의적이고 융합적 사고로 국정을 펼쳤던 리더, 그러면서도 평정심을 갖추고 편견 없이 신하들과 함께했던 리더, 이게 바로 우리의 선조들의 서번트 리더십이었다는 것을 이 책을 통해 느끼면서 리더의 한 사람으로 깊은 반성이 됩니다. 그리고 우리의 선조들의 리더십이 한국을 넘어 전 세계에 널리 알려지길 소원하며 많은 독자에게 적극적으로 추천합니다.

김진표 | 제 17·18·19·20·21대 국회의원

다양한 분야에서 시대와 국가를 초월해 서번트 리더십을 배울 수 있는 좋은 책입니다. 특히 세종대왕과 정조대왕이 경청·공감·힐링·인식·설득의 서번트 리더십을 어떻게 발휘했는지를 알 수 있어 정치인들의 리더십이 중요한 시기에 많은 깨우침을 주는 책입니다.

민인숙 | 까치울중학교 교감, 평생교육학 박사

이 책의 부제를 보는 순간, 어른들이 읽어야 할 어렵고 딱딱한 내용의 전문서적일 것이라고 생각했습니다. 지금껏 제가 읽은 대부분 리더십 관련 책들은 학문적 용어를 사용하여 현실적으로 내 생활에 다가오지 못했고 머리만

복잡하게 했기에 그런 느낌을 줬습니다. 그러나 이 책은 필자의 경험을 이야기하면서 쉬운 말로 리더십을 자연스럽게 설명하여 무겁지 않고 경쾌한 느낌으로 재미있게 이해하면서 읽을 수 있었습니다. 이 책은 4차 산업혁명시대에 필요한 리더십에 관한 책으로 미래의 주인공인 청소년과, 미래교육을 가르쳐야하는 교사들, 그리고 각종 직군에서 일하고 있는 분들, 심지어는 가정에서 부모 리더 등 모든 사람들이 한번쯤 읽어보면 좋으리라 생각합니다.

송기석 | AFC분당교회 담임목사

서번트 리더는 "받는 것보다 주는 것이 복되다"라는 말이 무엇인지 알아야만 하겠고 주는 것의 가치를 아는 자라고 이 책은 말합니다. 이 책에서 제게 가장 마음에 와 닿는 말은 '타인을 위한 삶'과 '사람에게는 저마다의 향기가 있다'입니다. 신은 타인을 위한 삶을 "사랑"이라고 칭하며 이렇게 보여주셨습니다. 세상을 너무나 사랑한 나머지 독생자를 아낌없이 주었다(요3:16). '주는 것'은 시대를 초월합니다. '주는 것'은 곧 '언택트 시대의 마음택트 리더십'입니다. 이 책은 나는 누구인가? 나만의 향기는 무엇인가?'를 생각하게 하여 그렇게 자신을 알아가고 자신만의 독특함(originality), 나의 전부를 타인을 위해 주는 것을 양식(mindset)으로 삼도록 동기를 부여하고 훈련합니다. 그리고 그런 사람을 세우고자 합니다. 이는 저자를 포함한 책에 서술된 많은 시대의 서번트 리더들이 달려온 길로 재생산이 가능한 생명 살리는 생태계의 완성일 것입니다.

심삼종 | 한양대 겸임교수 역임, 현 JIU 겸임교수

이 책의 주저자인 박병기 교수님을 만나게 된 것은 제 인생에 있어서 가장 큰 축복 중의 하나입니다. 4차 산업혁명 시대를 살아가며 리더십의 부재를 절감하던 저에게 한 줄기 빛과 같이 교육을 통한 리더십을 훈련하시기 때문입니

다. 언택트 시대에 가장 필요한 마음택트 리더십에 관한 이 책은 교육을 통한 리더십 개발의 원전이 될 것으로 기대합니다. 박병기 교수님이 웨신대 대학원 미래 교육리더십 전공생들인 공동 저자들과 함께 집필한 이 책은 '나는 누구 인지?' '타인은 누구인지?'를 알아야 한다고 강조합니다. 이런 질문에 대한 답은 포스트 코로나 시대의 뉴노멀을 살아가는 우리에게 시대와 사람을 섬길 수 있는 서번트 리더십 개발과 교육의 원서가 될 것을 기대하며 적극적으로 추천합니다.

우옥환 ㅣ 사단법인 한국청소년진흥재단 이사장

리더십은 시대에 따라 변해야 하고 세대에 따라 달라야 합니다. 일방적이고 획일적인 리더십으로 시대를 이끌어가는 데는 한계가 있습니다. 이 책은 이 시대에 꼭 필요한 상호 존중 속에 구성원들의 잠재력을 이끌어 내는 '서번트 리더십'을 이야기하고 있습니다. 많은 사람들을 마주하는 이 시대의 지도자들과 청소년들이 이 책을 통해 서번트 리더십을 이해하고 배울 수 있는 소중한 기회가 될 것입니다.

이광호 ㅣ 한국청소년활동진흥원 이사장

'언택트 시대의 마음택트 리더십'이라는 책을 접하면서 11명의 저자가 어마어마한 큰 그림을 그리셨구나 싶었습니다. 그리고 평상시 존경했던 리더들을 새로운 시대의 안경으로 재해석하신 도전과 열정을 존경을 표합니다. 지구촌 모두가 팬데믹에 의한 충격에 천하태평이거나 멘붕(멘탈붕괴) 상태인데 이 책을 통해 한국의 청소년들이 새 시대의 인재상을 배우기를 소망합니다.

이기우 | 17대 국회의원, 전 경기도 정무부지사

리더십 전문가인 존 맥스웰은 '리더는 자기가 성공하는 사람이 아니라 남을 성공시켜주는 사람'이라고 역설한 바 있습니다. 이 시대의 진정한 자원은 물론 '사람'입니다. 사람의 가치를 우선시하고 신뢰를 보여주는 리더십이야말로 우리사회에 진정한 커뮤니케이션이 아닌가 생각해 봅니다. 서번트 리더의 특징인 경청, 공감, 치유, 공동체 형성에 있어서 독자들에게 진정한 의미를 전달하는 필독서가 되기를 희망합니다.

이명윤 | 단국대 교수, 상담심리 전문가

이 책을 읽으면서 4차 산업혁명 시대에 필요한 '서번트 리더'란 상담자를 의미한다는 생각이 들었습니다. 경청(Listening), 공감(Empathy), 치유(Healing), 자각(Awareness) 등은 상담자가 지녀야 할 요인들입니다. '자신에 대해 깊이 이해하고 수용하며, 타인(내담자)이 어떤 사람인지 알아내어 이해하고 수용하는 삶', '창의적이고 융합적인 사고, 협력을 잘하고 좋은 인격으로 삶의 문제를 지혜롭게 해결을 하며 세상을 이롭게 삶'이란 정의를 읽으면서 결국 자신과 타인을 이해하고 수용할 수 있고 급격하게 변화하는 세상을 지혜롭게 살아내는 사람이 서번트 리더라는 생각이 듭니다. 어떻게 하면 서번트 리더가 될 수 있는지 이 책에서 그 방법을 제시하고 있고, 안내를 따라가다 보면, 자신도 모르게 '서번트 리더'가 되어 있을 것으로 생각합니다.

인세진 | 웨신대 교수, 커뮤니케이션 연구가

이 책의 제목을 보는 순간 가슴이 설레였습니다. 저뿐만 아니라 모든 이들이 찾는 주제라고 생각하기 때문이었습니다. 이 책은 이 시대의 진정한 리더십의 표준 매뉴얼이 되지 않을까라는 큰 생각을 해봅니다. 주저자 박병기 교수님은 리더를 '자신에 대해 깊이 알고, 이웃을 깊이 관찰해서 그들을 이해하고 그 결과 타인을 위한 삶을 사는 자'로 정의하고 있습니다. 주저자의 머릿속에 담겨진 리더의 형상은 '섬기며 배려하는 자'입니다. 더 나아가 저자는 리더를 '창의적이고 융합적인 사고를 하며 협력을 잘하고 좋은 인성을 가진 자로서 항상 세상을 밝게 하며 이롭게 하는 자'로 정의하고 있습니다. 위와 같은 리더십에 정의는 평소 박병기 교수님의 삶과 인격의 모습이 그려져 있습니다. 이 책이 4차 산업혁명 시대를 맞이하여 세상을 변화시키는 리더십 표준 매뉴얼이 되기를 기대하며 또한 그렇게 믿습니다.

장승기 | 주식회사 킨티브 대표이사, 한국누가회 이사장, 의사

컴퓨터와 인터넷 모바일기기 핸드폰의 발전으로 3차 산업혁명 시대 즉 정보사회에 들어선 지 얼마 안 되어 AI, 빅데이터 정보분석기술, 로봇기술들이 중심이 되어 빠르게 4차 산업혁명 시대로 들어섰습니다. 이때 미래교육리더십을 연구하고 있는 박병기 교수님을 중심으로 함께하는 분들이 4차 산업 혁명 시대, 서번트리더십에 관한 책을 출간하시게 되어 기쁘게 생각합니다. 지금은 기계문명 컴퓨터 인터넷의 발달로 편리한 생활이 가능해져 혼자서도 살 수 있는 시대이지만 인간은 지정의를 갖춘 사회적 동물이기에 그리고 다양한 네트워크를 이용한 경제 사회활동을 하기에 모순적이게도 혼자서는 살 수 없는 사회에 살고 있습니다. 이러한 급격한 사회변화로 인하여 미래의 사회가 어떠한 방향으로 흘러갈지 예측하기 힘든 상황이어서 인류의 미래의 삶이 번영의 길로 나아갈지 기술발전으로 더 파괴적인 세상이 될지 갈림길에 서 있으며 4차 산업혁명 시대를 살아가는 우리들과 다음 세대들은 두려움과 기대가 교차하는 상황입니다. 번영과 파괴라는 극단적 대립, 쉽게 삭막해지고 쉽게 외로워지고 소외될 수 있는 여건 속에서 보편적인 사회 가치와 소통 협력의 정신을 유지하며 더 나은 사회로 나아가기 위해서 어떠한 리더십을 가지고 살아가야 하나 라는 문제로 고민하며 또 자신을 훈련해가고자 하는 이들에게 이 책은 좋은 지침과 스마트한 팁을 제공해줄 것이라 확신합니다. 왜냐하면 이 책의 저자 박병기 교수님 및 함께하는 자들은 이러한 문제로 지금도 삶과 일터의 현장에서 씨름하고 연구하며 살아가는 이 시대의 리더들이기 때문입니다.

정삼희 | 단국대 교수, 상담심리 전문가

4차 산업혁명이라는 단어는 코로나 19사태로 인해 더 많은 사람이 주목하게 되었습니다. AI 인공지능이 다양한 분야에서 혁명적이고 혁신적으로 도입될 때 사람의 마음을 다루는 인문사회과학 분야에서도 많은 연구를 요구하고 있습니다. 4차산업혁명의 혁신적인 변화는 심리 건강에 브레이크를 가져오게 되는 것이 자명합니다. 미래에 대한 두려움을 지닌 일반인과 내담자들에게 '언택트 시대의 마음택트 리더십'라는 제목의 이 책은 사람의 마음을 건강하게 지켜줄 중요한 지침서가 될 것으로 기대합니다.

조혜련 | 엔터테이너

4차 산업혁명시대 서번트리더십(부제)이라는 멋진 책의 출간을 진심으로 축하드립니다. 4차 산업시대에 우리에게 정말 필요한 것이 무엇인가 가이드해 주는 이 책은 꼭 한번 읽어야 할 추천도서입니다. 특히 예수님을 서번트 리더십 관점으로 쓴 글이 아주 인상적입니다. 좋은 책 써주셔서 감사합니다.

최영근 | 시대가 변해도 사람 냄새가 나는 전 화성시장

사람과 사람을 연결하는 인재가 더욱 절실하게 필요한 시대라고 생각했는데 이 책을 접하면 지금 시대에 적절한 책이 출판된 것에 안도감을 느낍니다. 전 화성시장으로서 정조의 리더십은 전 세계에 널리 알리 필요가 있다고 생각합니다. 부디, 사람을 소중히 여기는 리더들이 이 책을 읽고 많이 양성되기를 바랍니다.

Kwame Korang Brobe-Mensah | 웨신대 변혁적 리더십 박사 과정

In this era of the uncontact which has been fueled by the coronavirus pandemic, this book titled: Servant Leadership in the era of uncontact is a must-read book because Professor Byung Kee Park has demonstrated that he is an expert in servant leadership not only by theory but by practice as well. I have been privileged and blessed to be a mentee of Professor Byung Kee Park and I must confess that he is an epitome of a servant leader. His selflessness, passion, and willingness to extend a helping hand to the needy are something that beats my imagination. In our present world which is coupled with hardships, individualistic tendencies, and selfishness, he has proved to have shown leadership qualities such as empathy, commitment to the growth of others, community building, stewardship, foresight, healing, and several others.I have been positively influenced by his lifestyle and counsel and I will recommend that you zealously read this book.

공동저자들의 들어가는 말

박병기

책을 쓰는 일은 마치 산고를 겪으며 아기를 낳는 것과 비슷하다고 합니다. 특히 함께 책을 쓰는 것은 더더욱 힘든 일입니다. 어려운 일을 이 책의 저자들과 함께 해냈습니다. 한국의 리더와 외국의 리더들의 이야기를 서번트 리더십이라는 주제로 모아보았더니 꽤 좋은 읽을거리가 되었습니다. 저는 저자이면서 편집인, 편집, 교정 역할까지 맡게 되었는데 책을 편찬하면서 각 저자의 스타일을 존중하면서 큰 주제 안에서 묶으려고 노력했습니다. 협력해서 좋은 책을 만들게 된 것을 감사하게 생각합니다. 스타일 존중을 위해 이 책에는 APA와 투레이비안 등 여러 스타일이 혼용되었음을 미리 말씀드립니다. 또한, 어떤 내용의 인용은 각주나 미주 없이 참고문헌으로만 처리했음을 알려드립니다. 제1장에 제가 쓴 내용은 이전에 쓴 책에서 일부 발췌했습니다. 가독성을 높이기 위해 본문 안에서는 출처를 밝히지 않고 참고문헌에서만 표시했음을 미리 알려드립니다. 마지막으로 이곳의 사진은 모두 Public domain에 있는 것으로 누구나 사용할 수 있는 사진 및 그림을 사용했음을 미리 밝힙니다.

조계형

책을 함께 쓰는 작업은 쉽지 않은 일입니다. 리더십 과정을 이끌어주시고 이 책이 나오기까지 지도와 격려를 보내주신 박병기 교수님과 함께 집필해주신 여러 선생님께 감사드립니다. 한국에 훌륭한 리더들이 많음에도 외국 리더 중심으로 리더십이 강조됨을 아쉽게 생각하면서 저는 평소 존경해오던 정약용 선생님을 다루게 되었습니다. 집필하면서 리더의 역할이 얼마나 중요한지, 리더는 고난과 역경을 어떻게 극복하는지 배우게 되었습니다. 제가 쓴 글은 정약용 선생님의 '목민심서'가 바탕입니다. '목민심서'는 오늘을 사는 모든 사람과, 특히 리더의 자리에 있는 지도자들은 평생 곱씹어 읽어야 하는 책입니다. 평소 책 읽기를 실천하면서 내린 결론이 '독서는 생각의 근육'인 만큼 일독을 권합니다.

조기연

우연한 기회에 '하이브리드형 FIRE 리더십'_{파 이 어} 프로그램에 참여하면서 서번트 리더십과 변혁적 리더십에 대해 공부를 하게 되었습니다. 책까지 함께 지필하게 끔 도와주신 박병기 교수님께 감사드립니다. 책을 쓰는 것은 정말 힘든 과정이었습니다. 이런저런 이유로 포기하고 싶어할 때 함께 하자고 이끌어주신 선생님들께도 감사를 드립니다. FIRE 리더십 교육을 받으면서 한국에도 많은 서번트 리더들이 있다는 것을 다시금 깨닫게 되었습니다. 그중에도 사람들에게 많이 알려지지는 않았지만 세상에 선한 영향력을 펼친 영웅들이 있다는 것을 알리고 싶었습니다. 이런 과정을 통해 한국의 서번트 리더들이 많이 알려지는 기회가 되기를 바랍니다.

강수연

한국의 수많은 서번트 리더 중 여성이라는 인물에 집중했습니다. 그러다가 우연한 기회로 만난 제 고향(제주도) 인물 거상 김만덕이 서번트 리더였습니다. 익히 들어온 인물이지만 서번트 리더로서의 김만덕을 새롭게 정의하며 선행 자료를 찾는 일은 기쁨이었습니다. 웨신대 미래교육리더십 전공에서 서번트리더십을 처음 접하고 직접 내 삶에 적용하여 실천하는 과제는 이것이 얼마나 쉽지 않은 일인지를 알게 해 주었습니다. 역사이래 가장 풍족하게 살고 있다는 21세기! 사람들에게 진정 필요한 가치가 무엇인지 많은 서번트 리더의 삶을 통해 볼 수 있습니다. 이 책을 통해 자신의 삶을 돌아보며 나를 알고 타인을 알아 세상을 이롭게 하는 서번트 리더가 새 시대에 더 많이 나오길 소망해봅니다.

나미현

기회의 신이라고도 불리우는 '카이로스'를 저는 2019년 9월에 만났습니다. 서번트의 마음으로 큰 그림을 그리고, 시대를 읽으면서 9번째 지능을 향상시키는 eBPSS의 철학을 마주한 것입니다. 지인을 통해 미래교육을 가르치시는 박병기 교수를 만나 '하이브리드형 FIRE 리더십' 프로그램을 배우면서 그동안 지치고 힘들었던 제 마음을 위로받을 수 있었습니다. 한발 더 나아가 다시는 글을 쓰는 일과(연구 포함) 관련된 일을 하지 않을 것이라 다짐을 하고, 학교에서의 모든 짐을 내려놓고 나온 저에게 이 책을 쓰는 것은 또 다른 도전이었습니다. 이태석 신부를 통해 서번트 리더의 마음을 배우고, FIRE 리더십을 함께 배우는 동료들을 통해 공동체를 다시 생각하게 되었습니다. 이 책이 리더의 부재로 방황하는 사람들에게 인생의 목표와 가치관을 새로 정립할 수 있는 마중물이 되기를 희망합니다.

경제원

인공지능을 잘 활용하려면 누구보다 인간다워야 한다는 것을 기억합니다. 인간답게, 행복하게 또한 더불어 함께 사는 세상을 꿈꿉니다. 그 실천은 서번트 리더십에 있습니다. 이 책을 쓰면서 서번트 리더십이 인생을 살면서 얼마나 중요한지를 깨달았습니다. 이 감동을 청소년에게도 전하고 싶습니다. '연못 전체를 요동치게 만드는 것은 작은 물방울임을 잊지말자.'라는 문장을 마음에 새기며 삽니다. 이 책이 서번트 리더십을 이해하게 되는 작은 물방울이 되길 소망합니다. 함께 수학한 선생님들께 감사인사를 전합니다.

이새봄

건강한 마음으로 시대를 읽고 주변을 둘러보면 우리가 지금 존재하는데 크고 작게 영향력을 미친 사람들이 많이 있습니다. 웨신대 미래교육리더십에서 변혁적리더십 박사이신 박병기 교수님을 만나지 않았더라면 건강한 세계관으로 시대를 읽으며 그 시대가 요구하는 인재, 더 나아가 제대로 된 리더를 알아보지 못했을 것입니다. 지금까지 제가 존재하도록 음양으로 도움을 주신 분들, 특히 결정적인 순간에 조언을 아끼지 않으신 박병기 교수님, 이명신 교수님께 감사의 말씀을 전합니다.

노현정

이 시대를 살아가는 누구나 시대가 변했다는 것을 알고 있지만, 새로운 시대를 어떻게 살아야 할지 제시하는 여러 방안에 실천을 이루기는 또한 쉽지 않은 듯합니다. '하이브리드 FIRE 리더십' 과정을 통한 실천적인 글쓰기의 도전은 그 답을 내 안에서 찾아가며 이미 알고 있는 확인하는 과정이었습니다. '나'란 사람을 통과하는 죽음과 같은 글쓰기의 과정을 지지하고 이끌어 주신 박병기 교수님과 시대의 리더들을 찾아 각자의 답을 찾아가시며 함께 동역해 주신 선생님들께 감사함을 전합니다. 대한민국을 넘어 전 세계의 젊은이들에게 시대의 서번트 리더로 방탄소년단 BTS를 세우고 음악으로 세상에 선한 영향력을 끼치며 살아가는 방시혁 대표의 삶이 청소년들에게 선한 도전이 되길 소망해봅니다.

유고은

책을 쓴다는 것은 자신의 자아성찰 기회를 얻는 일입니다. 젊은 현대인의 부족한 점이 자아성찰이라는 것을 생각할 때 '하이브리드형 FIRE 리더십' 프로그램 과정에서 이 책을 쓰기까지 저는 이전에 의식이나 관념이 확장되는 귀중한 체험의 시간을 가졌습니다. 이 세상에서 갈등 없이 누구나 행복해질 수 있는 공존의 방법은 무엇일까요. 리더의 지배가 아닌 영적 자극으로 몸소 서번트 리더십을 실천한 마틴 루터 킹 주니어라는 인물을 통해 선한 영향력의 위대함을 크게 느끼시길 바라며, 이 책을 통해 어제의 자신이 비워 지고 새로운 내일의 자신이 담겨 성찰과 성장의 변화를 이루는 계기가 되기를 기원합니다.

김희경

서번트 리더로서 사는 것이 얼마나 힘든 과정인지 세종과 정조의 생애사를 연구하며 알게 되었습니다. 그리고 글을 쓰는 내내 세종과 정조가 우리의 선조이며 우리의 리더였다는 것이 너무 자랑스럽고 감동스러웠습니다. 이 책은 세종과 정조가 전 세계 유일무이한 개념적 리더, 시대적 리더, 세상을 변화시켰던 FIRE 하이브리드 리더였음을 자세히 설명하고 있습니다. 이 책을 시발점으로 세종과 정조가 4차 산업혁명 시대에 대표적 리더로 다시 조명되기를 바라며 전 세계에 선한 영향력으로 확장되기를 소원합니다. 그리고 글을 쓴 저 역시도 세종과 정조의 후손답게 그들을 널리 알리고자 노력할 것입니다.

김옥선

대학원에 다닐 때 버킷리스트를 작성할 기회가 있었는데 내용 중 책 쓰기도 포함되어 있었습니다. 책을 쓴다는 것이 쉽지 않은 일임에도 불구하고 내 평생 책을 꼭 쓰고 싶었습니다. 그런데 이렇게 빨리 그것도 서번트 리더십이라는 중요한 내용으로 쓰게 될 줄은 몰랐습니다. 독자적으로 쓰진 않았지만 제가 존경하는 여러 선생님들과 함께 공동으로 책을 쓰면서 많은 것을 배우게 되었고 감사한 마음은 더욱 컸습니다. 특히 서번트 리더십의 대표적인 인물이라고 할 수 있는 세종의 리더십에 대해 글을 쓰면서 시대를 초월하는 세종 리더십에 대해 깊이 성찰할 수 있는 시간이 되었고 이런 훌륭한 분의 자손이라는 것이 자랑스러웠습니다. 이 책을 통해 우리 청소년들이 서번트 리더십의 마음을 배우고 실천함으로써 미래를 선한 영향력으로 움직일 수 있는 성인으로 성장해주길 바랍니다.

1장

서번트 리더십에서
언택트 리더십까지(A to Z)

박 병 기

리더십이란 무엇인가?

박병기

리더십이란 무엇일까? 리더십을 전공한 사람으로서 늘 숙고(熟考)하는 주제이다. 수많은 이론이 있고 수많은 리더가 있기에 리더십을 한마디로 정리하기란 쉽지 않다. 4차 산업혁명 시대가 되면서 리더십은 더욱 복잡해졌다. '리더십은 이런 것'이라고 한마디로 정의하는 게 더욱 어려워진 것이다. 그래도 리더십을 가르치는 사람으로서 정의를 내리지 않을 수 없었다.

필자(박병기)는 리더를 '나에 대해 깊이 알고, 이웃을 깊이 관찰해서 어떤 사람들인지 알아내고 그 결과로 타인(他人)을 위한 삶을 사는 자'라고 정의했다. 더 나아가 리더는 '창의적이고 융합적인 사고를 하며 협력을 잘하고 좋은 인성(人性)을 가진 자로서 놓인 문제를 해결하며 세상을 이롭게 하는 자'라고 부연하고 싶다.

또한, 리더는 타고난 어떤 카리스마를 갖춘 자가 아니라 끊임없는 훈련 속에서 '갖춰져 가는becoming자'라고 할 수 있다. 누군가 '나는 리더십이 없다'고 하더라도 그는 미래에는 리더십을 갖출 수 있다고 필자는 생각한다. 리더십 훈련은 바로 이런 사람들이 성장하도록 돕는 것이다. 또 스스로 그렇게 되도록 노력하게 이끄는 것이다. 리더십 훈련은 남녀노소를 구분하지 않는다.

그렇다면 필자는 왜 위 내용처럼 리더십 정의를 내렸을까? 4차 산업혁명 시대라는 시대적 상황을 염두에 두고 그런 정의를 도출하게 되었다.

제4차 산업혁명 시대FIRE: The Fourth Industrial Revolution Era는 '파괴적 혁신Disruptive Innovation'이 일어나는 시대이다. 파괴적 혁신이란 빠르게 변화가 일어나는 상황을 의미한다. 이는 세계적 경영학자인 미국의 크리스텐슨Christenson, 2011교수가 창시한 용어이다. 파괴적 혁신이 일어날 때 필수적인 것은 '시대에 알맞은 리더십'이다. 그리고 '시대에 알맞은 리더'를 세울 때 가장 중요한 것은 바로 교육이다. 교육을 통해 리더를 키워낼 수 있고, 미래의 세계를 올바로 이끌어갈 수 있다.

필자는 본서에서 '새로운 시대에 리더십 교육을 어떻게 할 것인가'라는 주제로 리더십의 정의를 설명하고자 한다. 즉, '나에 대해 깊이 알고, 이웃을 깊이 관찰해서 어떤 사람들인지 알아내어 타인을 위한 삶을 사는 자'를 어떻게 키워낼지를 나누고자 한다. 더 나아가 '창의적이고 융합적인 사고를 하고 협력을 잘하고 좋은 인성을 갖고 놓인 문제를 지혜롭게 해결을 하며 세상을 이롭게 하는 자'를 어떻게 교육하는지의 관점으로 리더십을 풀어내려고 한다.

리더십 이론 자체를 아는 것이 중요한 게 아니라 리더십을 어떻게 교육할지에 대해 필자의 관심이 쏠려 있기에 그러한 방법을 택했다.

리더십 Leadership은 앵글로색슨의 고대어인 레단 Ledan이란 단어에서 나왔다 Webster, 1981. 레단은 '가다'라는 의미인 리탄 Lithan을 어근으로 하고 있다. 리더는 '가는 자' '움직이는 자'인 것이다. 어떤 공동체든 목표가 있고 그 목표를 향해 함께 가는 구성원이 있다. 그 공동체에서 '먼저 움직이는 자'가 리더다. 그런데 리더는 '먼저 움직여서' 좋은 결과를 내고 혼자 영광을 누리는 자가 아니라 공동체와 함께 영광을 누리기 위해 앞서 움직이는 자이다. 공동체(가정, 학교, 회사, 기관 등)에 속해 있는 모든 사람은 따라서 누구나 리더가 될 수 있다. '앞서 나아가는 자'는 자신의 리더십을 개발해야 하고 이를 교육할 수 있어야 한다.

레스 T. 쏘르바 2007는 미국에서 기업인 1,000명을 대상으로 '리더가 갖춰야 할 자질'에 대해 228항목에 이른 설문 조사를 한 적이 있었는데 겸손, 봉사, 비전, 용기가 가장 중요한 자질 네 가지라는 결과가 도출됐다고 밝혔다. 이 네 가지 자질은 능력이나 재능이 아닌 사람의 인격이나 성격과 관련된 덕목이다. 오늘날 리더에게 요구되는 자질은 도덕적이고 이타적인 인격임을 알 수 있다. 우리는 어떻게 사람들로부터 신뢰받는 리더가 될 수 있을까?

다음은 쏘르바의 '신뢰: 리더십의 본질'에서 나온 내용이다. 쏘르바 Les T. Csorba는 작가이자 교사, 기업 간부 스카우트 담당자, 기업

CEO들의 리더십 상담자이다.

1. 시련의 도가니에서 탄생하는 리더

에이브러햄 링컨, 마틴 루터 킹 등 미국에서 모범적인 리더로 꼽히는 지도자는 어린 시절부터 고난의 길을 걸어온 자들이었다. 고난 속에서 인격이 깎아진 인물들이다. 인류 역사상 영웅적인 리더십은 늘 고통의 도가니에서 나왔다.

2. 멘토의 도움으로 만들어지는 리더

사람은 다른 사람으로부터 영향을 받으면서 성장한다. 리더십의 거물들은 모두 멘토의 영향을 받는다. 멘토 없는 리더는 상상할 수조차 없다.

3. 사심 없는 인격을 구현하는 리더

희생보다 갈채에 열중하면 좋은 리더가 될 수 없다. 올바른 일을 하는 것보다 결과에 관심을 두면 좋은 리더가 될 수 없다. 이런 리더들에게 사람들은 불신을 품게 된다. 리더는 이타적인 사람이 되어야 한다.

4. 특권을 조심스럽게 행사하는 리더

특권에 집착하는 기업 상관들로인해 지도자에 대한 대중 신뢰도가 중고차 판매상과 비슷한 수준이 됐다. 지도자는 높은 원칙과 도덕성을 갖춘 사람이어야 한다.

5. *팔로워의 리더십에 투자하는 리더*

팔로워들이 바라지 않을 수도 있는 목적지로 그들을 데려가는 능력 있는 자가 좋은 리더이다.

쏘르바에 의하면 '신뢰받는 리더'는 다른 사람이 가지 않는 길을 걷는 사람이다. 이러한 리더십 개발은 어디에서 시작할까?

여러 이론이 있고 의견이 있지만 필자는 '나를 아는 것' 그리고 '타인을 아는 것'에서 시작한다고 본다[Maxwell, 2013]. 리더십에서 가장 중요한 것이 바로 '나를 아는 것'이다. 이 내용부터 다루도록 한다.

나를 아는 것 & 타인을 아는 것

제 1 항 리더십 개발과 교육 (나를 알아가는 것)

리더는 짧은 순간 탄생하지 않는다. 리더의 탄생은 평생의 일이다. 지도자 한 사람이 탄생하려면 어린 시절부터 인격연마, 지도력 기술 습득, 리더의 방향성 반복 학습, 각종 훈련 등 평생의 작업을 거쳐야 한다. 이미 리더의 자리에 있는 사람 또는 리더가 되고자 하는 사람의 인생을 돌아보면 자의든 타의든 이러한 과정이 있었음을 알 수 있다.

필자가 디자인한 리더십 개발과 교육에서는 나와 이웃이 누구인지 발견하는 교육을 한다. '나는 과연 누구인지' '내 이웃은 누구인지'를 아는 것은 내 인생의 큰 그림을 한눈에 보는 과정이다. 자신의 인생을 깊이 있게 들여다보면 특별한 자질과 능력들을 발견하게 된다. 그리고 자신에 맞는 리더십을 개발하고 스스로 어떻게 훈련할지에 대해 모색하게 된다.

필자가 미국에서 리더십 과정에 들어갈 때마다 가장 먼저 들은 말은 '너는 누구이니?Who are you?'라는 질문이었다. 그런 질문을 받기 전에는 나에 대해 그다지 생각할 여유와 이유가 없었는데 리더십 과정의 과제로 해야 하니 어쩔 수 없이라도 나에 대해 깊이 생각할 수밖에 없었다. 미국에서 참여한 리더십 과정에서 교수자들은 다

각도로 나를 보게 하였다. 그들은 다양한 질문을 던져 그 질문에 답하는 형식으로 나 자신을 보게 했다.

놀라운 사실 하나.

나를 깊이 알기 시작하니 다른 사람들이 보이기 시작했다. 로버트 클린턴^{Clinton, 2012}이라는 교수가 진행한 리더십 클래스에서 그는 내 전 인생을 돌아보는 소논문을 쓰게 했고 그 소논문에는 내 주변 사람들을 적어내는 섹션이 있었다. 나는 내 인생의 여정을 다음과 같이 정리했다.

1. 한국에서의 성장기와 미국 이민(1970-1989)
2. 미국에서 생활, UCLA 입학(1989-1994)
3. 언론 기자로서 경험(1994-2005)
4. 인터넷 뉴스 개발 및 운영(1996-2003) 그리고 대학원 입학(2004)
5. 대학원 공부와 언론 기자 역할 동시 수행(2004-2007)

클린턴 박사는 이어 나의 달란트(재능) 등을 적게 했는데 나는 다음과 같이 작성했다.

1. 달란트: 권면, 행정
2. 습득된 기술: 작문, 논리적 사고
3. 타고난 능력: 분석력, 자기 훈련, 음악

그리고 나는 그 소논문에 다음과 같이 나에 대해 상세히 적어 내려갔다.

성실, 진실, 지속성, 순종, 달란트 발견, 관계 통찰, 권위 통찰, 멘토링, 패러다임 전환, 권위자 발견, 갈등, 지도력 반발, 위기, 숙명 인식, 도전, 부정적 경험, 숙명적 실현, 고립 경험, 갈등 경험, 삶의 위기.

이런 내용을 상세히 내려가다 보니 '내가 누구인지' 보이기 시작했고 내가 만났던 사람들 그리고 만나는 사람들이 보였으며 놀랍게도 인생 전체가 통으로 보이기 시작했다. 그리고 결정적으로 시대가 보이게 되었다. 내가 살았던 시대, 내가 살고 있는 시대, 내가 살게 될 시대가 보였다. 시대 안에서 나는 어떻게 생각하며 자랐고 사람들과 어떻게 소통하고 일을 했고 하는지가 보였다.

리더십에서 나를 보는 것은 중요한 출발점이고 초석(礎石)이다.

나를 보면서 한 사람의 인격, 리더십, 인생의 방향 등이 전 인생을 통해 빚어지는 것을 보게 되어 이것이 인생의 큰 그림을 볼 수 있도록 하는 중대한 역할을 한다는 걸 나는 알게 됐다. 내 삶을 점검하는 작업을 했을 뿐인데 그것이 리더십의 기초가 되고 이웃을 보게 하고 큰 그림을 보게 했다는 것은 놀라운 일이었다.

필자는 이후 '나는 누구인지'를 알기 위한 프로그램을 개발했는데 이는 앞서 소개한 리더십 개발과 교육이라는 과정이다. '나를 아는 것'이 중요하기에 미래저널이라는 저널링Journaling 책을 만들어 미래저널리스트(미래저널을 쓰는 사람들이란 의미)들이 매일 '나는 누구인지'를 알아가도록 도우려고 했다.

매일 '나는 누구인가'에 대해 생각하고 글을 쓰면 인생의 큰 그림이 그려진다. 그리고 인간의 다중지능 중에 9번째 지능이라고 할 수 있는 SQ^{Spiritual Quotient}의 6요소인 실존, 초월, 의미, 관계, 내면, 의식^{글로벌SQ연구소, 2015}의 성장과 '나는 누구인가'라는 질문은 밀접한 연관이 있다.

9번째 지능은 인공지능이 가질 수 없는 지능이라고 해서 최근 관심이 높아지고 있는 지능이다. 9번째 지능의 하위 요소 중 하나인 실존^{existential intelligence}은 자신에 대한 통찰이고, 의미^{tendency to ask fundamental "Why?" questions}는 본질적인 삶의 의미를 찾는 것이고, 관계^{relationship}는 나를 제대로 알 때 온전해지는 관계를 의미한다. 복잡한 환경적, 사회적, 경제적 압박이 있는 21세기의 도전에 대응하기 위해 우리는 창의적이고 혁신적이며 진취적이고 적응력이 있어야 하며 비판적이고 창조적인 사고를 의도적으로 사용하는 동기부여, 자신감 및 기술을 갖추어야 하는데 이를 위해 9번째 지능이 필요하며 이 지능의 기초는 '나는 누구인지'와 같은 철학적인, 존재론적인, 실존적인 질문에 답을 할 때 쌓인다.

내가 누구인지 명확한 정체성이 없는 사람에게는 위에 거론한 내용은 다른 세상의 이야기처럼 들린다. 그들에게 큰 그림과 미션이 있기는 쉽지 않다. 우리가 시대와 미션과 큰 그림을 생각하기 전에 반드시 해야 하는 질문이 '나는 누구인가'이다. 앞서 거론했지만 '나는 누구인가'에 대해 질문을 하다 보면 타인이 보이기 시작한다. 그리고 다른 사람의 가치관에 대해 관심을 갖게 된다.

어떤 사람이 지도자가 되려면 거쳐야 하는 과정이 있는데 여기서 '내가 누구인지'를 아는 것이 가장 기초가 되고 가장 중요한 것이다. 내가 누구인지를 알면 나와 함께 일하게 될 사람들에게는 복이 된다. 왜냐하면 이런 분위기 속에서 동료는 생산성, 활동, 열매보다는 인격을 더 중요시하기 때문이다. 4차 산업혁명 시대에는 더욱더 인격이 소중히 여겨지게 될 것이다.

필자는 인격을 자발성, 성실함, 지속성, 겸손함, 예절, 협동심으로 요약했다. 이러한 인격이 갖춰지려면 고도의 훈련도 필요하지만 일련의 고독의 과정도 필요하다. 고독을 거치면서 내면세계가 정돈이 된다. 그래서 이스라엘 역사학자 유발 하라리는 매일 2시간씩 명상하고, 일 년에 45일은 안가를 간다[Lam, 2019].

기초가 잘 쌓인 상태에서 리더로서 준비할 때 리더십 과정에 있는 사람은 힘들어도 포기하지 않고 끝까지 미션을 완수 할 수 있다. 생각보다 빨리 열매가 있다고, 생산성이 있다고, 활발하게 일이 진행되고 있다고 미션이 잘 수행되고 있다고 생각하는 것은 위험하다. 이러한 열매, 생산성, 활동성은 조만간 시들해질 것이기 때문이다. 더욱 중요한 것은 끊임없이 나의 내면에 무엇을 가졌는지 파내는 것이다. 이 모든 것의 기초는 '나는 누구인가'이다.

나에 대해 깊이 알고, 이웃을 깊이 관찰해서 어떤 사람들인지 알아내어 타인을 위한 삶을 사는 자가 리더다. 더 나아가 창의적이고 융합적인 사고를 하고 협력을 잘하고 좋은 인격을 갖고 놓인 문제를 지혜롭게 해결을 하며 세상을 이롭게 하는 자가 리더다.

제 2 항 서번트 리더십 (타인을 위한 삶)

나를 깊이 알게 된 자는 타인이 보이기 시작한다. 그리고 그 타인은 나를 돕는 자 또는 섬기는 자가 아니라 내가 도와야 할 자라는 마음이 들기 시작한다. 그것이 바로 '서번트 리더십'이다. 서번트 리더는 '이용할 사람'을 찾는 자가 아니라 '도움이 필요한 자'를 찾는 사람이다. 즉 리더십 개발과 교육을 거친 자는 자신이 섬겨야 할 사람을 찾는 서번트 리더십의 자리에 오게 되는 것이다.

서번트 리더십은 마음에서 우러나오는 남을 향한 태도이다. 이런 태도는 나를 깊이 아는 자에게서 나타난다. 그리고 서번트 리더는 '예스맨'이 아니다. 많은 사람이 서번트 리더는 무조건 '예스'를 하고, 무조건 잘 들어주고, 무조건 종처럼 섬기는 사람이라고 오해를 한다. 진정한 서번트 리더는 그렇지 않다. 서번트 리더는 어떤 일에 대해서는 강력히 주장한다. 그리고 어떤 일에 대해서는 연약하게 반응하는 모습을 보인다. 예수, 간디, 마틴 루터 킹 주니어, 테레사 수녀, 본회퍼, 정약용, 세종을 비롯한 이 책에 나오는 서번트 리더들은 늘 그런 모습이었다.

서번트 리더는 타인 중심의 사고를 한다. 서번트 리더십의 권위자인 로버트 그린리프[Greenleaf, 2002]에 따르면 최고의 리더는 조직원들을 우선으로 생각하는 리더이다. 그린리프[2002]는 서번트 리더십을 '타인을 위한 봉사에 초점을 두며, 종업원, 고객 및 공동체를 우선으로 여기고, 그들의 욕구를 만족시키기 위해 헌신하는 리더십'이라고 정의하였다. 서번트 리더십 전문가인 래리 스피어스[Spears, 2002]

는 '모든 사람의 존엄성과 가치에 대한 믿음을 가지고 리더의 권력은 부하로부터 기인한다는 민주주의 원칙에 입각한 리더십이 서번트 리더십'이라고 정의한 바 있다.

서번트 리더는 또한 인내, 친절, 겸손, 존중, 용서, 정직, 헌신, 타인의 욕구충족 우선시와 같은 덕목을 갖춘 자이다. 스피어스는 서번트 리더의 10가지 특징을 다음과 같이 설명한다.

1. 경청: 타인의 말을 이해하며 귀 기울여 듣기
2. 공감: 타인의 관점을 소중하게 여기기
3. 치유: 타인의 정신적, 육체적 건강 돌보기
4. 인식: 나의 장점과 단점을 파악하고 세상에서 벌어지는 일에 민감하기
5. 설득: 사람들과 함께 일하도록 설득하고 권면하기
6. 개념화: 큰 그림 갖기
7. 미래보기: 미래 전망을 위해 과거(역사)에 관해 공부하기
8. 청지기정신: 나의 소유에 대해 책임감을 갖고 나누기
9. 이웃의 성장에 헌신하기: 타인이 성장하는 데 최선을 다함
10. 공동체 세우기: 공동체 안에서 헌신하며 발전과 향상과 성장을 도모하기

스피어스가 말하는 서번트 리더의 10가지 특징을 하나씩 상세히 설명하고자 한다.

1. 경청(영어로는 Listening이라고 한다): 경청(傾聽)이란 '기울이다'는 의미의 '경'(傾)과 '듣다'라는 의미의 '청'(聽)이 결합하여 이루어졌다. '청'(聽)이란 단순한 듣기가 아니다. 이 단어는 한마음(一心)

으로 귀(耳)와 눈(目)을 동원하는데, 가장 뛰어난 존재(王)나 타인의 말을 온맘으로 귀와 눈을 동원하여 주의를 집중해 듣는 행위다. 이를 종합하면 다음과 같은 의미가 경청이다. 경청이란 '오직 한마음으로 귀와 눈을 동원하며 상대를 향하여 주의를 기울여 전심으로 듣는' 행위다. 이 정의에 따르면 경청은 단순히 귀만 기울이는 행위가 아니라는 것이다. 귀, 눈, 마음, 존재를 다하여 듣는 행위다.

지도자는 전통적으로 의사소통 및 의사 결정 기술에 가치를 두었다. 이는 다른 사람들의 말에 대한 깊은 헌신으로 강화된다. 서번트 리더는 들음으로 그룹의 의지를 확인하고 그 의지를 명확히 하는 데 도움을 준다. 듣기는 또한 자신의 내면의 목소리를 듣고 몸, 정신 및 마음이 타인의 의사를 이해하려고 노력하는 것을 포함한다. 정기적인 반추(反芻)와 함께 경청(傾聽)은 서번트 리더의 성장에 필수적이다.

2. 공감(영어로는 Empathy라고 한다): 서번트 리더는 다른 사람들을 이해하고 공감하기 위해 노력한다. 사람들은 특별하고 독특한 상태에 맞게 받아들여지고 인식되어야 한다. 동료가 좋은 의도를 가졌다고 가정하는 사람이 서번트 리더다. 그들의 행동이나 결과를 받아들이지 않을 때도 있지만 그들을 존중될 한 사람으로서는 거부하지 않는다. 가장 성공적인 서번트 리더는 숙련된 공감적 청취자이다.

3. 치유(영어로는 Healing이라고 한다): 치유를 배우는 것은 변형과 통합을 위한 강력한 힘이다. 서번트 리더십의 위대한 강점 중

하나는 자신과 다른 사람들을 치유할 수 있는 잠재력이다. 많은 사람이 정신적으로 힘들어하고 다양한 감정적인 상처로 고통을 받는다. 서번트 리더는 만나는 사람들을 '전방위적으로' 도울 수 있는 기회가 있음을 인정한다.

4. **인식(영어로는 Awareness라고 한다)**: 일반적인 인식, 특히 자기 인식은 서번트 리더십을 강화한다. 인식을 높이려는 노력은 때로는 두려울 수 있다. 상상하지 못한 것을 발견할 수 있기 때문이다. 인식은 또한 윤리와 가치를 포함하는 이슈를 이해하는 데 도움을 준다. 인식은 통합되고 일반적인 입장에서 상황을 볼 수 있게 해준다. 그린리프[Greenleaf, 2002]는 "인식 능력이 있는 자는 혼란을 주고 사람들을 깨어나게 하는 사람이다. 서번트 리더는 단순히 위안을 추구하는 사람이 아니다. 그리고 나와 다른 사람을 깨어나게 하는 사람은 놀랍게도 내면의 고요함을 가지고 있다."라고 말한다.

5. **설득(영어로는 Persuasion이라고 한다)**: 서번트 리더의 또 다른 특징은 조직 내에서 의사 결정을 내릴 때 자신의 위치와 권한에 의존하기보다는 설득에 의존한다는 것이다. 서번트 리더는 규정 준수를 강요하기보다는 다른 사람을 설득하려고 한다. 이 요소는 전통적인 독재 모델과 서번트 리더십 모델 사이의 가장 분명한 구분 중 하나이다. 서번트 리더는 그룹 내에서 합의를 도출하는 데 중요한 역할을 한다.

6. **개념화(영어로는 Conceptualization이라고 한다)**: 서번트 리더는 큰 꿈을 키우기 위해 노력하는 사람이다. 개념화의 관점에서 문제(또는 조직)를 볼 수 있는 능력을 갖기 위해서는 일상생활의 사

고에서 벗어난 생각을 하고, 고정관념이나 편견을 벗어난 독창적인 사고, 즉 '틀 밖에서의 사고Think out of the box'를 해야 한다. 전통적인 관리자는 단기적인 운영 목표를 달성해야 할 필요성에 중점을 둔다. 서번트 리더는 광범위한 기반의 개념적 사고를 포괄하도록 자기 생각을 확장한다. 기존의 리더십은 환상적인 개념을 제공하지 못한다. 서번트 리더는 반면 개념적 사고와 매일 집중해야 할 일 사이에서 건전한 균형을 추구한다.

7. 미래보기(영어로는 Foresight라고 한다): 결과를 예측하는 기능은 정의하기는 어렵지만 식별하기는 쉽다. 미래를 보는 예지력은 서번트 리더가 과거의 교훈, 현재의 현실, 미래를 위한 결정을 할 수 있도록 해주는 특성이다. 예지력은 직관성이 마음속 깊이에 뿌리내리고 있는 것이다. 미래보기는 의식적으로 노력해서 개발될 수 있다. 이는 리더십 분야에서 크게 연구되지 않은 분야이지만, 주의 깊은 관심을 받을만한 영역이다.

8. 청지기정신(영어로는 Stewardship이라고 한다): 피터 블락[Block, 2013]은 청지기직을 "다른 사람에게 신뢰감을 주는 소유를 하는 것"이라고 정의했다. 그린리프는 사회의 더 큰 이익을 위해 신뢰있는 기관을 유지하는 것이 청지기의 역할이라고 설명했다. 서번트 리더는 다른 사람들의 필요를 충족 시키는 데 전념한다. 또한, 통제보다는 개방과 설득의 사용을 강조한다. 청지기란 주인(소유권자)이 맡긴 것들을 주인의 뜻대로 관리하는 위탁관리인이다. 청지기가 자신에게 맡겨진 것들을 관리할 때 항상 맡긴 주인의 뜻 즉, 주인이 제시한 지침을 따라 관리해야 한다. 내가 가진 것에 대해 신뢰

를 주는 것만큼 힘든 일은 없을 것이다. 워런 버핏이 주식 투자를 통해 큰돈을 벌면 사람들은 그를 신뢰한다. 이유는 그가 건전한 방법으로 돈을 벌 뿐만 아니라 번 돈을 이웃을 위해 아낌없이 사용할 것이기 때문이다. 빌 게이츠도 그렇다. '신뢰를 주는 소유'를 하는 사람이 서번트 리더이다. 사회의 이익에 더 관심 있는 사람이 서번트 리더이다.

9. 이웃의 성장에 헌신하기(영어로는 Commitment to the growth of others이다): 서번트 리더들은 조직 내 모든 개인의 성장에 깊이 헌신한다. 서번트 리더는 다른 사람의 개인적, 직업적, 정신적, 영적 성장을 도모하는 데 필요한 모든 것을 도울 책임감을 갖고 있다. 서번트 리더는 모든 사람의 생각과 제안에 개인적인 관심을 기울인다. 그리고 의사 결정에 대한 다른 사람의 참여를 장려한다.

10. 공동체 세우기(영어로는 Building Community): 서번트 리더는 진정한 공동체가 아직은 없음을 느끼는 사람이다. 그리고 진정한 공동체가 창출될 수 있음에 대한 필요를 느끼는 사람이다. 그린리프는 "많은 사람이 살아갈 수 있는 삶의 양식으로서의 공동체를 재건하는 데 필요한 것은 서번트 리더들이 작은 것부터 시작해 공동체의 일원으로 사는 법을 보여주는 것"이라고 설명한다.

서번트 리더는 섬김을 우선으로 하는 사람이다. 서번트 리더십은 섬기고 싶다는 자연스러운 감정에서 출발한다. 섬김이 우선 Servant First이라는 마음이 시작점이 되는 것이다[Spears, 2020]. 그런 마음 자세로 섬기다 보면 지도자가 되고 싶은 꿈이 생긴다. 하지만 대부분은 섬기고자 하는 마음이 없다. 나를 섬기는 것은 잘하지만 남을 섬기는 데에는 서툰 것이 대부분의 사람이다. 왜 그럴까? 나 중심, 나만 섬기는 지도력에 길들여져 있기 때문이다. 이런 상황에서 리더는 자신의 유익을 위해 다른 사람이 존재한다고 착각한다. 사실은 반대이다.

우리 안에 서번트 리더십이 있는지 확인해보려면 다음과 같은 질문을 던지면 알 수 있다고 제임스 사이프와 단 프릭^{Sipe and Frick, 2009}은 말한다.

> "섬김을 받은 자가 성장했나요?" "섬김을 받은 자가 이전과 비교하면 더 정신적으로 건강하고 지혜롭고 자유로움을 느끼고 자발적인 사람이 됐나요?" "그리고 그들도 섬김을 하고 싶다고 생각하게 됐나요?" "그 섬김이 이 사회와 조직에서 가장 소외된 자들에게 어떤 영향을 미쳤나요?" "소외된 자들은 섬김으로 인해 혜택을 받았나요? 적어도 피해를 보지는 않게 되었나요?"

필자의 주변을 돌아보았다. 어떤 잘 알려진 리더는 자신과 긴밀하게 대화한 주변 사람 5인이 곧 자기 자신이라고 말한 바 있는데 같은 질문을 필자 자신에게해보았다. 나와 긴밀하게 대화한 주변 사람 5인은 성장했을까? 그 5인은 어떻게 답을 할까?

기우(杞憂) 때문에 마지막으로 한 번 더 강조한다. 서번트 리더십의 핵심은 '섬김'이지만 그것은 '타인이 원하는 것을 무조건 해주는' 섬김은 아니다. 타인의 요구가 공동체의 방향과 공동체의 미션에 반(反)하는 것이면 냉정하게 거절하는 것이 서번트 리더십이다. 물론 타인의 요구를 다 들어주면 좋겠지만 그렇지 못할 때가 있다. 그럴 때는 마음이 아플 수 있다. 그럼에도 공동체 전체의 유익을 위해 다 들어주지 않는 것에 익숙해져야 한다.

필자는 리더십 훈련을 하면서 '인간미가 없다.'는 말을 들은 적이 있다. 필자의 리더십 훈련에서 가장 중요하게 생각하는 '미래저널'을 쓰고 싶지 않다는 친구가 있었는데 '그런 생각이라면 굳이 이 훈련을 받을 필요가 없다.'고 단호하게 말했더니 필자에게 '스리 쿠션'으로 돌아온 말이다.

예수, 간디, 마틴 루터 킹 주니어, 테레사 수녀, 본회퍼, 정약용, 세종, 김구 등의 서번트 리더십을 돌아보면 그들은 단호할 때는 그 어느 누구보다 단호했고 매우 냉정했다. 공동체나 사회를 위한 일이라면 그들의 냉정함과 단호함은 소름이 끼칠 정도였다.

디트리히 본회퍼는 히틀러를 암살하려고 했던 목사였다. 필자에게 '인간미가 없다.'고 말한 사람에게 본회퍼 목사는 결코 서번트 리더가 아니다. 왜냐하면 사회 안녕을 위해 누군가를 살해하려는 사람이었기 때문이다. 본회퍼는 그러나 필자에게는 최고의 서번트 리더 중 한 명이다.

구글에서 Dietrich Bonhoeffer(본회퍼)와 Servant Leadership(서번트 리더십)을 검색하면 그가 서번트 리더였음이 확인되는 문서를 어렵지 않게 발견할 수 있다. '살인 미수'로 형을 살았던 본회퍼가 왜 서번트 리더였는지 성찰하며 이 항의 글을 마무리한다.

나는 누구인가? (Who Am I ?)
나는 누구인가?
남들이 종종 내게 말하길
감방에서 걸어 나오는 내 모습이
어찌나 침착하고 활기차고 당당한지
마치 성에서 걸어 나오는 영주 같다고 한다.
나는 누구인가?
남들이 종종 내게 말하길
간수하고 대화하는 내 모습이
어찌나 자유롭고 다정하고 분명한지
마치 내가 명령하는 것 같다고 한다.
나는 누구인가?
남들이 또한 내게 말하길
불행한 나날을 견디는 내 모습이
어찌나 한결같고 미소 지으며 자연스런지
늘 승리하는 사람 같다고 한다.
나는 정말 남들이 말하는
그런 존재인가?
아니면 나 자신이 알고 있는
나에 지나지 않는가?
새장에 갇힌 새처럼 불안하게
뭔가를 갈망하다 병이 들고
목 졸린 사람처럼 숨 쉬려고 버둥거리는 나

빛깔과 꽃들과 새소리를 갈망하고
부드러운 말과 인정에 목말라하며
사소한 모욕에도 분노를 일으키는 나
좋은 일을 학수고대하며 서성거리고
멀리 있는 친구들을 그리워하다가
기도하고 생각하고 글 쓰는 일에 지쳐 멍해 버린 나…
이제 풀이 죽어 이별을 준비하는 나인데
나는 누구인가?

이것이 나인가? 저것이 나인가?
오늘은 이런 사람이고 내일은 다른 사람인가?
아니면 둘 다인가?
다른 사람들 앞에서는 위선자이고
나 자신 앞에서는 경멸할 수밖에 없는
가련한 약자인가?
내 속에 남아있는 것은
거둔 승리 앞에서 도망가는 패잔병 같은 것인가?
나는 누구인가?
이 고독한 물음이 나를 비웃는다.
내가 누구인지
오, 하나님! 당신은 아십니다.
나는 당신의 것입니다.

- 1944년 6월. 베를린 감옥에서 디트리히 본회퍼 -장경철, 2014

나에 대해 깊이 알고, 이웃을 깊이 관찰해서 어떤 사람들인지 알아내어 타인을 위한 삶을 사는 자가 리더다. 더 나아가 창의적이고 융합적인 사고를 하고 협력을 잘하고 좋은 인격을 갖고 놓인 문제를 지혜롭게 해결을 하며 세상을 이롭게 하는 자가 리더다. 본 회퍼는 늘 자신이 누구인지 고민하는 사람이었다. 그리고 그는 이웃의 니즈와 시대의 상황을 파악해서 타인을 위해 자신을 희생했다. 그는 세상을 이롭게 하는 자였다.

제 3 항 4차 산업혁명 시대의 리더십 (좋은 인격으로 협력)

고인이 된 스티브 잡스는 리드^{Reed} 대학을 잠시 다니다 6개월 만에 중퇴했다. 그는 중퇴 후 친구 기숙사에서 뒹굴다 청강 과목을 통해 대학 생활(?)을 이어갔는데 우연히 '서법 수업'^{typography class}에 들어갔고 이것이 그의 인생을 바꿔놓았다. '서법 수업'을 통해 애플 컴퓨터의 멋진 활자^{fonts}가 나오는 계기가 되었던 것이다^{Ichbiah and}

^{Robinson, 2020}.

대학을 6개월만 다닌 잡스가 전 세계 정보통신^{IT}계를 휩쓴 세계적인 인물이 될 수 있었던 건 미국 사회가 개념을 강조하면서 유연성이 있었기 때문이다. 물론 최근에는 리더를 잘못 만나 미국 사회의 유연성이 많이 사라졌지만 이전에는 그렇지 않았다. 개념에 기초한 유연성은 창의성의 뿌리가 되었다. 기초 교육에 강조점을 두고 '왜 그러한지'를 배우기 때문에 그 기반 위에 창의성과 유연성

이 발휘될 수 있다. 개념을 잘 잡고 나아가는 것과 개념 없이 가는 것의 큰 차이를 미국과 한국의 교육을 통해 볼 수 있다.

한국과 미국의 수학 교육의 차이를 한 번 살펴보면, 한국에서는 개념은 매우 빨리 설명하고 곧 문제 푸는 법으로 넘어가 학교생활 내내 문제 푸는 법에 집중한다. 미국은 개념을 매우 천천히 설명하고 지루할 정도로 개념에 집착하고 문제 푸는 법보다는 문제 해결 방법으로 넘어간다.

창의성은 기초교육의 확립에서 나온다. 근본적인 개념과 근본 철학에서 나온다. 우리는 새로운 시대에 창의성이 필요하다는 말을 계속 듣는데 창의성은 바로 근본적인 질문을 계속하는 데에서 오는 것이다. 즉 '나에 대해 깊이 알고, 이웃을 깊이 관찰해서 어떤 사람들인지 알아내는 자'에게서 창의성이 나온다. 즉, 타인을 위한 삶을 살 때 창의성이 나오는 것이다. 4차 산업혁명 시대에 필요한 것이 창의성이라고 말을 할 때 이 점을 간과해서는 안 된다.

북유럽에서는 인문사회와 이공계 분야가 칸막이를 없애고 융합교육을 시도하려고 한다. 서로 다른 분야가 새로운 결과물을 낸다. 융합적인 사고 역시 '나에 대해 깊이 알고, 이웃을 깊이 관찰해서 어떤 사람들인지 알아내는 자'에게서 나온다. 타인을 위한 삶을 살 때 융합적 사고가 나온다.

한국 교육은 창의, 융합, 협력, 인성을 강조하지만, 그 출발점이 본질과 실존이 아니라 기술이었다. 파괴적인 기술의 시대에 본질과 실존의 강조가 왜 필요한지는 유발 하라리가 다음과 같은 말로 설명한다.

전 세계 모든 지역 사람들은 놀라운 신기술에 접근할 수단을 가지려 고군분투하고 있다. 하지만 이 기술은 우리에게 그것으로 무엇을 하라고 말하지 않는다. 유전공학, 인공지능 그리고 나노기술을 이용해 천국을 건설할 수도 있고, 지옥을 만들 수도 있다. 현명한 선택을 한다면 그 혜택은 무한할 것이지만, 어리석은 선택을 한다면 인류의 멸종이라는 비용을 치르게 될 수도 있다. 현명한 선택을 할지의 여부는 우리 모두의 손에 달려 있다유발 하라리, 2015.

기술을 가지려는 노력에 앞서 '어리석은 선택'을 하지 않아야 하는데 이를 위해 우리는 '나에 대해 깊이 알고, 이웃을 깊이 관찰해서 어떤 사람들인지 알아내고 타인을 위한 삶을 살아야' 하는 것이다. 그렇지 않으면 우리는 자칫 미래를 지옥으로 만들 수 있다. 하라리는 이런 삶을 위해 자신을 들여다보는 작업을 한다. 매일 2시간 동안 명상을 하는 것이다. 이런 리더는 4차 산업혁명 시대를 잘 준비한 사람이라고 할 수 있다.

스위스 세계경제포럼의 클라우스 슈밥[2016] 회장은 파괴적 혁신에 제대로 적응하기 위해서는 네 가지 지능을 키우고 적용해야 한다고 말한다. 그 네 가지는 '상황맥락Contextual 지능(知), 정서Emotional 지능(情), 영감Inspired 지능(意), 신체Physical 지능(體)'이다.

이 4가지 지능C.E.I.P.을 필자는 지, 정, 의, 체(知情意體)로 요약했다. 이 4가지를 균형되게 갖춘 사람은 지식을 쌓는 리더가 아닌, 지식을 다루는 능력을 배운 리더, 즉 소프트파워가 무엇인지 아는 리더, 그리고 자연지능이 있는 리더, 통찰력 있는 리더, 통섭력이 있는 리더, 예술감각능력이 있는 리더, 통찰력이 있는 리더가 된다. 그런 리더가 미래 사회를 이끌어가는 존재가 될 수 있는 것이다.

제4차 산업혁명 시대[FIRE]에 리더로서 필요한 4가지 지능[C.E.I.P.]을 갖추면 기업, 정부, 시민사회, 종교, 학계 리더들이 함께 협력해 총체적 관점을 얻는 능력(상황맥락 지능), 다양한 분야의 협력을 제도화하고 계층구조를 수평화하고 창의적 아이디어를 격려하는 환경으로 이끄는 능력(정서 지능)이 생긴다. 이는 '디지털 사고방식'과 밀접한 연관이 있다.

요즘과 같이 모든 것이 디지털화되어 있는 사회에서 '디지털 사고방식'을 갖고 있지 않으면 상황맥락 지능과 정서 지능을 향상하게 하는 것은 쉬운 일이 아니다. 예를 들어, 생각을 공유하고 의견을 듣고 총체적 관심으로 이끌 때 사회관계망서비스[SNS]를 통하지 않으면 그 일을 제대로 이룰 수 없는 시대적 상황에 있기 때문에 디지털 사고방식을 갖는 것은 매우 중요하다.

남영학[2012]은 디지털 사고방식에 대해 다음과 같이 예를 든다. '코끼리를 냉장고에 넣는 것을 생각할 때 아날로그 사고방식을 가진 사람은 코끼리를 넣을 대형 냉장고 제작을 생각하지만, 디지털 사고방식을 가진 이는 코끼리를 동영상으로 촬영해서 냉장고 안에 프로젝트를 비추는 것을 생각한다.' 기존의 사고를 뛰어넘는 다양한 방식을 생각하게 하는 것이 디지털 사고방식이라고 남영학은 설명한다.

제4차 산업혁명 시대가 도래하기에 총체적인 관점을 얻으려면 온·오프라인, 디지털·아날로그를 오갈 수 있어야 하고 시공을 초월한 사고가 있어야 한다. 또한, 그러한 시대에 공감을 이루려면 역시 마찬가지로 기존에 가진 사고의 경계를 허무는 디지털 사고방식을 갖고 있어야 한다.

제4차 산업혁명 시대FIRE에는 상황맥락 지능과 정서 지능을 갖고 공공의 이익을 위해 함께 탐구하고 발전시키고 공유하면서(영감 지능) 건강을 유지하며 압박감 속에서 평상심을 유지하는 능력이 요구되고 있다(신체 지능).

영감 지능 역시 '디지털 사고방식'을 갖고 있을 때 생긴다. 이유는 공유가 핵심이기 때문이다. 영감 지능은 "의미와 목적에 대해 끊임없이 탐구하는 능력"을 뜻하는데, 이는 개인적인 차원이 아닌 공동체적인 차원에서 이뤄져야 한다고 슈밥 박사는 설명한다. 요즘 시대에 디지털 공유 없이 공동체적인 의미와 목적을 달성하기란 불가능에 가깝다. 코로나 19 창궐 이후에는 더욱 그렇다. 영감 지능은 '영감'을 받은 자만이 가질 수 있는데, 이 영감을 얻게 되면 공유하고 싶은 마음을 갖는 게 인간의 자연스러운 마음의 흐름이다.

4가지 지능C.E.I.P. 중 4번째인 신체 지능만은 디지털 시대에서 자유로울 거로 생각하는 사람도 있겠지만 슈밥2016 박사는 "의학, 웨어러블 기기, 뇌 연구 등 다양한 분야의 눈부신 발전을 통해 우리는 신체 지능을 유지하고 관리하는 방법을 계속 배워나가고 있다."며 디지털 시대와 신체 지능을 연계한다.

디지털 지능을 가진 하이브리드형 인간은 이미 전 세계적으로 큰 영향을 미쳤고 특히 교육계에 미친 영향력은 엄청나다. 하이브리드형 인간을 만드는 디지털 교육은 앞으로 세계를 하나로 묶을 것이다. 존 나이스비트[2018]는 교육을 통한 하나 된 세계에 대해 다음과 같이 설명한다.

> 교육은 예전에도 그랬듯이 앞으로도 사회적 과정의 하나로 남아 있어야 한다. 온라인 대학교는 세계 각국의 학생들을 하나로 연결시켜 준다. 미국이든 중국이든, 혹은 브라질이나 한국이든 상관없다. 학생은 이메일과 휴대 전화 문자, 그리고 실시간 동영상 통화를 통해 협력할 수 있으며 언제든 시간에 구애받지 않고 서로를 도울 수 있다. 이런 일은 그 어떤 대학의 교수도 할 수 없다.

'개념적 관점Conceptual Perspective'이라는 표현이 있다. 이는 어떤 사람이 '일상생활의 현실을 뛰어넘어서 생각하는 것'을 의미한다. 개념적 관점을 가진 사람은 멀리, 넓게 내다보는 사람이다.

대부분 사람은 개념적 관점이 없거나 부족하다. 일상생활에서 눈앞에 보이는 현상, 눈앞에 놓인 이익, 눈앞에서 할 수 있는 것에만 집중된 우리 자신을 보는 것은 너무 자연스러운 일이 되었다.

개념적 관점을 갖기 위해서는 서번트 리더십에서 거론했던 개념화Conceptualization를 이해해야 한다. 개념화는 어떤 개념이나 아이디어를 형성하는 것이다. 개념 있는 리더 또는 개념화가 된 리더는 자신이 속한 단체, 집단, 나라를 위해 장기적이고 폭넓은 비전을 제공하게 된다.

어떤 리더나 대표가 그날그날의 운영에만 집중하는 사람이라면 좋은 지도자 또는 대표가 될 수 없다. 그린리프는 "리더는 개념적인 사람이어야 하고, 비전이 없는 세상에 비전을 제공하고 그 세상에 함몰되지 않는 사람"이라고 설명한다.

우리는 다음과 같은 질문을 던진다. "그렇다면 누가 개념적 리더십을 갖고 있을까?" 이에 대한 답은 '서번트 리더십을 소유한 자가 바로 개념적 리더십을 갖게 된다'이다. 서번트 리더십은 앞서 나눴던 것처럼 어떤 스타일이 아니라 마음에서 우러나오는 남을 향한 태도이다. 서번트 리더는 '예스맨'이 아니다. 서번트 리더는 어떤 일에 대해서는 강력히 주장하는 것이 적절하다고 보지만, 어떤 일에 대해서는 연약하게 반응하는 모습을 보이는 사람이다. 이런 서번트 리더가 조금 더 나아가면 개념적인 사람이 된다.

개념적 리더십을 가진 자는 믿음이 있는 자이다. 믿음이 있어야 눈앞에 보이지 않는 것도 보게 된다. 그래서 개념적 리더십을 가진 자는 후대를 교육하게 된다. 교육은 눈앞에 보이는 것이 없지만, 믿음을 갖고 다음 세대를 가르치는 작업이기 때문이다.

컨설팅그룹 맥킨지는 4차 산업혁명 시대에 미래의 리더십이 가져야 하는 자질을 다섯 가지 키워드로 요약한 바 있다. 그 5가지는 '민첩성' '변혁성' '연결성' '증폭성' '보편성' 이다. 이를 서울경제가 요약 정리했다.

이전 시대에는 기업이 톱 리더의 경험에 의거, 방향을 결정하고 그의 리더십에 따라 성장했다면, 이제는 조직 전체가 외부의 변화에서 기회를 포착하는 민첩성을 가져야 한다. 민감하게 타이밍을 잡으려면 유연한 의사결정 체계가 필요하다. 또한, 새로운 게임의 룰을 세우고 창조적 파괴에 나설 수 있는 과감성이 필요하다. 이러한 과감성이 성장을 주도한다.

연결성은 세 번째로 중요한 키워드다. 조직 전체의 광범위한 연결이 필요하다. 필요하면 경쟁자를 포함한 외부 파트너와도 협력하고 다양한 이해관계자들과의 교류에도 활발히 나서는 리더가 4차 산업혁명 시대의 리더다. 증폭성은 4번째 키워드다. 이는 구성원 전체의 능력을 극대화하기 위한 지원·조율·협상에 초점을 맞추는 리더십이다. 마지막으로 보편성이다. 세대와 지역적 차이를 극복하는 영향력을 발휘해야 혁신적인 기업을 이끌어나갈 수 있는 토대가 구축된다[김영필, 2017].

권영수[2017] LG 유플러스 대표이사 부회장이 전자신문에 기고했던 4차 산업혁명 시대의 키워드도 비슷하다. 그는 다음과 같이 설명했다. "권력이나 통제 성격이 강한 '결재자'같은 리더가 지배하던 시대는 끝났다. 이제 리더는 통찰력을 바탕으로 스스로 끊임없이 변화하고, 지속된 소통을 바탕으로 구성원들이 도전하고 열정을 발휘할 수 있는 환경을 만들어 주어야 한다. 그리고 먼저 움직여서 모범이 될 수 있는 '도우미'가 돼야 한다."

제 4 항 변혁적 리더십 Transformational Leadership (문제해결)

변혁적 리더십의 핵심은 '자신을 바꾸는 것 Being transformed'과 '다른 사람을 바꾸는 것 Transforming others'이다[Nongard, 2014]. 자신의 삶을 본질적으로 물으면서 변혁할 때 다른 사람을 바꾸고 변혁시킬 수 있고 사회의 변혁을 꾀할 수 있다.

21세기 사회가 주목하는 리더십의 유형 가운데 하나가 바로 변혁적 리더십이다. 21세기 사회는 끊임없이 변하며, 변화하지 않으면 결국 도태된다는 의식을 공유하고 있다. 따라서 조직의 변화를 성공적으로 이끌어 낼 수 있는 변혁적 리더십은 오늘날 어떤 조직의 리더든지 반드시 갖추어야 할 지도력이다.

변화의 패러다임을 이해하고, 우리 사회에 긍정적인 변화를 가져올 수 있도록 하는 변혁적 리더를 세우는 역할에 대해 배우는 것이 변혁적 리더십 과정이다. 변혁적 리더는 문제를 해결하며 세상을 아름답게 바꾼다. 2019년 한국형 서번트 리더십 개발을 꿈꾸는 10여 명의 리더가 경기도 수원에 모여 변혁적 리더십을 다음과 같이 정의했다.

> 포용과 협력으로 나와 타인을 변화 시켜 함께 성장하는 사회를 만드는 인간중심의 리더십. *Human-centered leadership that transforms me and others through engagement and cooperation to grow together.*

가칭 한국형 서번트 리더십 아카데미KSLA는 변혁적 리더십의 정의에 대해 다음과 같이 부연 설명한다.

1) 배우고 나누며 바꾸는 일상이 변혁적 리더십이다.
2) 변화를 즐기며 사람을 존중하고 포용하며 연대 의식을 갖고 함께 배우며 성장하면서 타인이 행복한 삶을 살도록 돕는 것이 변혁적

리더십이다.

3) 근면, 성실, 포용, 협력, 배움, 유연성, 사람 중심, 행복이 변혁적 리더십의 키워드다.

4) 목적의식을 갖고 있으나 자율권을 허용하며 포용과 경청하에 사람 중심의 특장점을 발견하고 키워나가는 것이 변혁적 리더십이다.

5) 사람을 우선으로 하며 자신의 장점을 찾고 발전시킬 수 있는 환경을 만들어주는 것이 변혁적 리더십이다.

6) 나를 변화시키는 목적의식과 공동체가 함께 나아갈 수 있는 꿈과 이상이 있는 사람 중심의 리더십이 변혁적 리더십이다.

7) 사람 중심의 근본 철학을 바탕으로 변화의 물결에 대한 끊임없는 배움을 통해 자신을 변화시키고 타인의 강점을 발견하여 변화로 이끌고 더 나아가 사회와 국가에 영향력을 주는 지도력이 변혁적 리더십이다.

8) 사람 중심의 변화를 리드하는 명확한 목적을 제시하며 포용력을 갖춘 지도자가 변혁적 리더다.

9) 변혁적 리더십은 사람을 우선으로 생각하며 사고방식의 전환을 통해 일관성 있게 포용하며 사람들과 협동하고 변화를 이뤄 나아가는 것이다.

KSLA는 변혁적 리더십을 위와 같이 정의했는데 리더십 학자들은 어떻게 설명하고 있을까.

박새롬에 따르면 변혁적 리더십은 구성원의 성장 욕구를 자극하고 동기화시킴으로써 집단에 대한 적극적인 노력을 이끌어낸다는 점에서 개혁과 발전에 적합한 리더십 유형이다[박새롬, 2017]. 박새롬은 "변혁적 리더는 구성원이 각자의 이해관계를 넘어서 집단이나 조직의 비전, 미션, 목표에 몰입할 수 있도록 하는 역할을 담당한다. 이때 구성원들에게 어떠한 과제를 구체적으로 주고 행동을 통제할 것인지보다는 구성원들이 비전을 바탕으로 동기화되어 일에 몰두할 수 있는 문화를 창조하는 것이 핵심적이다."라고 설명한다.

변혁적 리더십이라는 표현을 처음으로 사용한 제임스 맥그레거 번스[2007]는 변혁을 전체 시스템에서 일어나는 기본적인 변화이며 힘의 구조가 이동하는 혁신이라고 정의했다. 번스는 양적 변화만으로는 충분치 않다고 했고 질적 변화가 동반해야 한다고 설명했다. 물론 변혁은 완벽한 변혁을 의미하지는 않는다. 번스는 "인간의 삶에서 완벽한 변혁은 불가능하다."고 했다. 변혁적 리더십을 확립한 버나드 바스[Bass, 1990]는 "태도, 믿음, 가치관, 그리고 니즈"에서의 변화가 변혁이라고 정의했다.

번스는 약 30년 전에 변혁적 리더십을 알린 최초의 지식인 중 한 명이다. 번스에 의하면 변혁적 리더는 조직 전체를 향상시킨 후 근로자의 사기를 자극하는 사람으로 인식된다. 변혁적 리더는 팔로워들이 조직 안에서 뛰어난 성과를 달성하는 데 관심을 가지도록 장려할 수 있는 능력이 있다[Clawson, 2012]. KSLA의 임시 구성원들은 이 책을 제작하고 한국형 리더십을 알리는 프로젝트를 위해 변혁적 리더십을 다음과 같이 계획했다. 아래 내용은 필자가 졸업한 바키대학원[Bakke Graduate University]에서 배운 변혁적 리더십의 프로세스를 그대로 적용한 것이다. 결정, 발견, 꿈꾸기, 디자인, 실행이 변혁적 프로세스의 과정이다.

1) **결정**Decide: KSLA 변혁적 리더 후보들은 다음과 같은 결정을
케이슬라
했다. 첫째, 이 책을 제작하여 학교 및 유관기관 등에서 교육을 실
시한다. 둘째, 한국형 서번트 리더십에 집중하여 청소년들의 자부
심을 높이는 데 영향을 미치도록 한다. 셋째, 이 책이 전 세계적으
로 한국형 리더십을 알리는 글로벌 리더십의 바탕이 되도록 한다.
넷째, 한국형 서번트 리더십을 밑바탕으로 전 세계에 보급하여 세
계평화를 도모한다. 다섯째, 이를 위해 구성원은 자발적으로 헌신
한다.

2) **발견**Discovery: 변혁적 리더 후보들은 4차 산업혁명을 인식한다.
그리고 리더십 훈련을 통해 개인의 변화를 경험한다. 그 과정을 통
해 리더들은 공동체의 중요성을 깨닫는다. 또한, 변혁적 리더후보
들은 서번트 리더십 교육을 통해 공동체를 구성하고 이웃 성장에
헌신함으로써 개인 및 지역에 선한 영향력을 끼쳐 전 세계 평화에
기여해야 함을 발견한다.

3) **꿈꾸기**Dream: <비전> 변혁적 리더 후보들은 새 시대의 청소년,
청년들을 서번트 리더로 양성하며, 나아가 그들이 글로벌 인재로
서 선한 영향력을 미치며 세계평화에 기여하도록 돕는다
<존재의 소명> 변혁적 리더 후보들은 청소년들을 교육하고 공
동체를 세우는데 헌신하기 위하여 한국형 서번트 리더십을 개발
하고, 강사양성과 아카데미를 운영하며 제3세계 교육 공동체 건

설을 추진한다.

<실천강령> 첫째, 생명 살리기 풀뿌리 운동을 전개한다. 둘째, 교육공동체를 구성하고 헌신한다. 셋째, 지속적인 연구와 개발을 추구한다. 넷째, 공동체의 세계화를 추진한다.

4) **디자인**(Design): 이 책은 학교의 교과서가 될 수 있다. 서번트 리더십은 학교에서 반드시 택해야 하는 과목이 될 수 있기를 기대한다. 그린리프의 서번트 리더십 원전 책이 고전이 된 것처럼 이 책이 한국형 고전이 될 것으로 기대한다. 우리는 이 책을 기반으로 한국형 서번트 리더십을 전 세계에 알리고 영어버전 등 외국어 책도 만든다.

<실천계획 및 목표> 서번트 리더십 교육 커리큘럼 개발, 한국형 서번트 리더십 책 출판, 한국형 TED 개발, 학교 진로교육 커리큘럼 개발, 각 지역 꿈의 대학 커리큘럼 제안, 대학의 교양 과목 채택, 평생교육원 평생교육 프로그램, 청소년지도사, 사회복지사, 평생교육사 전문연수 및 보수교육, 청소년수련시설 자치기구, 읍면동 주민자치위원회, 다문화 지원센터, 제3세계 교육 컨텐츠 제공.

5) **실행**(Deliver): 책을 발간한 후 하이브리드 FIRE 리더십 커리큘럼을 개발한다. 하이브리드 FIRE 리더십 지도자 과정을 만들어 제공한다. 홈페이지를 구축하고 SNS를 적극적으로 활용한다. 강사 인력풀을 구축하고 관리한다. 사무국을 구축하고 민간자격증 발급을 추진한다. 하이브리드 FIRE 리더십 프로그램 참가자를 모

집하고 홍보한다. 외부기관과 협력하고 상품 마케팅을 진행한다. 사례연구를 발표하고 데이터를 관리한다. 서번트 리더십을 기초로 한 글로벌 리더십이 전 세계에 알려지는 데 이 책을 사용한다. 또한, 외국인 인재들을 등용해 한국형 리더십을 가르치고 그들이 한국인의 높은 가치를 배우도록 한다. 한국형 서번트 리더십은 한국뿐만 아니라 전 세계적으로 영향을 미쳐 지구촌이 함께 살기 좋은 나라가 되는데 작게나마 기여하기를 기대한다.

시작은 미약하지만 이 꿈과 선포가 언젠가는 창대하게 열매 맺기를 필자는 기대한다

제 5 항 콘텐츠의 미래와 리더십 The Future of Content and Leadership (창의적이고 융합적으로 사고하기)

콘텐츠 관련 종사자들은 콘텐츠 자체의 품질을 높이는 데 관심을 두지만 하버드 경영대학원 전략 교수인 바라트 아난드[2017]는 콘텐츠 품질을 높이는 것에만 온 힘을 기울이는 것은 "콘텐츠의 함정"이라고 단언한다. 아난드에 따르면 중요한 것은 "연결 관계"다. 연결이 핵심어다. 콘텐츠 산업의 핵심은 연결 관계 안에서 찾을 수 있다고 아난드는 강조한다. 또한, 중요한 것은 컨텍스트다. 컨텍스트(상황, 정황)를 모르는 사람이 만든 콘텐츠는 '반쪽 콘텐츠'라고 할 수 있기에 컨텍스트를 배우는 것은 중요하다. 연결과 컨텍스트가 왜 중요한가. 이유는 연결할 때 문제가 해결되고 세상을 아름답

게 바꿀 수 있기 때문이다. 또 컨텍스트를 알 때 문제가 해결되고 세상을 아름답게 바꿀 수 있기 때문이다. 이러한 내용을 콘텐츠의 미래와 리더십 프로그램 안에서 배우게 된다.

제 6 항 언택트 리더십과 자성지겸예협 Untact Leadership (세상을 이롭게 하기)

언택트untact라는 말이 유행이다. 언택트는 영어 un(부정사)과 contact(접촉)의 합성어다. 영어 사전에 나오지 않는 이 단어의 근원은 사실 대한민국 땅 서울시 관악구 신림동이다. 2017년 8월, 김난도 서울대 소비자학과 교수는 연구원들과 함께 매년 발간하는 저서 '트렌드 코리아'에 들어갈 내용을 정하기 위한 회의를 여는 중에 이 단어를 사용하기로 했던 것이다. 영어 단어의 근원이 한국이라는 게 신기하다. 김난도 교수는 조선일보와의 인터뷰에서 다음과 같이 설명했다. "언택트라는 단어는 지금까진 띄엄띄엄 쓰이다가, 코로나 19 사태 이후 용례가 급격하게 늘어났다. '언택트'가 가리키는 기술도 이 단어가 처음 나왔을 때와 달라졌다. 지금은 키오스크나 온라인 주문 보단 5G(세대) 네트워크, 로봇 배송 등 더욱 첨단화된 기술들에 쓰이고 있다."

언택트는 '접촉하지 않는다'라는 의미를 갖고 있다. 이는 대면을 꺼리는 상황을 표현할 때 나온 말인데 코로나 19로 원컨 원치 않건 대면이 힘든 상황에 자주 쓰이게 됐다. 즉 컨택contact이 없는un

상황이 언택트다.

파생되는 표현으로는 '언택트 족' '언택트 마케팅' '언택트 서비스' '언택트 수업' '언택트 배달' 등이 있다. '언택트 마케팅'은 무인 서비스, 비대면 마케팅을 의미한다. '언택트 족'은 비대면 서비스를 즐기는 사람들을 뜻한다. 비대면 서비스를 제공할 때 '언택트 서비스'라는 표현을 쓰고 비대면 수업을 '언택트 수업'이라고 할 수 있다.

코로나 19로 인해 온라인 수업이 시작했을 때 많은 초등학생이 학교에 가고 싶어 했고 친구를 만나고 싶어 했다. 그런데 온라인 수업을 잘 진행하는 교사가 있는 반의 친구들은 대면하지 않고 수업받는 것을 선호하게 됐다. 대면이 싫다기보다는 오전에 수업을 마치고 나머지 시간은 자신이 좋아하는 것을 하며 시간을 보낼 수 있거나 취미 활동을 할 수 있기 때문이었다. 언택트 족이 된 것이다. 코로나 19 전에도 쿠팡 등을 이용한 '언택트 배달'이 유행이었고 많은 패스트푸드점이나 편의점도 언택트 서비스로 전환하고 있었다. 인공지능 로봇이 더욱 발전하면 언택트 시대는 더욱 가속화할 전망이다.

언택트 시대에 필요한 리더십은 무엇일까? 바로 마음택트(마음으로 연결하기) 리더십이다. 대면은 아니지만 늘 마음을 연결하는 리더십이다. 언택트 시대에 마음택트가 되려면 자.성.지.겸.예.협이 필요하다. 필자는 이를 나누고 가르치는 것이 언택트 리더십이라고 주장한다. 경제원(청소년 지도사)은 필자가 만든 언택트 리더십의 자.성.지.겸.예.협의 사전적 의미를 다음과 같이 정리했다.

자(자발성): Spontaneity 사전적 의미는 남의 교시(敎示)나 영향에 의하지 아니하고, 자기 내부의 원인과 힘으로 사고나 행위가 이루어지는 특성이다. 미국의 철학자 존 듀이에 따르면 주도적인 노력과 의식을 갖춘 과정, 주체성이 수반되는 과정을 통해서만 사고가 발달할 수 있다변정아, 2018. 학습의 자발성은 학습자가 본래 가지고 있는 것이 아니라 길러지는 것이고, 개인이 적극적으로 자발성을 가지고 참여하는 만큼 성장할 수 있다.

성(성실함): Sincerity New Oxford American 사전(2001)에서는 성실성을 '정직하고 강한 도덕적 원칙을 가진 것, 도덕적 강직함'이라고 정의하였다. Costa와 McCrae[1992]는 성실성이란 추구하는 목표를 조직화하고, 지속해서 추진하려는 경향성으로 정의하였다. 결과와 상관없이 누가 알아주지 않아도 최선을 다함이 성실성이다. 결과에 상관없이 무엇을 해도 열심히 꾸준히 하는 것을 성실하다고 한다.

지(지속성): Persistence 한국기업교육학회의 HRD 용어사전에 따르면 지속성이란 '조직이 조직의 기능을 수행하고 존재할 수 있는 상태'를 의미한다. 사람도 마찬가지다. '꾸준한 행동은 습관이 되고, 습관은 성격과 소명이 된다'라는 말이 있듯이 본래의 목적을 가지고 지속해서 행동한다면 개인의 성격이 되며 개인의 존재 이유가 될 수 있다.

겸(겸손함): Humility 동아 새 국어사전최태경, 2004에서는 겸손을 '남을 높이고 자기를 낮추는 태도가 있음'이라 정의하였다. 겸손은 원만한 사회적 관계 유지를 위한 목적으로 화자 자신을 스스로 낮춤으로써 상대방을 높이고 상대방의 체면을 세워주는 것이라 할 수 있다[김영옥, 2019].

예(예의):[Courtesy] 예의는 언제나 공경해야 하고 진심을 담아야 한다. 예란 사람다운 사람이 되어 공동체를 이루고 살아가기 위해서 필요한 행동기준이 되는 질서, 규범에 순응하는 것이다. 사람은 살아감에 있어 자신도 모르게 지켜가고 있는 행실, 행위, 규칙이 있다. 이것은 특정한 사람에게 국한되어 있는 것이 아니라 모든 인간의 행동에서 나타난다[곽춘금, 2016].

협(협동심):[Cooperation] 표준국어대사전(2020)에서는 '서로 마음과 힘을 하나로 합함'으로 정의하고 있다. 청소년 협동 학습의 한 학급 전체 또는 5, 6명으로 구성된 분단이 공동의 목적을 성취하기 위하여 협력적으로 하는 학습을 공동학습[共同學習]이라고 한다[교육학 용어사전-서울대학교 교육연구소, 2020]. 학습자 간 긍정적 상호의존성을 바탕으로 한 촉진적 상호작용이 활발히 발생할 때 공동체 의식 함양과 같은 협동 학습의 성과도 높아진다[허정윤, 2016].

필자는 자.성.지.겸.예.협을 마음택트 리더십으로 정의했다. 언택트의 시대이지만 마음으로 만나려면 이러한 요소를 필수로 보았다. 이러한 마음택트 리더십은 이 책에 소개되는 인물들에게서 끊임없이 보일 것이다.

제 3 절
나가는 말

나에 대해 깊이 알고, 이웃을 깊이 관찰해서 어떤 사람들인지 알아내어 타인을 위한 삶을 사는 자가 리더다. 더 나아가 창의적이고 융합적인 사고를 하고 협력을 잘하고 좋은 인격을 갖고 놓인 문제를 지혜롭게 해결을 하며 세상을 이롭게 하는 자가 리더다.

필자가 내린 리더십의 정의를 다시 생각해보자. 이를 마치 해부하듯이 분석하면 다음과 같다.

나에 대해 깊이 알고(리더십 개발과 교육), 이웃을 깊이 관찰해서 어떤 사람들인지 알아내어 타인을 위한 삶을 사는 자(서번트 리더십)가 리더다. 더 나아가 창의적이고 융합적인 사고를 하고(콘텐츠의 미래와 리더십) 협력을 잘하고 좋은 인격을 갖고(4차 산업혁명 시대의 리더십) 놓인 문제를 지혜롭게 해결을 하며(변혁적 리더십) 세상을 이롭게 하는 자(마음택트 리더십)가 리더다.

이제 이러한 리더십을 가진 인물들을 다음 장부터 살펴보기로 한다.

지정의(知情意.I.E.V.) 노트

지知(Intellect. 지식, 지혜, 인지, 인식 등): 방금 읽으신 내용을 통해 새롭게 배우게 된 것, 전에는 알지 못했거나 희미했지만 새롭게 인지하게 된 내용, 분별력이 강화된 내용, 이해와 성찰이 있었던 내용을 적어보세요.

....

....

정情(Emotion, 감정, 사랑, 희로애락 등): 방금 읽으신 내용을 통해 경험하게 된 감정, 희로애락, 열정, 애정, 배려를 적어보세요.

....

....

의意(Volition. 뜻, 의지, 결정, 선택, 비전 등): 방금 읽으신 내용을 통해 지(知)와 정(情)을 적으셨습니다. 지와 정을 어떻게 의지적으로 적용할 것인지를 적어보세요. 나의 일에 대한 꿈, 노력, 성실, 실천, 행함 등의 결심 등을 적어 봅니다. 의는 실천적이고 확인 가능한 그 무엇이면 가장 좋습니다.

....

....

....

2 장

나는 누구인가?
그들은 누구인가?

조 계 형

조 기 연

위기를 위대함으로 승화시킨 서번트 리더
정약용

조계형

제 1 항 서번트 리더십과 4차 산업혁명

나에 대해 깊이 알고, 이웃을 깊이 관찰해서 어떤 사람들인지 알
아내어, 타인을 위한 삶을 살고, 창의적이고 융합적인 사고를 하
고, 협력을 잘하고, 바른 인성을 가지는 것.

　제1장에서 박병기는 새로운 시대의 리더십을 위와 같이 정의했
다. 위 리더십 정의에서 타인을 위한 삶을 사는 것이 서번트 리더
십에 관한 내용이다. 정약용은 그 삶 자체가 서번트 리더십의 삶이
었다.

필자가 서번트 리더십을 정약용 정서로 재해석하면 "경청하고 성찰하며 수양하고, 큰 그림과 낮은 자세로 헌신하여, 혜안[1]과 선한 영향력으로 세상을 변화시키고자 하는 사람"이다. 이를 정리하면 타인을 위한 삶, 공동체를 위한 삶을 사는 사람이다. 예나 지금이나 서번트 리더십의 기본은 거의 같다.

정약용은 타인을 위한 삶을 살기 위해 그 첫 번째로 경청을 소중히 여겼다. 그는 인간관계에서 경청을 기본으로 생각했다. 그는 또한 자신의 마음에 귀를 기울이는 리더였다. 바로 성찰하는 사람이었다. 성찰은 자신을 알아가는 단계다. 그리고 그는 수양(修養)으로 몸과 마음을 닦고 길렀다. 정약용은 또한 큰 그림을 그리는 리더였다. 큰 그림을 그리며 세상을 변화시키고자 하는 원대한 꿈을 가졌다. 이 역시 타자 중심의 사고였다. 그는 또 낮은 자세로 타인과 공동체에 헌신함으로써 모두의 결속을 끌어냈다. 혜안과 선한 영향력으로 세상을 바람직하게 변화시키고자 하는 사람이 정약용의 정서로 본 한국형 서번트 리더십이다. 그는 타자 중심의 서번트 리더였다.

우리는 이 책에서 "나에 대해 깊이 알고, 이웃을 깊이 관찰해서 어떤 사람들인지 알아내어 타인을 위한 삶을 살고, 창의적이고 융합적인 사고를 하고, 협력을 잘하고, 바른 인성을 가진" 사람이 '인재'라는 데 동의하고 있다. 여기에 필자는 하나를 더 보태어 암묵지tacit knowledge가 많은 사람이 인재라고 생각한다. 영국 철학자 마이클 폴라니는 지식을 두 가지로 나누었다. 간단히 말하면 자전거

---

1   [慧眼] 사물을 꿰뚫어 보는 지혜로운 눈.

를 탈 줄 아는 체화된 지식이 암묵지고, 자전거 타는 법을 정리한 설명서가 형식지 explicit knowledge다. 체화된 지식이 많은 인물이 바로 정약용이다. 그는 수없이 넘어지면서 감각을 몸에 익힌 지식을 갖고 있던, 즉 암묵지가 풍성했던 리더였다.

필자는 정약용을 "자신을 깊이 알고, 이웃을 깊이 관찰해서 어떤 사람들인지 알아내어 타인을 위한 삶을 살려고 하고, 창의적이고 융합적인 사고를 하고, 협력을 잘하고, 바른 인성을 가진 암묵지가 풍성한" 리더라고 정의한다.

제 2 항 유네스코가 기념하는 정약용, 위기를 기회로 승화시킨 인물

정약용의 리더십은 이미 전 세계가 인정한 바 있다. 유네스코는 프랑스 사상가 장 자크 루소 탄생 300주년, 드뷔시 탄생 150주년, 독일 작가 헤르만 헤세 사망 50주기와 더불어 정약용 탄생 250주년을 유네스코 관련 기념일로 지정한 바 있다. 유네스코는 2004년부터 유네스코의 이념, 가치에 맞는 세계사적 사건이나 위인의 기념일을 '유네스코 관련 기념일'로 선정해 왔는데, 우리나라 인물의 기념일이 포함된 것은 이번이 처음이었다.[2] 정약용은 조선 최고의 암묵지를 체화한 지식인이다. 정약용이 집필한 책은 500여 권이

---

2   한국일보(2012.4.15.) 발췌
https://news.v.daum.net v/20120415231305984?f=o

다. 책 한 권에는 평균 30년의 노하우가 담겼다고 하니 그 크기와 깊이의 가늠이 쉽지 않다. 그러한 경험과 체험은 어디서 시작했을 까. 정약용은 성장기에 부친 임지를 따라다녔다. 부친에게서 글을 배우고 20세 초반에 과거에 합격하였으며, 정조를 만나 총애를 받 게 된다. 28세에 대과(문과)에 합격하여 벼슬길에 나섰다. 정조는 정약용의 직무를 면제하고 최고의 학자와 관료 배출을 위한 연구 원으로 전념케 했다.

"자신을 깊이 알고, 이웃을 깊이 관찰해서 어떤 사람들인지 알 아내어 타인을 위한 삶을 살려고 하고, 창의적이고 융합적인 사고 를 하고, 협력을 잘하고, 바른 인성을 가진 암묵지가 풍성한" 정약 용은 어떤 이유로 백성을(타인을) 깊이 생각하게 되었을까?

그의 다음과 같은 경험이 그러한 리더십을 갖추도록 했다. 어느 날 정조대왕은 정약용을 조용히 불렀다. 정조는 경기도 관찰사의 소문이 흉흉하다며 그를 암행어사로 파견했다. 암행을 나간 정약 용은 관찰사와 현감을 살피면서 나라에서 아무리 올바른 정치를 한다 해도 지방관리의 노략질이 심하다면 소용이 없다는 걸 깨달 았다. 암행어사 정약용은 정조에게 사실대로 보고했다. 정조는 경 기도 관찰사와 마전 현감을 멀리 귀양보냈다. 이때 귀양 갔던 경기 도 관찰사 서용보는 끝끝내 정약용을 괴롭히는 악연이 되었다.

정조는 1797년 정약용을 곡산부사로 임명한다. 곡산은 오지(奧 地)지만 정약용은 비로소 목민관으로서 일하게 된 것이다. 전임자 의 폭정에 민란을 일으킨 이계심을 만난 정약용은 죄가 없다고 판 단하여 용서하고, 재임하는 동안 민생을 구제하고 폐단을 바로잡

앗다.

정약용은 곡산이 털끝 하나 병들지 않은 것이 없다고 한탄하였다. 작은 부정 하나가 시작되면 그것을 빌미로 부정이 눈덩이처럼 커졌다. 오죽하면 제주에서 감귤나무에 독을 뿌려 저절로 죽은 것처럼 하여 토색과 수탈을 피하고자 하였을까? 피해는 결국 백성의 몫이니 나라를 망치고 만다. 정약용은 다 쓰러져가는 곡산 관아를 새로 지을 때 오직 아전들과 관노비의 힘으로만 그렇게 했다. 백성들을 동원하지 않은 것이다.

38세(1799) 때 정조는 정약용을 형조참의에 임명했으나 주위의 정치적 공세가 계속되자 39세(1800)에 고향으로 내려갔다. 정조가 갑자기 세상을 뜨면서 정약용은 위기에 처했다. 정조가 죽고 순조가 11세 어린 나이에 왕이 됐다. 어린 왕을 대신하여 정순왕후가 수렴청정하면서 그는 정적을 제거하기 위해 천주교를 문제 삼았다. 100여 명이 처형되었고 400여 명이 유배되었다. 정약용은 1801년 포항 장기로 유배되었다가 황사영 백서 사건으로 다시 강진으로 유배되었다. 정약용의 나이 40세였다.

이 수많은 체험을 통해 정약용은 '자신을 깊이 알게 되었고, 이웃을 깊이 관찰하게 되었고, 주변 사람들이 어떤 사람들인지 알아내어 타인을 위한 삶을 살려고 하는' 리더로서 성숙해졌다. 이런 경험이 암묵지가 되었고 그의 '창의적이고 융합적인 사고를 하고, 협력을 잘하고, 바른 인성을 가진' 위대한 삶은 이후 본격화 된다.

모든 것을 내려놓고 학문과 저술에 매진하는 정약용의 위대한 큰 그림이 시작되었다. 추운 겨울 강진에 도착한 정약용을 모두 모른 척했다. 시장의 한 주막에서 정약용을 받아주었는데 정약용은 추위와 배고픔에 지쳤으나 당파싸움의 정쟁에서 이제야 겨를을 얻었다며 스스로 기뻐하고 위기를 위대함으로 바꾼다. 걸림돌을 디딤돌로 승화시킨 것이다. 주모는 아이들에게 글을 가르쳐주면 계속해서 밥을 주겠다며 주막 뒷방을 내주었다.

　정약용은 유배 초기에 어린 아들을 마마로 잃는 등 많은 시련이 있었다. 유배 생활에서도 정약용을 알아보고 돕는 사람들이 있었다. 어디 가나 인물은 드러나기 마련이다. 인물은 학문으로든 삶의 지혜로든 필요한 사람이며, 반드시 도움을 받는 사람이 생겨난다. 유배지에서도 정약용과 같은 인물이 있다는 것이 큰 위안이 되었다. 정약용은 귀양살이하는 동안 환자들을 위해 약방문을 써주었다. 대가를 받지 않고 백성들에게 도움을 주려는 것이다.

　정약용은 유배 시절 자신을 시기하는 무리에게 고개를 숙여달라는 자식의 말을 듣고 다음과 같이 준엄하게 꾸짖었다. "천하에는 두 가지 큰 기준이 있다. 하나는 옳고 그름이고, 하나는 이롭고 해로움이다. 이 두 가지 기준은 네 단계로 나눈다. 첫째, 옳고 이로운 단계, 둘째, 옳고 해로운 단계, 셋째, 그르고 이로운 단계, 넷째, 그르고 해로운 단계다. 내가 만일 고개를 숙인다면 세 번째 단계로, 그르고도 이로운 단계를 선택하는 것이나 결국에는 네 번째 단계인 그르고 해로운 단계가 될 것이다."라고 했다. 잘못이 없음에도 해배를 위해 고개를 숙일 수 없다는 정약용의 정신이다.

　정인보[3]는 정약용에 대해 한자가 생긴 이래 최대의 저술가이자

3　독립운동가, 한문학자, 서지학·국사학·국문학에 관여했다.

대학자라고 하였다. 평생 다산 정약용을 연구해온 박석무는 다산 학문의 근본은 인성이라고 했다. 인성은 타고나는 것이 아니다. 끊임없이 배우고 반성하는 가운데 길러지는 것이다. 사람은 사람 노릇을 해야 한다. 향인지애(向人之愛) 즉, 다른 사람을 위하는 것이다. 사람 노릇은 서번트 리더십의 양심과도 같다. 자신의 양심에 귀를 기울이는 것이다.

정약용의 인생은 수많은 체험을 통해 '자신을 깊이 알게 되고, 이웃을 깊이 관찰하고, 주변 사람들이 어떤 사람들인지 알아내어 타인을 위한 삶을 살려고 하는' 1단계와 경험이 암묵지가 되어 '창의적이고 융합적인 사고를 하고, 협력을 잘하고, 바른 인성을 갖게 된' 2단계로 요약될 수 있다.

바른 인성을 가졌다는 것은 양심에 귀를 기울였음과 일치한다. 그는 양심에 귀를 기울인 몇 안 되는 학자이자 정치가였다. 양심에 귀를 기울이는 그였기에 다른 사람의 말에도 귀를 기울이는 데 능했다. 그는 많은 사람의 의견을 끌어모으는데 탁월함을 보였다. 자신의 의견만 고집하지 않고, 경청하고 공감했기 때문에 수백 년 후에도 전 세계가 알아주는 리더로 인정받게 된 것이다. 여러 사람의 지혜를 모으는 리더십은 자신을 깊이 알고 이웃을 깊이 관찰할 때 얻어진다. 클라우스 슈밥은 이를 상황맥락지능이라고 하는데 정약용이야말로 상황맥락지능이 매우 높은 인물이었다. 정약용은 뜻을 함께하는 남인계 선비들과 함께 죽란시사라는 시 짓기 모임을 만들고 많은 이야기를 경청하고 공감하였다. 동서고금 성공한 사람치고 경청하지 않은 리더는 없다.

진정한 리더는 위기를 맞이하였을 때 알아볼 수 있다. 그것은 위기를 맞이하는 자세나 태도이다. 또한, 위기를 위기로 끝내는 것이 아니라 기회로 승화시키는 것이다. 여기서 기회라는 것은 자신의 위기 탈출이 아니라, 타인을 위한 혜안을 얻는 것이고, 큰 그림을 그리는 것이다. 그로 인해 수많은 사람에게 영향력을 행사하는 논리를 만들어 내는 것이다. 정약용은 유배가 해배되기만 기다리지 않고 수많은 저술로 위대한 일을 하였다.

제 3 항 정약용의 서번트 리더십, 목민심서

정약용은 목민심서 서문에서 "백성을 다스리는 것은 백성을 기르는 것(牧民)이다. 그렇다면 군자(君子)의 배움은 자신의 수양이 절반이고 목민이 절반이다."라고 밝혔다. 학식과 덕행이 높거나 높은 벼슬을 하는 군자라면 수양이 절반이라는 것이다. 수양이라고 함은 끊임없이 공부하여 지식과 인품을 기르는 것이다. 스스로 반성하고 학습하지 않으면 목민관을 해서는 안 된다고 그는 주장했다.

정약용은 복사뼈에 구멍이 세 번이 날 만큼 학문에 몰두하여 평생 5백여 권의 저서를 남겼다. 그중 목민심서는 모든 지도자에게 공통으로 적용되는 가르침이다. 목민심서는 고위지도자는 물론이고, 역량을 발휘하고자 하는 모든 사람에게 리더십의 귀중한 원리를 제공해주고 있다. 목민심서는 모두 12장, 각 장은 6조로 쓰여 72가지의 실천사항이 담겼다. 목민심서를 6글자로 줄인다면 청렴할 염(廉)자 여섯 글자라고 하니 목민심서를 한마디로 하면 청렴이다. 정약용은 1, 2단계의 삶을 통해 귀한 내용을 남기게 되었는데 그중 현재에 적합한 서번트 리더십을 중심으로 살펴본다.

서번트 리더십의 구성요소는 그린리프[1977]의 이론에 기초하여 스피어스[1995]가 인간의 존엄성과 가치에 대한 믿음과 민주적 원칙하에 경청listening, 공감대의 형성empathy, 치유healing, 인식awareness, 설득persuasion, 개념화conceptualization, 미래보기foresight, 청지기 정신stewardship, 이웃의 성장에 헌신하기commitment to the growth of people, 공동체 형성building community이다. 필자는 서번트 리더십의 10가지 구성요소와 대화하며 목민심서를 나눌 것이다.

가. 부임육조(赴任六條)[4]

> 1. 제배(除拜 : 수령으로 임명되다.) 2. 치장(治裝 : 임지로 떠나기 위해 차리는 준비) 3. 사조(辭朝 : 조정에 나가 하직하는 절차) 4. 계행(啓行 : 부임 행차) 5. 상관(上官 : 부임 된 관청의 첫 출근) 6. 이사(莅事 : 처음으로 행하는 일 처리)

부임이란 직책을 부여받아 정해진 자리로 가는 것이다. 정약용은 다른 벼슬은 희망하여도 좋으나 목민관(백성을 직접 다스리는 수령)은 스스로 원하면 안 된다고 하였다. 그것은 천하와 국가를 다스리는 일이나 다름없으니 함부로 구하지 말라는 것이다. 부임할 때

---

4 정약용, 한양원 편(2019). "정약용의 목민심서"서울: 나무의꿈. ~이하 12. 해관육조(解官六條)까지 같은 책

는 의복과 안장을 쓰던 것으로 하고, 사람을 많이 데려가서는 안 된다. 부임은 간결하고 과묵하여 말 못 하는 사람처럼 행하여야 한다. 한마디로 사리사욕을 버리고 검소하게 부임하라는 것이다.

유럽 반부패국가역량연구센터^{ERCAS}가 발표한 2019년 국가별 공공청렴지수^{IPI, Index of Public Integrity} 평가 결과, 우리나라가 117개국 중 19위, 아시아 국가 중에서는 1위에 올랐다. ERCAS는 2015년에 첫 공공청렴지수를 발표한 이후 격년마다 평가 결과를 발표하고 있다. 우리나라의 경우 2015년 23위(8.04점/10점 만점), 2017년 24위(8.02점)에 이어 2019년 평가에서는 117개국 중 오스트리아와 공동으로 19위(8.34점, 아시아 1위)에 올랐다.[5]

국민권익위원회는 2019년 공공기관 청렴도 측정 결과를 발표했다. 2019년 공공기관 청렴도 측정 결과, 종합청렴도가 전년 대비 0.07점 상승한 8.19점으로 3년 연속 상승을 기록했다. 이는 2016년 9월 청탁금지법 시행 이후 국민이 경험한 '공공서비스 부패(금품·향응 등) 경험률'이 지속해서 감소했기 때문으로 분석됐다.

부임은 서번트 리더십의 이웃의 성장에 헌신하기^{commitment to the growth of people}에 해당한다. 목민관으로 부임하여 백성들의 성장에 헌신하는 것은 당연한 의무다. 그러나 백성들의 성장에 앞서 목민관은 청렴해야 한다. 목민관이 청렴하면 백성들이 따르고 성장한다. 앞서 목민심서를 한마디로 청렴이라고 했다. 200여 년 전 정약용이 그토록 간절하게 요구한 청렴이 아시아국가에서 1위, 세계에서 19위라는 놀라운 기록을 냈다. 청렴이란 스스로 깨끗함에서 그치

---

5 국민권익위원회 네이버 블로그(https://blog.naver.com/loveacrc/221724488135).

는 게 아니라 결국 타인을 위해 그렇게 하는 것이다. 청렴은 오직 바른 인성에서 나오고 협력하는 마음에서 나오고 자신과 이웃을 깊이 아는 자에게서 나오게 된다.

나. 율기육조(律己六條)

1. 칙궁(飭躬 : 자신의 몸단속, 바른 몸가짐) 2. 청심(淸心 : 청렴한 마음가짐) 3. 제가(齊家 : 집안을 먼저 바르게 다스려라) 4. 병객(屛客 : 관아에 손님을 불러들이지 말라) 5. 절용(節用 : 재물을 절약하라) 6. 낙시(樂施 : 필요한 자에게 은혜를 베풀라)

율기는 몸가짐을 바르게 하라는 것이다. 자신을 다스리지 못하면 백성을 다스릴 수 없다는 가르침이다. 말을 많이 하지 말고, 갑자기 화를 내지 말아야 한다. 목민관은 모두가 볼 수 있는 투명유리 안에서 일하는 사람이다. 목민관은 투명 어항 안의 물고기와 같다. 모든 행동을 모두가 보기 때문에 근심하지 않을 수 없다. 감히 놀고 즐기는 안일함이 불가한 자리다. 그 사람의 외면은 내면의 표출이다. 단정한 몸가짐과 차림새가 중요하다. 청렴은 목민관 본연의 자세다.

청렴은 온갖 선정의 원천이고 모든 덕행의 근본이다. 청렴하지 못하면서 목민관 노릇을 잘할 수 없다. 율기육조는 목민관의 평소 행동과 마음가짐에 관한 것이다. 오늘의 내 모습은 어제의 결과이다. 오늘 내가 사는 모습에 스스로 만족하고 타인과 잘 어울려 살고 있다면 어제 노력한 결과이다. 오늘은 일생을 관통하는 전부다.

오늘을 제외하고 살 수 없다. 율기육조는 오늘에 대한 주문이다. 단정한 몸가짐, 깨끗한 마음가짐으로 오늘을 살아야 한다. 집안을 다스리고, 사사로움을 물리치고, 절약하고 은혜를 베푸는 오늘을 살라는 주문이다.

율기는 서번트 리더십의 개념화conceptualization(큰 그림 갖기)에 해당한다. 필자는 마흔 즈음에 비로소 "나에게 큰 그림은 뭐지?"라는 질문을 했다. 평균수명이 길어지고 은퇴 후의 삶이 걱정으로 다가오면서 삶의 큰 그림을 생각하게 된 것이다. 세상에 기여하는 삶, 타인에게 도움이 되는 삶을 생각해보니 모든 것이 부족했다. 이를 극복하기 위해 편입하여 공부하기 시작했다. 마흔 즈음에 비로소 평생학습에 대해 깨닫게 되었다. 학교 공부가 중요하지만 자신을 다스리고 성장시키는 것은 독서였다. 동서고금을 막론하고 독서하지 않은 리더는 없다. 자신의 성장 없이 타인의 성장을 도울 수 없다. 독서는 서번트 리더십의 개념화(큰 그림 갖기)에 가장 적합한 방법이다.

다. 봉공육조(奉公六條)

1. 선화(宣化 : 임금의 덕화를 선포하는 예절) 2. 수법(守法 : 국법을 준수하라) 3. 예제(禮際 : 예로써 교제하라) 4. 문보(文報 : 보고문서-공문서-의 처리방안) 5. 공납(貢納 : 세금과 공물을 받아 바치는 일) 6. 왕역(往役 : 수령의 복무 태도)

봉공은 나라와 사회를 위해 힘써서 일하는 것이다. 정부 정책이 하달되면 마땅히 처리해야 한다. 이를 시행할 수 없으면 병을 핑계로 삼아 그만두어야 한다. 목민관은 매사를 법에 따라야 한다. 목민관 자신이 먼저 법을 지켜야 한다. 언제라도 목민관의 자리에서 물러날 수 있다는 점을 깨우쳐야 법대로 할 수 있다. 전직 목민관의 잘못에 대해서는 감싸주어야 한다. 모든 문서처리에는 빈틈이 없어야 하고 기한을 지켜야 한다. 필요한 만큼만 자리에 머물며 백성들에게 선정을 베풀고 물러날 줄 알아야 한다.

시인 폴 발레리는 "생각하는 대로 살지 않으면 머지않아 사는 대로 생각하게 된다."고 했다. 하물며 목민관이 백성들을 위한 생각이 없다면 세상에 더 없는 민폐다. 우리 기관이 왜 존재하는가? 우리 직원들은 무엇을 해야 하는가? 기관이용자들에게 최적화를 제공하고 있는가? 우리의 고객은 누구인가? 우리는 이러한 물음에 부응할 수 있는 역량을 가지고 있는가?

법 앞에서 예외는 없어야 한다. 규정대로, 지침대로 따른다. 우리 삶에는 법과 규정에 없어도 지켜야 하는 도리가 있다. 한비자는 "법을 잘 지키고 행하는 사람은 반드시 강하고 굳세다."고 했다. 법을 지켜야 리더가 될 수 있다. 법과 원칙의 다른 이름은 형평성이다. 수많은 다툼은 형평성이 훼손될 때 일어난다. 아무도 지키지 않는 정지선을 지킨 장애인 부부의 감동을 우리는 잊지 못한다. 작고 사소한 것이라도 지키려는 노력이 아쉬울 때가 많다.

봉공은 서번트 리더십의 청지기 정신stewardship에 해당한다. 청지기란 자기 소유가 아닌 것을 자기 소유 이상으로 관리하는 사람을 말한다. 세상에는 자기 것을 관리하는 사람도 있지만, 대다수는 자기 것이 아닌 것을 관리한다. 봉공은 자기 것이 아닌 나라와 사회를 잘 관리하기 위한 노력이다. 나라와 사회를 위해서 노력할 때는 기준이 있다. 그것은 법이고 규칙이며 사회적 규범이다. 기준에 따라 계획을 세우고 고객의 가치를 충족시켜야 한다. 청지기 정신은 있는 것을 유지하는 것이 아니다. 더욱 풍성하게 하여 많은 사람에게 선한 영향력이 되도록 관리하는 것이다.

라. 애민육조(愛民六條)

> 1. 양로(養老 : 어른을 공경함) 2. 자유(慈幼 : 어린이를 보살핌) 3. 진궁(賑窮 : 가난한 자들을 구제함) 4. 애상(哀喪 : 상사를 애도함) 5. 관질(寬疾 : 환자를 돌봄) 6. 구재(救災 : 재난을 구제함)

정약용은 사회적 약자를 돌보아야 한다고 강조했다. 6가지 강조 내용을 보면 오늘날의 복지국가를 실현하는 것이다. 노인과 어린이, 장애인이나 재난을 당한 사람 등을 돌봐야 한다. 리더는 약자들을 돌보는 사람이다. 목민관이 노인을 우대하는 은혜로운 정치를 행한다면 백성들이 노인을 공경하게 된다. 어린이를 사랑해야 하고 형편이 어려우면 그들의 부모가 되어야 한다.

궁색하고 가난하여 초상을 치르지 못하면 관에서 장사를 지내주어야 한다. 전염병이 유행할 때는 관에서 구제하여야 한다. 수재나 화재 등 재난이 일어났을 때는 국가의 법에 따라 행하며, 물불

가리지 말고 목민관 스스로 마땅히 구제해야 한다. 환란의 예방이 재앙을 당했을 때 은혜를 베푸는 것보다 낫다.

드러나는 약자는 돌보기가 수월할 수 있다. 세상에는 드러나지 않는 약자도 많다. 물질적 약자도 있지만, 심리적 약자도 있다. 선천적 약자도 있지만, 후천적 약자도 많다. 행복 지수는 낮고 자살률은 세계 최고인 약자 청소년들을 기성세대가 만들고 있다. 학습하지 않는 기성세대는 급변하는 세계를 모른다. 자신의 기준으로 아이들을 내몰고 있다. 그것이 폐기되어가는 기준인 것을 책 몇 권만 읽어도 안다. 정약용은 유배지에서 편지로 아들들을 엄하게 교육한다. 폐족이 된 가문임에도 아들 정학유는 농가월령가를 남겼다.

애민은 서번트 리더십의 치유healing와 공동체 형성building community에 해당한다. 어느 사회나 약자는 존재하기 마련이다. 성숙한 사회는 사회적 약자에 대한 태도에 달려있다. 사회적 약자에 대한 치유는 공동체의 유대를 강화하고 이웃에 헌신을 끌어낸다. 다른 사람에 대한 사랑과 존중을 풍성하게 한다. 치유와 공동체 형성은 생명을 살리는 것이다. 우리 청소년들에 대한 올바른 미래 교육이 치유다. 우리 청소년들이 타인을 경쟁상대로 보지 않고 이해하고 함께하는 것이 공동체 형성이다. 모든 학부모가 치유와 공동체 형성의 서번트 리더십을 발휘하면 우리 미래 교육의 방향성을 찾는 것이다.

마. 이전육조(吏典六條)

1. 속리(束吏 : 아전을 단속함) 2. 어중(馭衆 : 아랫사람 다스리기) 3. 용인(用人 : 인사관리) 4. 거현(擧賢 : 어진 이를 천거함) 5. 찰물(察物 : 회계 관리, 물정을 살핌) 6. 고공(考功 : 성과 관리, 성적을 매김)

조선 시대의 목민관은 임명직이다. 아전은 목민관 밑에서 일하는 지방 하급 관리이다. 목민관은 일정한 시기를 근무하면 떠나지만, 아전들은 계속 근무한다. 목민관이 어리숙하면 아전들의 횡포에 놀아난다. 아전들을 단속하는 근본은 목민관의 자기 처신에 달려있다. 아전들은 수령의 기호를 맞춘다. 수령이 재물을 좋아하면 유혹하여 함께 죄에 빠지고 만다.

통치하는 것은 사람을 쓰는 것이다. 아첨을 좋아하면 충성되지 않고, 바른말하는 자는 배반하지 않는다. 좋은 인재는 마땅히 추천하여야 한다. 주변 사람들의 말을 그대로 믿어서는 안 된다. 모두 사사로운 뜻이 들어있기 때문이다. 공적을 따지지 않는다면 힘써서 일하지 않는다.

인사가 만사다. 사람을 쓰는 일이 모든 일의 시작과 끝이다. 문제는 목민관의 통제가 쉽지 않은 데 있다. 목민관은 바뀌지만 토착화한 지배 세력은 영원하다는 것이다. 아전들 스스로가 토호 세력이며, 토호 세력들과 결탁할 수밖에 없다. 그것은 오늘날에도 별반 다르지 않다. 토호 세력의 기득권을 내려놓는 것은 불가능에 가깝다. 목민관의 소소한 틈을 노릴 것이다. 따라서 먼저 목민관 자신을 바로 세우고 끊임없이 살피고 살펴야 한다.

우리는 낙하산 인사에 익숙하다. 그뿐만 아니다. 코드인사, 보은 인사, 회전문 인사 등 모두 온당치 못한 인사이다. 자기편인 사람을 중요한 자리에 앉히거나 승진을 시키는 불공정은 예로부터 이어져 온 병폐다. 이런 관행은 사익추구와 집단이기주의의 결과다. 사회가 투명해져야 하고 불공정한 관행이 설 자리가 없어져야 한다.

이전은 서번트 리더십의 공감대 형성empathy이다. 사람이 사람을 대하고 결정하는 일은 모두에게 공감을 얻어야 한다. 나라에서 고위직을 임명할 때 공감이 없으면 혼란스럽고 공감이 있으면 관리로서 소신을 펼치게 된다. 그린리프Greenleaf의 연구에서는 "서번트 리더는 조직구성원들을 존중하고 그들에게 잠재력을 발휘할 기회를 제공함으로써 성장을 돕고 부서나 조직이 진정한 공동체를 이루도록 하여 부하들이 능력개발에 초점을 맞출 수 있는 환경을 제공함으로써 창의성을 촉진할 수 있다."고 주장하였다. 서번트 리더는 사람을 이끌고 키우는 사람이다. 역량을 개발하고 이웃에 헌신하도록 촉진하는 사람이다. 자기 편 중심이 아닌 공평한 인사로 서번트 리더십의 공감대를 형성해야 한다.

바. 호전육조(戶典六條)

논밭에 대한 제도가 엉망이어서 세법 또한 문란하다. 큰 근본이 거칠고 체계가 없어 최선을 다해도 만족스럽지 못하다. 세금으로 쌀을 받을 때는 수령이 현장에 나가야 한다. 수령이 현장에 나가지 않으면 난잡하고 해이해지며, 수납하는 자도 태만해진다. 수령이 재물을 훔치면 아전들은 온갖 방법을 동원하여 잇속을 챙긴다. 거짓 문서, 값의 차이를 이용한 갈취, 정가보다 높게 판매하는 아전의 농간은 천만 가지다.

호적이란 나라를 다스리는 큰 정책이니 엄중하고 정밀해야 한다. 모든 조세의 근본이 되는 호적을 아전은 뇌물 받고 줄이거나 늘린다. 수령은 호구의 증감 추이와 호구 실태를 지극히 정확히 하여 거짓이 없도록 해야 한다. 새로운 호적이 만들어지면 관의 명령으로 알리고 번거롭게 소송하는 일이 없도록 해야 한다. 농사를 권장하는 것은 수령의 으뜸가는 임무다.

국민이면 누구나 세금을 내야 한다. 문제는 공평한가이다. 직장인들은 손금 보듯 뻔한 마당에 탈세를 생각할 수도 없다. 세계적으로 카드 사용률이 높으니 자영업자도 많이 투명해졌다. 일반 국민들은 탈세와는 거리가 멀다. 탈세는 대기업이나 고위 관직에 많다. 정약용은 당시 공평과세가 어려운 점을 지적하였다. 현금이 아니고 현물이면 갖가지 수탈 방법이 난무했다. 그 때문에 수령이 현장에 나가야 한다고 주장했다. 수령이 재물을 탐내면 더 말할 필요가 없다.

호전은 서번트 리더십의 설득persuasion에 해당한다. 나라에서 세금을 거둘 때는 설득력이 있어야 한다. 공자는 "가혹한 세금은 호랑이보다 무섭다."고 했다. 설득력 없는 세금으로 호랑이보다 무서운 세상은 역사에 무수히 존재했다. 전 재산을 사회에 환원하고, 기업인으로서 초등학교 도덕 교과서에 실린 유일한 박사는 "기업은 개인의 것이 아니며 사회와 종업원의 것이다."[6] 라고 했다. 유일한 박사는 기업을 세우고 교육에 헌신하고 재산을 사회에 환원하여 선한 영향력을 널리 전파한 진정한 서번트 리더이다.

사. 예전육조(禮典六條)

> 1. 제사(祭祀 : 제사 의식) 2. 빈객(賓客 : 찾아온 손님맞이) 3. 교민(敎民 : 백성을 이끌기) 4. 흥학(興學 : 학문을 일으킴) 5. 변등(辨等 : 등급을 구별함) 6. 과예(課藝 : 학업을 권장함)

목민관은 제사를 직접 거행하여야 하며, 제단이나 제복, 제기 등을 마땅히 보전하여야 한다. 손님 접대는 과하지도 부족하지도 않게 한다. 목민관의 직책은 백성을 가르치는 데 있다. 과거의 좋

---

6   디지털 부천문화대전 발췌 http://bucheon.grandculture.net/?local=bucheon

은 말과 행실들을 백성들에게 권유하여 가르쳐야 한다. 스승이 있어야 배움이 있다. 학교 건물을 수리하고 곳간을 보살피며 서적을 비치하여야 한다. 신분이나 등급을 구분하고, 약자를 붙들어주고 강자를 억제해야 한다. 과거제도는 원래 결함이 많은 것이다. 그러나 국가의 인재 선발 방법이 이것뿐이니 권장하지 않을 수 없다. 과거에 급제한 자가 많으면 수령으로서 더할 수 없는 영광이다.

현대에는 유교적 제사가 없어졌지만, 현충일 추념식과 같은 행사를 엄숙히 거행한다. 국가나 지방자치단체에는 손님이 오기 마련이다. 지방자치단체마다 국내·외에 자매 또는 우호 도시를 두고 상호 교류한다. 이때 넘치지도 모자라지도 않는 경계선은 미리 협의한다. 정약용의 백성을 가르치는 교민과 흥학은 오늘날의 평생 학습이다. 놀라운 혜안이다. 의무교육 시대에서 나이를 불문하고 평생 학습할 수 있는 시대가 열렸다. 결함 많은 과거제도나 오늘날의 수능시험이나 별반 다르지 않아도 국가는 교육에 힘써야 한다.

예전은 서번트 리더십의 공감대의 형성empathy (다른 사람의 관점을 소중하게 여기기)과 미래보기foresight에 해당한다. 나라를 위해 헌신한 선조들을 위한 의식은 국가의 중대사다. 나라를 위해 기꺼이 희생할 수 있는 것은 누구라도 그렇게 한다는 신뢰에서 가능하다. 역사의 훌륭한 리더들과 이름 없는 용사들을 기리는 것은 신뢰를 바탕으로 공감하는 것이다. 신뢰 없이는 공감도 없다. 헨리 그레이엄 그린은 "신뢰 없이 삶을 견뎌 내기는 불가능하다. 그것은 자신이라는 최악의 감옥에 갇히는 것이다."고 했다. 홀로 사는 삶이 아니라면 신뢰로써 공감대를 형성하는 서번트 리더십을 발휘해야 한다.

교육은 삶의 근본이며, 백 년을 내다보는 큰 계획이다. 교육은 국가와 사회의 책무이다. 미래보기는 교육으로부터 시작된다. 이어령 교수는 "이전에는 계단을 오를 때 체력이 중요했다. 엘리베이터 시대에는 체력이 중요하지 않고 모두가 동등하게 높은 곳에 올라간다. 인공지능 시대가 그런 것이다. 모두가 똑같다. 동등하다. 엘리베이터 안에서는 체력 면에서 누구나 동등하듯이 인공지능 시대에 '우리 아이가 똑똑하다'는 말은 더 이상 할 수 없게 되고 영성, 영력, 감성, 예술성을 더 중요시하게 된다. 직업도 이웃을 도와주고 위로해 주 는 직업이 주목을 받게 될 것이다."라고 했다.[7] 이어령 교수의 지적처럼 미래보기는 영성, 영력, 감성, 예술성 등 나를 아는 것으로부터 시작하여 타인과 함께 성장에 기여하는 것이다.

아. 병전육조(兵典六條)

1. 첨정(簽丁 : 징집, 장정을 군적에 올림) 2. 연졸(練卒 : 군사 훈련) 3. 수병(水兵 : 병기 관리) 4. 권무(勸武 : 무예를 권장함) 5. 응변(應變 : 변란에 대비함) 6. 어구(禦寇 : 국토방위, 외적에 대한 방어)

병역의무를 대신하여 군포[8]를 받아들이는 것은 그 폐단이 커서

---

7 박재홍 (Interviewer). (2017). 이어령 교수의 신앙과 삶 '지성과 영성' AI시대의 기독교. In Producer), CBS초대석. 서울: CBS.

8 조선 시대, 조세 제도의 하나를 이르던 말. 군 복무를 직접 하지 않는 병역 의무자가 그 대가로 납부하던 삼베나 무명을 이른다. 조선 후기에 농민들을 괴롭혔던 폐단 중에는 환곡과 군포가 가장 극심했다.

백성들의 뼈를 깎는 병폐다. 병역 의무는 명목뿐이고 쌀이나 포목을 거두는 것이 실제의 목적이다. 군포를 수납하는 날에는 수령이 친히 수납해야 한다. 아전들에게 맡기면 백성들의 부담은 배로 될 것이다.

군사를 훈련하지 않으면 공격도 수비도 할 수 없다. 군사 훈련은 군사를 뽑고, 편성하고, 명령을 익히고, 깃발에 의한 조련과 무예를 가르치는 단계이다. 병기는 백 년을 쓰지 않아도 좋으나 매일 정비해야 한다. 우리 풍속은 유순하고 근신해서 무예를 즐기지 않았다. 오직 활쏘기뿐인데 그것마저 익히지 않으니 무예를 권장하는 것이 급선무다. 수령은 뜻밖에 일어나는 변고에 대비하여야 한다. 외적이 침입하면 마땅히 국토를 지켜야 하고 지나가게 해서는 안 된다.

괴테는 "현재는 모든 과거의 필연적인 산물이며, 모든 미래의 필연적인 원인이다. 현재에 열중하라. 오직 현재 속에서만 인간은 영원을 알 수 있다."라고 했다. 조선이 외침에 뼈아프게 무너진 것은 공리공론만 난무하는 현재를 살았던 벼슬아치들 탓이다. 병기는 백 년을 쓰지 않아도 좋으나 매일 정비해야 한다는 정약용의 지적은 오늘을 사는 우리에게 커다란 교훈이다. 전쟁은 일어나지 않아야 한다. 전쟁이 억제되려면 힘이 있어야 한다.

병전은 서번트 리더십의 미래보기foresight와 공동체 형성building community에 해당한다. 우리는 임진왜란과 병자호란 등 무수히 많은 외침을 겪었다. 미래를 보는 오늘을 살지 못한 결과다. 우리가 일상에서 행하는 많은 활동 중에 미래를 대비한 활동은 무엇인가를 자문해 보아야 한다. 미래를 위해 유아들은 언어를 익히고, 학생들은 공부하고, 직장인들은 셀러던트, 즉, 직장인이면서 미래를 대비하는 학생으로 살아간다. 기업인들은 미래를 예측하여 기술과 상품을 개발하고, 정치인들은 나라의 미래를 위해 외교를 하고 법을 만든다. 미래보기는 서번트 리더들이 반드시 행하는 것이다. 미래보기를 통해 만들어진 공동체는 생명을 살리고 성장시킨다. 외침으로부터 보호받고 자신과 이웃을 사랑하고 존중하는 공동체 형성은 미래보기를 실천하는 서번트 리더들이 만들어 간다.

자. 형전육조(刑典六條)

1. 청송(聽訟 : 소송 판결) 2. 단옥(斷獄 : 재판, 옥사를 판결함) 3. 신형(愼刑 : 형벌을 삼가함) 4. 휼수(恤囚 : 죄수를 불쌍히 여김) 5. 금포(禁暴 : 횡포를 엄하게 단속함) 6. 제해(除害 : 치안 관리, 폐해를 제거함)

수령은 먼저 자신을 바르게 하고서 백성을 가르쳐서 송사하는 일이 없도록 해야 한다. 판결의 근본은 문서에 달려 있으니 그 속에 간계를 들추고 숨겨진 사실을 밝혀내야 한다. 중대한 범죄를 판결할 때는 밝게 살피고 신중하게 생각한다. 큰 옥사[9]가 만연하면 원통한 자가 열이면 아홉은 된다.

형벌로써 백성을 다스리는 것은 최하의 수단이다. 법을 받들어서 엄정하게 임한다면 형벌을 없애 버려도 좋을 것이다. 한때 분한

---

9   반역과 살인 따위의 중대한 범죄를 다스림.

것으로 죄인심문을 남용하는 것은 큰 죄악이다. 유배된 사람은 멀리 떠나 귀양살이하는 것이니 보살펴서 편안히 살게 하는 것도 수령의 직책이다.

권문세가의 종들이 횡포를 부리면 이를 금해야 한다. 지방의 호족들이 위세를 부리는 것은 승냥이나 호랑이와 같다. 해악을 제거하고 백성을 보호해야 목민관이라 할 수 있다. 정약용은 형벌로 백성을 다스리는 것은 가장 낮은 방법이라 했다. 고위관리들이 스스로 단속하고 엄정하다면 형벌을 없애도 좋다고 했다. 인간 세상이 그리될 수 있다면 무엇 때문에 법과 형벌을 만들겠는가? 불가능한 일이지만 정약용의 주장처럼 윗물이 맑아야 아랫물이 맑다는 건 만고의 진리다.

형전은 서번트 리더십의 인식awareness이다. 세상에서 일어나는 일에 민감하게 반응하고 폐해를 제거하는 것이다. 인식은 알고 있거나 알 수 있는 능력이다. 또는 어떤 내용을 의식하고 있는 상태로 이해할 수 있다. 범죄 없는 세상이 될 수는 없겠지만 상대적으로 범죄가 덜한 세상은 있다. 인식이 발달한 사회와 그렇지 못한 사회의 범죄 편차를 추론하기는 어렵지 않다. 인식은 형식교육이나 무형식교육, 경험과 체험으로 얻어지며, 성찰로 다져져서 암묵지가 된다. 성찰은 자신을 되돌아보며 반성하고 살피는 것이다.

BPSS미래저널10과 같은 책을 통해 매일 저널링Journaling을 하면 인식이 성숙한다. 특히 서번트 리더십과 9번째 지능 SQSpiritual Quotient가 높아지도록 구성되어 있다. 그 구성은 다음의 그림과 같다.

---

10   박병기 외(2019). "BPSS 미래저널". 경기: 거꾸로 미디어.

미래 저널   Date: _____

제 4차 산업혁명시대의 거대한 파도 속에서 빅픽처, SQ, 서번트리더십의
역량을 키워 시대의 큰 파도를 마음껏 즐길 수 있는 새 시대 서퍼(surfer)
가 양성되는 그 날까지

● 사람, 동물, 식물, 미생물, 자연, 현상에 대한 감사거리를 3가지 적어보세요.

_____

_____

_____

● 나는 누구인가요? (나는 '김철수'입니다. 나는 학생입니다. 그런 것 말고요...)

● 세상에 선한 영향력을 미친 한 사람을 선정해봐요. (이름 / 선정이유)

이름: _____

선정이유: _____

● 오늘 친구나 가족과 함께 시간 가는 줄 모르는 놀이를 했으면 그것을 적어보세요.

_____

● 오늘 왜 공부를 하는지, 왜 사는지, 왜 그 일을 하는지를 생각해본 적이 있으면
  나름대로 얻어낸 답을 하나라도 적어보세요.

● 오늘 화가 나는 일이 있었다면 가장 화난 일을 적어보세요.

_____

● 아래 내용 중에서 오늘 내가 노력해본 것이 있으면 왼쪽에 체크 표시를 하세요.

☐ 겸손	☐ 편견을 없애려고 함	☐ 주어진 일을 마무리 함
☐ 남의 유익 생각	☐ 외모로 판단하지 않음	☐ 이해하며 귀기울여 들음
☐ 남을 감싸주려고 함	☐ 어려운 사람을 도움	☐ 다른 사람의 생각을 소중하게 여김
☐ 시기 질투하지 않으려고 함	☐ 느긋하려고 함	☐ 남의 정신적, 육체적 건강을 돌봄
☐ 남을 불쌍히 여김	☐ 꾸준함과 지속성 노력	☐ 내 장점과 단점 파악해 봄
☐ 남을 존중함	☐ 실망하지 않으려고 함	☐ 남들에게 좋은 일을 하자고 설득
☐ 비판하지 않으려고 함	☐ 잘난 체 하지 않으려 함	☐ 내가 갖고 있는 것을 남들과 나눔
☐ 남이 성장하도록 도움		

차. 공전육조(工典六條)

산림은 공물11과 세금이 나오는 것이니 훌륭한 임금들은 소중히
여겼다. 수령의 직책이 농사일보다 급한 것이 없으며, 농사일은 물
을 다스리는 것보다 급한 것이 없다. 관청건물이 기울고 무너져서
비가 새고 바람이 들어오건만 내버려 두는 것은 수령의 허물이다.
국방을 튼튼히 하고 백성을 보살피는 것은 수령의 직분이다.

도로를 잘 닦아서 여행자들이 다니고 싶어 하는 것은 수령의 훌
륭한 행정이다. 길에 황토를 깔지 않고 길가에 횃불을 세우지 않으
면 예를 모르는 것이다. 농기구를 만들어서 경작을 권장하고, 베
틀을 만들어서 길쌈을 권장하는 것은 수령의 직무다. 도량형(度量
衡)12이 집마다 다를 수 있으나 모든 창고와 시장의 것은 마땅히 하
나로 통일되어야 한다.

농업사회는 물을 잘 다스리는 것이 핵심이다. 물과 농토를 중심
으로 마을이 형성된다. 실학사상을 중시하는 정약용은 선비도 농
사를 지어야 한다고 강조했다. 농가월령가를 지은 둘째 아들 정학
유에게 보낸 편지에서 그는 양계에 대해 말했다. 양계에도 품위가

---

11   백성이 궁중이나 나라에 세금으로 바치던 특산물.

12   길이와 부피, 무게를 측정하는 도구.

있어 그는 농서를 잘 읽어보고 좋은 방법을 골라 시험하라고 당부한다. 정약용이 직접 정조에게 제시한 것 중 하나가 바로 3농(편농, 후농, 상농) 정책이다. 농사는 장사보다 이익이 적으니 정책적으로 보전하여 수지맞는 농사가 되어야 한다. 농사짓기가 여러모로 불편하니 경지정리, 관개 수리 등으로 편리한 농사가 되도록 해주어야 한다. 농민의 사회적 위상을 높여야 한다는 것이다.

공전은 청지기 정신stewardship 에 해당한다. 한국은 국토의 절반 이상이 산이지만 전쟁으로 민둥산이 되었고 수많은 노력으로 아름답게 가꾸어졌다. 한국의 건설사들은 인도네시아, 솔로몬제도, 조지아 등에서 수력발전소 건설에 진출했다. 국가별 도로 보급률에서 한국은 인구당 연장(Km/천명) 2위, 차량당 연장(Km/천대) 6위, 국토계수당 도로 보급률 1위다.[13] 일일이 열거할 수 없으나, 자신의 소유가 아니지만 자신의 소유인 것처럼 청지기 정신을 발휘한 결과다. 개인의 소소한 일상에서부터 국가적인 사무까지 서번트 리더십인 청지기 정신이 발휘될 때와 그렇지 못할 때의 결과를 역사가 증명하고 있다.

---

13 국가통계포털(KOSIS) 자료 http://kosis.kr/statHtml/statHtml. do?orgId=116&tblId=DT_MLTM_1044

카. 진황육조(賑荒六條)

1. 비자(備資 : 물자 관리) 2. 권분(勸分 : 나누어 도움, 구제하기를 권함) 3. 규모(規模 : 지원사업, 진휼에 대한 세부계획) 4. 설시(設施 : 복지시설, 구호를 베풂) 5. 보력(補力 : 힘을 보탬) 6. 준사(竣事 : 지원사업의 정리)

흉년에 빈민을 구제하는 것이 목민관의 재능이고 비로소 중요 임무를 다했다 할 수 있다. 흉년에 백성을 구제하는 정치는 미리 준비하지 않으면 모두 허사다. 흉년에는 백성들이 스스로 나누어 주도록 권하는 것이다. 흉년을 구제하는 데는 시기에 맞추어야 하고, 규모가 있어야 한다. 불에 타는 사람이나 물에 빠진 사람을 구하는 위급한 경우에 시기를 늦출 수 없고, 여러 사람에게 물자를 나누는데도 규모가 있어야 한다.

구제본부를 설치하고 감독을 두고, 가마솥을 갖추고 소금과 장, 미역이나 마른 새우 등을 준비한다. 농사가 흉년으로 판명 나면 다른 곡식을 심고, 가을에는 보리 심는 것을 권장한다. 구제를 마칠 즈음에는 처음부터 끝까지 점검하여, 죄과를 범했는지 반성하여 살핀다. 백성들을 안정시켜야 한다.

2019년 4월 4일 오후 7시쯤 강원도에서는 산불이 크게 났다. 소방관들은 전쟁터와 다름없다고 했다. 정부는 4월 5일 국가재난 사태 선포에 이어 6일에는 강원 고성군·속초시·강릉시·동해시·인제군 등 5개 시·군을 특별재난지역으로 선포했다. 고성·속초 산불은 발생 12시간여 만인 4월 5일 오전 9시경 주불 진화가 완료됐다.

강릉·동해 산불도 발생 17시간여 만인 4월 5일 오후 5시경 큰 불길이 잡히는 등 조기 진화가 이뤄졌다. 소방청은 4월 4일 오후 9시 44분 대응 수준 최고 단계인 3단계를 발령하고, 제주를 제외한 전국 시도의 가용 소방력 총동원 명령을 내렸다. 이에 따라 전국 각지에서 소방차 872대, 소방관 3,251명이 강원도로 집결했고, 군 헬기 23대를 비롯해 110여 대의 헬기도 동원되었다. 이는 단일 화재 역사상 가장 많은 소방차가 출동한 사례로 기록됐다.[14]

국가 운영에서 자연재해나 인재는 발생한다. 평소에 재해에 대한 대비책을 마련하고 유사시 신속 대응하는 것은 기본이다. 위급함에 있어 시기를 늦출 수 없다는 정약용의 당연한 지적이다. 우리에게는 영원히 지워지지 않을 세월호의 트라우마가 있다.

진황은 서번트 리더십의 치유 healing와 공동체 형성 building community에 해당한다. 한국은 원조를 받던 나라에서 지원하는 나라가 된 유일한 국가다. 세계가 한강의 기적과 새마을 운동을 벤치마킹한다. 부작용도 있었지만 잘살기 위해, 민주주의 실현을 위해 온 국민이 합심하여 나라를 일으켜 세웠다. 이러한 결과를 얻기까지 서민들을 치유하고 공동체를 형성하기 위한 수많은 노력이 있었다. 세월호 같은 사건도 있었지만 100만 명이 넘는 자원봉사로 이룩한 태안반도의 기적, IMF 외환위기의 금 모으기 운동도 있다. 타인을 존중하고 치유하며, 공동체를 형성하는 서번트 리더십이 발휘될 때 기적이 일어날 수 있다.

---

14   천지일보(2019.12.16) 발췌 http://www.newscj.com/news/articleView.html?idxno=691469

타. 해관육조(解官六條)

1. 체대(遞代 : 인사 변동) 2. 귀장(歸裝 : 돌아가는 옷차림) 3. 원류(願留 : 남아 있기를 원함) 4. 걸유(乞宥 : 구명을 호소함) 5. 은졸(隱卒 : 명예로운 마침, 임지에서 죽음) 6. 유애(遺愛 : 정-사랑-을 남김

목민관은 교체되기 마련이니 놀라지 않고 연연하지 않아야 한다. 평소에 문서 등을 잘 정리하여 발령 이튿날 떠날 수 있도록 처신한다. 노인들이 연회를 베풀며, 어미를 잃은 것 같은 정겨움이 있다면 더 할 수 없는 영광이다. 이웃 고을 백성들이 모시기를 원하거나, 두 고을이 서로 모시려 한다면 훌륭한 목민관이다.

수령이 남의 죄로 걸려든 것을 백성들이 슬프게 여겨, 그 죄를 용서해 주기를 바라는 것은 좋은 풍습이다. 임지에서 병들어 위독하게 되면 즉시 공무를 보는 장소에서 거처를 옮겨야 한다. 초상에 쓰이는 쌀은 나라에서 내리니 부의금을 받지 말라고 유언해 두어야 한다. 떠난 후에 백성들이 사모함은 공적을 자랑하지 않고 남모르게 선정을 베푼 것이다.

시작이 있으면 끝이 있는 법이다. 평소에 언제든 떠날 때를 생각하고 준비해야 한다. 공적인 자리는 영원한 자리가 아니다. 임기를 마치고 떠날 때 아쉬워해 준다면 영광이고, 다른 곳에서 와주기를 원한다면 제대로 임무를 수행한 것이다. 제대로 임무를 수행하는 사람은 일상이 다르다. 무엇인가 남이 하지 않는 습관이 있다. 아리스토텔레스는 "우리가 반복적으로 행하는 것은 우리 자신이

다. 그렇다면 탁월함은 행동이 아닌 습관이다."라고 했다. 토머스 에디슨은 "성공하는 사람들은 실패한 사람이 좋아하지 않는 일을 하는 습관이 있는 사람이다."라고 간파했다. 별반 차이도 없어 보이는 습관이 운명을 만든다. 깊이 생각해야 할 일생의 과제다. 일생을 관통하는 핵심이다. 나의 일상은 어떤 습관으로 채워져 있는가? 이것이 200여 년의 시대를 넘어 정약용이 우리에게 묻고 있는 핵심이다.

해관은 공감대의 형성empathy과 이웃의 성장에 헌신하기commitment to the growth of people다. 시작이 있으면 끝이 있고, 취임이 있다면 이임이 있는 것은 불변의 진리다. 스티븐 코비는 '성공하는 사람들의 7가지 습관' 2부 개인의 승리에서 "끝을 생각하며 시작하라"고 했다. 모든 임무를 마치고 떠날 때 자신의 이미지를 생각하고 시작하라는 말이다. 그리고 그 이미지가 자신의 임무와 일상의 기준, 즉, 습관이 되어야 한다는 것이다. 그렇게 공감대를 형성하고 이웃의 성장에 헌신한다면 서번트 리더십을 제대로 발휘한 것이다.

정약용의 인생은 수많은 체험을 통해 '자신을 깊이 알게 되고, 이웃을 깊이 관찰하고, 주변 사람들이 어떤 사람들인지 알아내어 타인을 위한 삶을 살려고 하는' 1단계와 경험이 암묵지가 되어 '창의적이고 융합적인 사고를 하고, 협력을 잘하고, 바른 인성을 갖게 된' 2단계로 요약될 수 있다. 그리고 오늘날 많은 후손이 정약용의 서번트 리더십을 본받고 실천하는 3단계로 이 책을 구성하고 있다. 이 책을 통해 서번트 리더들이 넘쳐날 때 우리는 생명을 살리는 소중한 사명을 실천할 수 있다.

우리는 인생이라는 게임을 하고 있다. 인생 게임은 남이 아닌 자신과 하는 것이다. 게임은 이기거나 진다. 이기고 있다면 삶이 즐거울 것이다. 이기고 있다면 자신을 다스리고 있는 것이며, 서번트 리더십을 발휘하고 있는 것이다. 정약용은 폐족이 되어 유배 중인 최악의 상황에서도 500여 권의 책을 저술하여 유네스코가 기념하는 세계적인 인물이 되었다. 정약용은 일생 동안 자신을 성찰하고, 책을 쓰며 세상을 바꾸고자 했다. 정약용의 삶에서 보여준 서번트 리더십을 오늘을 사는 우리가 재해석하여 본받고 실천해야 한다.

정약용. ©Public domain

난세의 영웅들은 서번트 리더들이었다
조엄, 곽낙원, 문익점

조기연

제 1 항 난세가 영웅을 만든다.

영웅의 사전적 의미는 '사회의 이상적 가치를 실현하거나 그 가치를 대표할 만한 사람' 또는 '지혜와 용기가 뛰어나 대중을 이끌고 세상을 경륜할 만한 인물'이다.[15]

영화에 나오는 영웅 슈퍼맨, 원더우먼, 아이언맨이 아닌 나라가 외세의 침략을 받았을 때, 천재지변으로 나라가 어려움에 봉착했을 때, 지혜와 용기로 나라를 어려움에서 구하는 사람을 우리는 영웅이라고 한다.

우리나라는 삼국시대부터 지금까지 약 2,000년 동안 900번 이상의 외세 침략을 당했다.[16]

900차례의 외세 침략에서 어떻게 나라를 잃지 않고 살아남을 수 있었을까? 물론 나라를 잃은 때도 있었지만 결국에는 되찾게 되었던 것은 어떻게 가능했을까? 그 많은 외세 침략에도 지금의 대한민국이 어떻게 국민총생산[GNP] 3만 달러를 달성하는 나라로 성

---

15 다음 사전 – 영웅

16 네이버 블로그, 한반도 위기와 우리나라 역사상 대외정벌, https://blog.naver.com/mungch1214/220406280118) 인용

장해 있을 수 있었을까?

위기 때마다 리더십을 갖춘 영웅들이 우리 주변에 있었기 때문이다.

우리의 영웅들에게는 무언가 특별한 것이 있었다. 뛰어난 용기, 사람을 이끄는 힘, 원대한 포부, 조직을 이끄는 힘, 무엇보다도 시대를 보는 안목이 그들에게는 있었다. 그들을 그저 영웅이라 부르기에는 부족한 무엇이 있다. 그들은 우리나라를 외세에서 구한 영웅이자 역사를 이끈 리더들이었다.

그런데 대부분의 리더는 개인적인 시련과 공동체의 시련 그리고 국가의 시련을 통해 나온다.

1876년 조선 최초의 국제 조약이자 우리로서는 잊어서는 안 되는 불평등 조약인 '강화도 조약' 이후 일본의 침략이 시작되었다. 국가의 시련이 온 것이다. 급기야 1895년 8월 20일 명성황후 시해 사건[17] 등이 일어나고 일본의 만행이 날로 심각해졌다.

이때 등장했던 리더가 백범 김구, 안중근, 안창호, 손병희, 서재필, 유관순 등이었다. 여기에 잘 알려지지 않은 숨은 리더들이 있었다. 이들은 묵묵히 자기 자리에서 리더들을 도와 그들이 리더 역할을 잘 할 수 있도록 도왔다.

대표적인 인물로 김구의 모친 곽낙원 여사를 꼽을 수 있다.

김구가 일본군 중위 '쓰치다'를 처단하여 사형선고를 받았을 때 곽낙원 여사는 아들을 찾아가 옥바라지를 하며 격려했다. 김구가 고종의 특별교지로 사형을 면하고 탈옥을 감행한 이후 다시 17년

---

17   한국민족문화 대백과사전 – 을미사변 인용

형의 징역을 선고받았을 때도 여사는 아들의 의지가 꺾이는 것을 염려해 조금도 슬퍼하지 않고 오히려 위로하며 아들이 독립운동에 전념하도록 지원했다. 한 가지 일화로 곽낙원 여사가 상해에서 임시정부 단원들을 위해 자진해 허드렛일을 해줄 무렵 임시정부 단원과 김구 선생이 여사의 생일잔치를 준비한다는 것을 알고 '생일상을 차릴 돈을 주면 내가 먹고 싶은 것을 직접 준비하겠노라'라며 그 돈으로 총 두 자루를 샀다. 그리고 '나라를 잃은 아픔에 무슨 생일상'이냐며 총을 독립운동에 쓰라고 건네주면서 독립운동 동지들을 격려했다. [18]

곽낙원 여사에겐 자신의 고통, 자식의 힘든 상황보다도 나라를 잃은 시대적인 아픔이 더 크게 다가왔고, 그는 나라를 위해 헌신하고 고난의 길을 걸어가는 아들의 진정한 지지자이자 멘토가 되기를 원했다.

서번트 리더십에서 서번트servant는 대의를 위해 개인적인 욕심을 내려놓는 자이다. 곽낙원 여사는 나라를 되찾기 위한 큰 목적을 위해 사사로운 감정을 내려놓은 진정한 서번트였다. 그의 용기를 낸 서번트 리더십이 김구 선생을 만들었다.

제 2 항 역사를 거슬러 찾아본 서번트 리더 (문익점, 조엄)

고려 시대에도 시련에서 탄생한 리더를 찾을 수 있다. 고려 시대

---

18   다음백과 – 곽낙원(郭樂園)

에는 나라를 잃진 않았지만, 외세의 침략으로부터 겪은 시련이 많았던 시기다. 또한, 배고픔과 추위로 죽어가는 사람들이 많았던 시기다.

특히 고려 시대에는 옷감을 만드는 기술이 뛰어나지 못해 누에고치에서 실을 뽑아 만든 명주(비단)옷과 대마의 껍질을 이어 만든 삼베옷이 주요 옷감이었다.

당시 명주옷은 귀하고 비싼 옷이었기에 귀족이나 부자들만 입을 수 있는 옷이었고, 일반 백성들은 삼베옷을 주로 입었다. 삼베옷이 여름에는 시원했지만, 겨울에는 너무 얇아서 많은 백성이 추위에 떨어야 했다. 이러한 상황을 안타깝게 바라본 사람이 있었다. 바로 사간원 좌정언 문익점(文益漸, 1329~1398)이었다.

문익점은 1363년 이공수를 따라 원나라에 사신으로 가게 되었는데, 그곳에서 뜻하지 않게 귀양살이를 하게 되었다. 귀양살이를 하면서 고려에서는 볼 수 없었던 무명옷을 귀족이나 양반만이 아닌 일반 백성들이 입고 다니는 것을 보게 되었다. 그리고 그는 그 무명옷을 만드는 재료가 들판에 있는 목화라는 풀에서 나오고 그것에서 실을 뽑아 옷을 만든다는 것을 알게 되었다.

문익점은 따뜻하고 질기고 깨끗한 무명옷을 만드는 재료인 목화를 우리나라로 가져왔다. 그는 가난과 추위로 고통받는 고려 백성들을 추위에서 벗어나게 해주고 싶었다. 이후 귀양에서 풀려나 고국으로 돌아가게 된 문익점은 관리들의 눈을 피해 목화씨를 붓 뚜껑 속에 몇 알을 숨겨 고려로 돌아오게 된다. 그는 고려로 돌아와 나라에서 하사하는 벼슬도 받지 않고 보다 중요한 사명을 위해 고향 산청으로 내려가 장인 정천익과 함께 무려 5년이라는 기간에 걸쳐 목화를 대중화하는데 헌신하였다. 마침내 솜을 넣은 이불을 만들어내고 솜에서 실을 뽑는 기술을 원나라에서 온 승려로부터 배워 무명옷을 만드는 데 성공했다. 이는 우리나라 의생활에 혁신적 변혁을 일으켰다.[19]

서번트 리더십의 10가지 특성 중에 미래보기, 청지기 정신, 이웃의 성장에 헌신하기, 공동체 세우기가 있다. 그는 미래를 보는 리더였고 자신이 가진 것을 아낌없이 공유했던 사람이었다. 그리고 이웃이 잘 되는 데 헌신하는 서번트 리더였다.

이러한 서번트 리더는 우리 역사 안에서 여러 명 찾을 수 있다. 조선 시대에 배고픔을 견디지 못하고 죽어가는 백성에 대해 가슴 아파했던 이가 있었다. 조선 시대 먹거리 혁명을 일구어낸 조엄(趙儼 1719. 숙종 45)~1777(정조 원년)이다.

1763년(영조 39) 조선 후기에 거듭되는 자연재해로 인한 오랜 흉년으로 백성들은 배고픔에 시달리며 삶은 피폐해져 암담하기만 한 현실에 있었다. 배고픔을 참다못한 사람들이 서로를 잡아먹는다는 괴소문이 나기도 할 정도로 극심한 기근으로 어려움은 극에 달했다.

전경일은 '조선 관리, 먹거리 혁명에 뛰어들다'에서 다음과 같이 당시 상황을 묘사한다.

---

19 다음카페 – 석란정(http://cafe.daum.net/s977) 문익점(文益漸) 목화 이야기 인용

1757년(영조 33)에는 서울에서 굶주려 죽는 자가 8천700명에 달할 정도였다. 그러자 사회의 기반인 자작농은 당장의 허기를 면하기 위해 지주들에게 토지를 넘기게 되고 소작농으로 전락했다. 1763년 3월에는 곡창지대인 호남에서만 48만 명의 기민이 발생했다. 아사자마저 450여 명이나 되었다. 기근으로 인한 국가적 초 위기 상황이었다.

이런 국가적 위기의 상황에서 조선은 일본에 조선통신사를 보내야 하는 상황이 발생하게 되었다. 일본 도쿠가와 막부의 제9대 '이에시게'가 물러나고 그의 아들 '이에하루'가 계승하여 양국이 이전의 우호 관계를 지속하길 청했기에 이를 축하하기 위한 조선통신사 파견이었다. 그때 조엄이 통신사 정사로 파견되었다.[20]

당시 조선통신사 파견을 반기는 관료는 한 명도 없었다. 사행 길이 한양에서 출발하여 부산을 거쳐 대마도를 지나 오사카까지는 뱃길이었고 이후는 육로를 통하여 에도에 이르기까지 짧게는 6개월에서 길게는 1년이 걸리는 왕복 4,000km가 넘는 대장정이었다.[21]

그렇기에 힘 있는 사대부 문인들은 이를 위험한 일로 받아들여 회피했다. 당시 사대부 문인들의 전반적인 의식은 조선은 일본에 문화를 전한 시혜국이고 일본은 야만국이라는 것이었고 따라서 그들은 일본을 얕잡아 보았다.

당시 날아가는 새도 떨어뜨릴 정도의 부와 권력을 자랑하는 집

---

20 전령일, '조선관리, 먹거리 혁명에 뛰어들다', 다빈치북스, 2017
21 위키백과 – 조선통신사

안 출신인 조엄은 놀랍게도 조선통신사 파견에 응했다. 파견을 원하지 않았다면 얼마든지 회피할 수 있을 만큼의 권력과 영향력을 가지고 있었던 그는 기품이 단단하고, 강직하며, 고집스럽고, 국가와 민족을 위해 몸 바쳐 일하는 강직한 관리였다. 부러질지언정 정당하지 않은 일은 하지 않았으며, 불의와 부도덕함을 그냥 넘기는 법이 없었던 그였다.

그는 강직한 서번트 리더였다. 조엄은 늘 타인(특히 백성)을 생각하며 정치를 했다. 조엄은 애민 정신을 가진 목민관이었는데 부당하게 많은 세금을 낸 백성들을 위하여 조세를 조정하기도 했다. 그로 인해 그는 부정부패를 일삼는 타 관리들로부터 곱지 않은 시선과 질타를 받기도 하였다.

경상도 관찰사 재임 시에는 경상도 내 사노비 1만여 명을 노비 공역에서 감면시키면서 민생의 불안과 불만 사항을 가라앉혀 주었다. 소작하는 밭에 매겨진 세를 감하여 전세 부담을 줄여 민생을 살피기도 했다.[22]

제 3 항 조엄의 고구마 프로젝트

우리가 사용하고 있는 '고구마'라는 말은 어떻게 생겨난 것일까? 조엄이 일본에 가서 보게 된 작물 고구마는 30여 년 전 대마도에서 가뭄과 잇따른 흉년으로 하루가 멀다고 사람들이 죽어 나갈 당

---

22 전령일, '조선관리, 먹거리 혁명에 뛰어들다.', 다빈치북스 2017

시 어떻게 들어왔는지 모를 작물이었다. 고구마는 당시 대마도의 기근을 해소해 주민을 살렸다.

대마도 사람들은 고구마를 고코이모(こうこういも - 효를 행하는 토란, 마)라 불렀다. 이후 조엄을 통해 '고코이모'가 한국으로 넘어오면서 '고귀마'로 불렸고 이후 '고구마'가 되었다.[23]

1763년 10월 6일 한양에서 출발한 조선통신사 사행단은 64일 만에 대마도 사스우라(대마도의 항구)에 도착하게 된다. 이때 조엄 일행이 대마도에 도착해서 고구마를 처음 보게 되는데, 일본인들은 밭에 고랑을 만들고 무성한 넝쿨로 된 식물을 길렀으며 땅을 파서 그 식물을 들어올렸는데 마와 같은 것이 주렁주렁 매달려 있던 것이 고구마였다. 조엄의 사행단을 대접하는 대마도 번주(대마도를 다스리는 고위관리)에게 고구마를 먹어볼 수 있겠냐고 하자 대마도 번주는 조엄에게 삶은 고구마를 대접했다고 한다. 이날 고구마를 처음 본 후 조엄은 고려 말에 문익점이 원나라에서 목화씨를 붓 뚜껑에 숨겨 들여와 의복의 혁신을 가져온 것처럼, 고구마를 조선에 가져가 퍼뜨리면 오랜 기근을 해결하는 해법이 되리라 생각했다. 조엄은 부하를 시켜 고구마를 구해오도록 하였으며, 심는 법과 가꾸는 법 역시 배워오도록 하였다. 이렇게 얻어진 고구마는 조엄이 대마도를 떠나기 전, 부산진 첨사(조선 시대, 각 진영에 속했던 무관직) 이응혁에게 비선(나는 듯 빠른 배)을 통해 보내어졌다. 이응혁은 조엄의 절친인 이명수의 아들로 믿고 일을 맡길만한 인물이었다. 힘들게 얻은 씨고구마를 들고 사행길을 마치고 조선에 들

---

23 위키백과 고구마 인용

어가면 고구마 심는 시기를 놓칠 것을 우려한 조엄이 서둘러 부산으로 고구마 종자를 보냈다. 고구마 종자와 함께 고구마의 보관법, 고구마 재배법을 함께 전해 받은 이응혁은 고구마를 잘 보관해두었다가 1764년 봄에 부산 절영도에 처음으로 고구마를 심게 되었다. 이렇게 조선에 처음으로 고구마가 재배되었다. 1764년 6월 22일 부산포로 돌아온 조엄은 다시 2차 고구마 종자와 재배법을 동래부사 송문재에게 전달하였고 고구마 프로젝트는 송문재 후임으로 온 강필리(姜必履 1713~1767)에게 인계되었다. 강필리는 받은 종자와 재배 방법을 바탕으로 고구마 프로젝트를 평생의 마지막 사명이라 여기며 1765년, 1766년 두 해에 걸쳐 재배와 증식에 힘썼다. 그는 재배의 방법과 지식을 정리한 <강씨감저보>와 함께 종자를 타지방에 보내어 실질적인 전국 확산에 나섰다. 24

조엄이 고구마의 가치를 보고 빠른 결단과 즉각적인 행동으로 고구마를 조선에 들여왔다면, 실질적인 재배와 전국 확산은 강필리가 담당했다고 해도 과언이 아니다.

이전의 통신사들은 고구마를 보았음에도 이를 조선 땅에 들여올 생각을 하지 않았지만 조엄이 그렇게 했던 이유는 무엇일까. 우리는 그 안에 있는 서번트 리더의 마음을 발견할 수 있다.

조엄 안에는 희생하며 편견으로 보지 않고 새롭게 보고 나라를 위해 작은 일을 포기하며 타인에 대한 섬김의 마음이 가득했기 때문이다.

조엄은 지방관을 하면서 백성들 삶에 밀착해 그들의 고민과 현

---

24 전령일, '조선관리, 먹거리 혁명에 뛰어들다.' 다빈치북스, 2017

안들을 들었다. 그는 백성의 삶에 좀 더 가까이 다가가며 문제를 해결할 방법을 찾았다. 백성들의 삶에 가까이 다가간 조엄은 오랜 기근에 시달리며 배고픔을 호소하는 백성들을 안타까워 했다. 서번트의 양심이 그 안에 자극된 것이다. 엄청난 파워를 갖고 있던 조엄은 백성을 위한 기근 해결책을 끊임없이 생각했다.

서번트 리더가 큰 그림을 그리며 이를 주변 사람들과 이웃들과 부하들에게 알려주며 함께 큰 그림을 보도록 하는 것은 개념적인 리더십이다. 조엄은 백성들에게 개념적인 리더였다.

조엄의 개념적 리더십은 고구마 프로젝트에서 멈추지 않았다.

조엄은 조선통신사로 일본의 다양한 기술을 간파하고 일본식 수차, 물레방아, 배다리, 수리시설 등 실용적인 기술을 조선으로 가지고 왔고 이는 조선 백성들의 생산성을 끌어올리도록 이끌었다.

조엄은 일상생활에서 눈앞에 보이는 이익이나 권력에 집중하기 보다는 나라를 걱정하는 마음으로 왕에게 권면(勸勉: 남을 알아듣도록 타일러서 어떤 일에 힘쓰게 함)하거나 왕을 설득했고, 백성들의 기근과 배고픔을 해결해보고자 고민했고, 부당함을 타파하기 위해 조세를 조정하여 백성들의 조세 부담을 줄여주는 애민 정신을 가진 목민관이었다.

조엄의 서번트 리더십 특성을 살펴보면 다음과 같다.

경청 : 조엄은 한양을 떠나 부산 동래부사와 경상도 관찰사를 지

내며 백성들의 소리를 듣고 백성들에게 한 걸음 다가가 그들의 고충을 들으려 했다.

공감 및 치유 : 조엄은 백성들의 기근과 배고픔을 안타깝게 여기고 이를 치유하고 해결하려고 노력했다. 지방관으로서 일본과의 통상을 관장한 이력과 국방 안전, 국가 간의 외교 관계 관련 업무 수행 경험이 있음에도 모두가 기피하는 조선통신사 정사로 일본에 가게 됐다.

인식 : 다른 통신사들이 보지 못한 고구마의 혜택을 보게 되었고, 이를 조선 땅에 심으려고 노력했다.

설득 : 나라를 걱정하는 마음으로 끊임없이 왕에게 권면하며 끊임없이 설득하여 백성들의 애환을 해결하고자 했다.

개념화 : 백성들의 배고픔과 애환을 해결하고자하는 애민정신의 큰 그림을 갖고 조선통신사, 지방관직 등의 일을 추진했다.

미래보기: 조선통신사로 일본 사행길에서 고구마를 비롯해 일본의 기술 등이 조선 백성들에게 큰 도움이 될 것으로 보고 조선으로 들여오는 등 모든 것을 허투루 보지 않고 멀리 보고 미래를 예측했다.

청지기 정신 : 자신의 안위만을 생각하지 않고 백성들의 입장에서 생각하고 행동하였으며, 자신이 가진 것을 자신만을 위해 쓰지 않고 백성들의 것으로 생각하고 이를 나눴다.

타인 성장에 헌신 : 대부분의 관리가 피하고 있었던 조선통신사로 가지 않아도 될 만큼의 부와 명예를 누리고 있었던 그였지만 나라의 발전과 백성들의 성장에 관심을 두고 모두가 기피하던 일

본행을 결정했다.

공동체 세움 : 고구마 확산을 혼자 하지 않고 다른 관료들과 함께 진행했다. 그는 이응혁, 강필리와 함께 고구마를 전국으로 확산시켜 백성들의 기근과 배고픔을 해결했다^{박병기, 김희경, 나미현, 2020, 재인용}.

백성들의 애민 정신이 바탕이 된 큰 그림의 개념적 리더십으로 먹거리의 꽃을 피우고, 백성들의 삶의 질 향상을 위해 헌신한 영호 조엄 선생. 선생의 단단하고, 강직하며, 고집스럽고, 부러질지언정 굴복하지 않았던 기품과 목민관으로서의 사명감, 그리고 남다른 시대적 눈은 제4차 산업혁명 시대를 맞이하는 우리 청소년들에게 꼭 필요한 리더십이다.

조엄의 리더십을 바탕으로 한국의 숨겨진 리더들의 서번트 리더십, 개념적 리더십을 재조명해볼 때다.

조엄. © Public domain

지정의(知情意.I.E.V.) 노트

지知(Intellect. 지식, 지혜, 인지, 인식 등): 방금 읽으신 내용을 통해 새롭게 배우게 된 것, 전에는 알지 못했거나 희미했지만 새롭게 인지하게 된 내용, 분별력이 강화된 내용, 이해와 성찰이 있었던 내용을 적어보세요.

....

....

....

정情(Emotion, 감정, 사랑, 희로애락 등): 방금 읽으신 내용을 통해 경험하게 된 감정, 희로애락, 열정, 애정, 배려를 적어보세요.

....

....

....

의意(Volition. 뜻, 의지, 결정, 선택, 비전 등): 방금 읽으신 내용을 통해 지(知)와 정(情)을 적으셨습니다. 지와 정을 어떻게 의지적으로 적용할 것인지를 적어보세요. 나의 일에 대한 꿈, 노력, 성실, 실천, 행함 등의 결심 등을 적어 봅니다. 의는 실천적이고 확인 가능한 그 무엇이면 가장 좋습니다.

....

....

....

3 장

타인을 위한 삶

강 수 연

나 미 현

제 1 절

은혜의 빛이 온 세상에 퍼지다
거상 김만덕

강수연

서번트 리더의 핵심은 양심conscience에 따라 산다는 점이다. 양심은 옳고 그른 것을 판단하는 내면의 도덕률로, 단기적 효과를 기대하는 리더십과 지속적인 리더십, 즉 서번트 리더십을 구분 짓는 하나의 특징이 된다. 우리는 양심에 따라 살려고 노력할 때 한층 성실해지고 마음의 평화까지 덤으로 얻는다. 자존심과 성실성은 다른 사람에게 친절할 힘과 다른 사람에게 용기 있게 도전할 힘의 원천이다. 가장 위대한 리더는 모두의 서번트가 되는 것이다.

서번트 리더는 삶 속에서 양심에 귀를 기울이는 사람이다. 서번트 리더에게는 타인을 향한 마음과 섬김으로 자신의 소유를 나눌 줄 아는 위대함이 있다. 양심은 인간을 완성하는 총체적 개념으로 지성과 의지 그리고 영혼의 어울림을 바탕으로 진실하게 선한 세상과 조화를 이루고자 하는 특성을 지녔다.

리더에게 양심이란 자신의 내면의 소리에 반응하며 타인 중심의 사고로 선한 영향력을 베풀고자 하는 마음이다. 이러한 리더를 찾기 위해 필자는 역사 속 인물을 탐구하던 중 나눔과 베풂의 삶을 살고 자신보다 타인을 위한 삶을 살았던 한 여인을 만났다.

'돌, 바람, 여자'가 많은 '삼다(三多)' 제주도에는 실제 여자가 많다. 그리고 여자들의 역할은 남자보다 중요하다. 여자들은 오늘날 제주도의 정체성을 만들고 발전시켜온 주인공들이다. 제주 여인들은 거친 풍랑을 만나도, 흉년이 와도 살아남기 위한 강한 생활력으로 그 세대와 다음 세대의 자녀들을 키웠다. 제주도는 필자의 고향이기도 하다. 필자는 어린 시절부터 제주 여자들이 소위 '기'가 세다는 말을 자주 들으며 자랐다. 그리고 타지에 나와서도 제주도 여성에 대한 편견의 소리를 여러 차례 들었다.

필자의 어머니와 할머니는 모두 해녀 일과 밭일로 평생을 살아오신 분들이었다. 생활력에 있어서 그들은 제주도 여인들의 책임감, 우직함을 그대로 보여주는 분들이었다. 어느 날 문득 '제주도 여인들의 과거는 어땠을까?' '이들 안에 어떠한 저력이 숨어있는 것일까?'라는 질문이 내 마음속에서 흘러나왔다. 그리고 필자는 여성으로서 조선 최초 거상이 된 김만덕을 만나게 되었다. 김만덕은 오늘날 여성들이 갖춰야 할 서번트 리더로서의 모든 요소를 갖고 있던 인물이다.

제 1 항 조선 최초 여자 거상의 탄생

조선 영조 15년(1739년)에 김만덕은 2남 1녀의 막내로 양인25의 집안에서 태어나 자랐다. 만덕이 12세 되던 해 상인인 아버지가 갑작스러운 풍랑에 배가 침몰당하면서 목숨을 잃자 어머니도 그 충격에 1년 뒤 세상을 떠난다. 부모님과의 사별로 두 오빠는 친척 집에 맡겨지고 만덕은 노기(老妓) 월중선을 만나 그녀의 수양딸이 됐다. 좀 더 자란 후 관아의 기적(妓籍)에 오른 만덕은 노래와 춤, 거문고에 재능이 있어 촉망을 받았지만, 결코 기녀의 삶에 만족하지 않았다. 그녀는 기녀라는 노비의 신분적 족쇄에서 벗어나야 새로운 삶을 찾을 수 있을 것이라는 희망에 도전적인 결심을 하게 된다. 만덕은 양녀로 환원되기 위해 기적에 올랐음을 호소하고 끊임없는 설득으로 양인으로의 신분을 회복한다. 헤어졌던 두 오빠와 상봉한 후 함께 지내며 아버지의 상인 기질을 물려받은 만덕은 조선 최초의 여자 거상이 됐다.

김만덕은 자신의 불우한 어린 시절을 탓하며 안주하는 삶이 아닌 현실을 직시하고 자신의 정체성을 인식하며 큰 그림을 그렸다. 역사적으로 조선 시대 여자가 할 수 있는 일은 한정적이었으며, 특히 노비 신분의 기녀로서는 갇힌 삶을 살 수밖에 없었던 그였다. 양반들을 접대하며 정치적으로 경제적으로 수동적인 삶이 될 수밖에 없는 기녀 생활은 만덕에게는 답답한 삶 그 자체였다.

---

25 양인(良人)은 조선 시대에 천민(賤民)인 노비를 제외한 모든 계층을 통칭하는 말로, 양반, 중인 및 일반 백성인 상민(常民)을 포괄한다. (위키백과)

그는 노비 신분을 벗어나고자 자신의 태생이 양인임을 끊임없이 호소함으로 관리들을 귀찮게 하면서 당당하게 맞서 싸웠다. 더 큰 꿈을 꾸고 현실에 안주하지 않겠다는 그녀의 결단은 용기 있는 설득으로 이어졌고 신분의 족쇄에서 벗어나 새 삶을 계획하고 또 다른 꿈을 이루는 결과를 가져오게 된다. 이는 제주도의 강인한 여인상을 볼 수 있는 일화이기도 하다.

그녀가 살던 정조시대는 조선 시대 상업이 눈부시게 발전하며 농업기술의 발달과 상업 작물들의 유통이 활발하게 이루어진 시대다. 하지만 제주도의 척박한 땅은 농업기술 발달의 한계를 가져왔고 따라서 상업과 어업에 좀 더 집중된 삶으로 이끌 수밖에 없었다. 조선 후기 항해술과 선박 기술의 발달로 해상교통이 발전하자 무역의 중심인 포구에서 장사하는 상인들이 늘어났다. 포구에 객주를 차린 만덕은 경제적으로 여유가 있는 제주의 양반층을 대상으로 숙박 제공과 매매 중개업을 하며 많은 부를 쌓을 수 있었다. 그녀는 근면 절약과 철저한 신용으로 재물과 사람을 모으며 장사 기반을 다져서 10년도 채 되지 않아 제주의 거상으로 성장하게 된다.

만덕은 기녀 생활을 했을 때부터 근검절약이 몸에 배어 당시 모아 둔 돈으로 객주 사업을 시작했다. 객주를 차려 장사를 할 때도 악착같이 돈을 벌어들이는 모습에 한 편으론 상인들의 눈살을 찌푸리게하기도 했다. 그러나 그녀는 생계를 위해 돈을 벌었을 뿐 자신을 위한 어떠한 이득도 취하지 않았다. 그녀는 뛰어난 상업 기질로 정직한 매매를 했고 신용을 지키며 여자 거상으로서의 입지를 확고히 해나갔다. 만덕은 막대한 부를 축적했음에도 늘 검소한 생활을 이어갔고 풍년에는 흉년을 생각하며 절약하는 생활철학을 지녔다.

정조 18년인 1794년, 제주도의 흉년은 그 어느 때보다 극심했다. 거대한 태풍이 휩쓸면서 엎친 데 덮친 격으로 해일이 인근 밭들을 덮치고 온갖 곡식이 절단 나 버렸다. 이후 4년 동안 지속된 흉년으로인해 굶주림으로 죽어나는 사람이 수천 명에 이르렀다. 제주도의 여자 상인 김만덕은 이를 가만히 지켜만보고 있지 않았다. 자신의 재산 전부를 들여 곡식을 사 오게 하고 이 중 10%만 친척들에게 나눠주고 나머지는 모두 관에 진휼미로 내놓았다.

기록에 의하면 당시 양반들은 만덕의 3분의 1 수준에도 못 미치는 기부를 했다고 한다. 만덕은 자신의 전 재산을 기부함으로 진정으로 '생명을 살리는' 리더의 모습을 보여주었다. 그는 이웃사랑과 백성을 긍휼히 여기는 마음으로 물질뿐 아니라 사랑으로 이웃을 살피는 따뜻한 리더였다. 만덕의 기부는 억척스럽게 돈을 모으고 장사를 할 수밖에 없었던 그녀의 삶을 이해시켜주었고 참된 삶이 무엇인지를 돌아보게 하는 좋은 본보기가 되었다.

당시 제주 목사는 그의 선행을 조정에 보고했고 정조는 그녀의 공헌을 치하하기 위해 그의 소원은 어떠한 것이라도 들어줄 것을 명하였다. 이에 그는 "다른 소원은 없사오나 오직 소원이 있다면 한 번 서울에 가서 임금님이 계신 궁궐을 우러러보고 천하 명산인 금강산 1만 2천 봉을 구경할 수 있다면 한이 없다."라고 말하였다. 당시 제주 여인들에게는 출륙금지령이 있었던 터라 만덕의 소원은 도전적이었다. 하지만 그의 소원은 정조에 의해 흔쾌히 받아들여졌고 정조는 김만덕에게 당시 여성으로서는 최고의 벼슬인 의녀반수(醫女班首)를 명하였다.

새장에 갇힌 새가 새장을 빠져나와 날갯짓을 하듯 만덕의 금강산 구경은 성취감과 해방감의 쾌감을 주었을 것이다. 당시 좌의정 채제공은 김만덕의 거룩한 뜻을 담은 만덕전을 지어 주었으며, 병조판서 이가환은 그녀의 선행을 시로 담아 주었다.

만덕은⋯평생 모은 돈으로 쌀 팔아 백성을 구제하고
한번 바다를 건너 궁궐에 조회하였네
평생소원 금강산 유람, 안개 낀 동북 사이에 있도다
임금님께서 빠른 역마를 하사하시니
천 리에 뻗힌 영광이 관동을 진동시키네
높이 올라 멀리 장관을 만끽하고
손을 흔들며 제주로 돌아가네
⋯
우레같이 왔다가 고니처럼 날아가니
높은 풍채 오래 머물러 세상을 맑게 하지
인생살이 이처럼 이름을 드날리니
옛날 여회청대(女懷淸臺)를 어찌 부러워하리"

<송만덕 귀 탐라> 이가환 중에서 ₂₆

---

26 김은석, 2013.

김만덕은 순조 12년(1812년) 10월 22일에 74세를 일기로 생을 마감했다. 헌종 6년(1840년) 때 제주에 유배 온 추사 김정희는 김만덕의 진휼 행장에 감동하여, "은혜로운 빛이 여러 세대로 이어진다."라는 뜻의 '은광연세(恩光衍世)'란 편액을 만덕의 후손에게 주었다고 한다.

후손들도 그의 공덕을 높였다. 1977년 제주시 건입동 사라봉 기슭에 모충사란 사당을 짓고 만덕 묘를 이장하여 그녀의 공덕을 널리 기리고자 했다. 또한, 제주도는 1980년 '만덕상'을 제정하여 근검절약으로 역경을 이겨내고 사회를 위해 공헌한 여성에게 시상하고 있다. 2015년 문을 연 김만덕 기념관은 김만덕의 근검절약 정신, 나눔 정신, 개척·개혁·개방 정신 그리고 김만덕의 리더십과 경영철학을 배울 수 있도록 돕고 있다. 이 기념관은 만덕의 나눔을 체험하게 하는 등 대한민국 최초의 나눔 문화 전시관으로 자리 잡고 있다.

제 2 항 덕을 베풀고 실천하는 모습의 서번트 리더

필자는 김만덕의 일생을 보며 그녀의 삶 가운데 조선 시대 제주여성의 삶을 재조명해보고 그녀의 생활에서 나타난 서번트 리더십의 특징을 정리해 보기로 했다.

섬나라 제주의 기후는 변화무쌍했다. 척박한 땅에서의 농사는 빈약했고 제주 해녀의 물질은 유일한 생계 수단이 되었다. 험한 바다의 거센 파도 속에서 오롯이 노동에 의해 자신의 독특한 색깔을 만들어온 제주 해녀에서부터 풍성하고 다양한 여성 관련 신화, 설화, 민담, 속담, 방언, 민속에 이르기까지 제주지역은 다른 어떤 지역과 분명히 구별되는 고유한 특징을 보여준다. 제주에서는 여성의 사회활동이 다른 지역보다 활발했다. 그래서 제주 여성은 억척스럽고 부지런한 이미지가 있다. 제주 여성은 척박한 환경에서의 농사일과 가족의 생계를 책임지며 강한 생활력으로 남성에 의존하지 않는 주체적 삶을 살았다.

18세기 조선 후기를 살았던 김만덕은 여성으로서 최초 거상이 되어 누구보다도 강인함으로 자아정체성을 확립하였다. 어린 시절 부모의 부재는 양인에서 천민으로의 신분 하락을 경험케 했고 이로 인해 스스로 신분 회복을 위한 부단한 노력이 그녀를 거상으로 성장하게 만든 원동력이 되었다. 기녀 생활을 하면서도 김만덕은 지조와 정결을 지키며 관원들의 행패에도 당당히 맞서 싸우는 용기가 있었다.

용기 있는 그녀의 도전은 자신의 삶에 대한 큰 그림을 그렸기에 가능한 일이었다. 만덕의 큰 그림은 현재의 삶에 안주하지 않고 시대의 변화를 직시하며 타인에게 선한 영향력을 미치는 리더가 되는 것이었다.

필자는 이 책 1장에서 박병기 교수가 정의하는 리더의 정의를 보며 김만덕의 리더십을 대입해보았다. 리더십이란 "나에 대해 깊이 알고, 이웃을 깊이 관찰해서 어떤 사람들인지 알아내어 타인을 위한 삶을 살고, 창의적이고 융합적인 사고를 하는, 협력을 잘하고 좋은 인성을 가진 자가 문제 해결을 하며 세상을 아름답게 변혁시키는 것"이다[박병기, 2020]. 김만덕은 자신에 대해 깊이 아는 성찰을 통해 타인을 바라보았고 백성의 어려움을 살펴 자신의 소유를 나눔으로 몸소 보여주었다.

김만덕은 자신만의 사업 노하우로 막대한 재산을 모아 큰 부자가 되었지만 철저한 근검절약으로 누구보다 소박한 생활을 이어갔다. 돈만 좇고 구두쇠 같아 보인다는 주변의 냉혹한 시선에도 그녀는 굴하지 않았고 결국 타인을 위해 베푸는 삶을 살기 위한 큰 그림을 조용히 그렸다. 당시 시대적 배경에서 여성으로서 거상이 된다는 것은 많은 시기와 질투, 그리고 지방 특색상 관가에 바쳐야 할 부정한 상납 등이 따라야 한다. 만덕은 그러나 자신의 재산을 도덕에 벗어난 어떠한 것으로도 사용하지 않았으며 오히려 청렴함으로 관리들의 괴롭힘을 지혜롭게 이겨냈다.

다음은 한승철이 CEO의 관점에서 바라본 김만덕의 비즈니스 성공 요인을 정리한 내용이다.

만덕의 비즈니스 성공 요인으로 첫 번째, 자수성가 의지가 강했다. 그녀는 집안을 일으키겠다는 의지로 도전과 개척정신을 발휘하였다. 두 번째, 가격 예측과 장사 수완을 발휘하여 물류 원리를 터득하였다. 값이 오를 물건을 쌀 때 구입하여 오를 때는 내다 파는 '내들이'를 잘했으며, 육지와의 거래를 통한 비즈니스 모델을 구축하였다. 세 번째는 근면과 절약, 검소를 실천했다. 네 번째, 집념과 대담성이 있었다. 결혼도 하지 않고, 장사에만 몰입하였다. 즉 성적 차별에 굴하지 않은 집념과 대담성을 보였다. 다섯 번째, 인적 관리에 힘썼다. 가난하고 불쌍한 사람들을 돌보아 주며 인정으로 대하였기 때문에 만덕의 일을 돕는 이가 많았을 것으로 추정하며 남성들을 머슴으로 거느리는 경영능력과 인적 관리 능력을 갖춰 CEO로서의 여성 리더십을 발휘했다.

인적 관리에 능숙했던 김만덕은 자신의 형제들에게뿐 아니라 그들의 친구들, 그리고 사회에 소외된 여러 계층의 사람들을 도우며 상업활동에 적절히 이용하는 탁월함이 있었다. 사업가로서 사업 확장의 능력도 탁월했다. 그녀의 인맥 관리에서의 신뢰성과 대담함, 그리고 시대를 보는 안목 등이 그가 거상으로서 성장할 수 있는 계기를 마련했다.

래리 스피어스에 따르면 서번트 리더십의 10가지 특징은 경청, 공감, 힐링, 인식, 설득, 개념화, 미래보기, 청지기 정신, 타인의 성장에 헌신, 공동체 세우기다. 김만덕의 두드러지게 보이는 서번트 리더십 특징은 그녀의 삶 속에서 용기 있는 설득과 청지기 정신이다. 본래 아버지의 상인 기질을 타고났겠지만 김만덕의 뛰어난 인간관계술은 때로는 냉혹하게 부정을 뿌리치고 자신의 권리를 당당하게 호소하며 설득하는 탁월함이었다. 그는 사업 확장을 할 때도 개인의 이득이 우선이 아닌 공동체의 이익을 위해 함께 잘 살고 성장할 수 있도록 청지기 정신을 발휘하며 이끌어 나갔다. 강인함 속에 사랑과 긍휼함이 많았던 만덕은 제주 여성의 위대한 본보기가 됐다.

서번트 리더는 서두에서 언급했듯이 양심에 귀 기울이는 사람이다. 김만덕은 사업으로 벌어들인 재산을 결코 자신의 편의를 위해 쓰지 않았다. 처음에는 생계를 위해 사업에 뛰어들었지만, 제주도의 척박한 환경에서 살아가는 백성들의 삶을 본 그녀는 양심에 귀를 기울이게 되었다. 양심에 귀를 기울인다는 것은 타인의 마음을 읽고 자신의 소유를 나눌 줄 아는 것이다. 흉년이 극심해 죽어가는 사람들이 많았던 당시, 나라에서도 구제할 수 없었던 백성을 만덕이 구함으로 그는 진정한 서번트 리더로서의 위대함을 보여주었다.

생명을 살리는 일에 가장 크게 기여한 만덕이었기에 나라에서도 그 공을 치하하였고 이 기회를 살려 만덕은 당시 출륙금지령을 깨고 새로운 도전과 성취를 경험했다.

제주 여성의 출륙금지령은 조선 시대 중앙집권 체제하에 제주 도민들의 삶을 더욱 억압하고 참담하게 만들었다. 당시 백성은 중앙관리와 토호 세력이라는 이중 수탈구조, 자연적 환경의 열악함, 잦은 왜구의 침입과 과다한 조세정책으로 힘든 삶을 살았다. 이미 제주를 떠난 유민들이 많았기에 남아있는 사람들에게 부역의 양이 과다해지고 여성들은 부족한 남성 인력으로인해 온갖 일을 도맡아 했어야만 했다. 하지만 이러한 출륙금지령은 한편으론 제주 여성의 사회참여 기회를 활성화했고 여성은 주체적인 생활인의 모습을 보여줄 수 있었다. 제주도의 특성상 해산물로 무역을 할 수밖에 없어 상업이 성행했고 당시 만덕의 객주 사업도 시대의 흐름을 타며 성공할 수 있었다.

도전정신으로 자신의 꿈을 이룬 만덕은 그녀 안에 잠재되었던 세상 밖으로 나가고자 했던 욕구를 충족시켜주었지만, 그녀가 본 세상 밖 풍경을 제주 도민들은 볼 수 없었음에 안타까운 마음이 더 했으리라 본다. 마지막까지 백성을 위해 섬기는 삶으로 자신의 전 재산을 사회에 환원하며 생을 마감한 만덕 안에 잠재된 서번트 정신은 온전히 이웃을 위한 그 무엇이었다.

제 3 항 4차 산업혁명 시대의 리더십

조선 시대 거상 김만덕을 만나며 21세기 우리의 리더십을 다시 한번 점검해본다. 시대적으로 여성에게 제약을 가하고 문화적으로 금지 시 되었던 분야에 도전하여 그 이상을 성취한 거상 김만덕. 그는 지역 사회를 구해내기 위하여 전 재산을 사회에 환원하며 진정한 노블레스 오블리주noblesse oblige를 실천하였다. 청지기 정신의 발현이었다. 그는 또한 가부장적 사회와 불평등한 사회구조 속에서도 여성의 존재 이유를 몸소 실천한 위대한 여성이었다. 그녀가 보여준 리더십은 인간다움의 리더십이다. 사람으로서 해야 할 도리, 나의 전 재산을 나눌 수 있는 용기와 배려는 진정한 사랑이 없었다면 나올 수 없는 행동이었다.

21세기 리더십은 진정성이 핵심이다.

진심으로 타인을 위한 마음이 있는지, 진심으로 공동체를 이끌고 책임지고자 하는 마음이 있는지, 시대를 앞서가는 안목을 갖고 조직원을 이해하고 이끌어줄 수 있는지, 이 모든 것이 진정한 사랑에서 비롯된다. 지금의 현실은 그러나 개인주의 성향이 주를 이루고 있다. 내가 우선이고 내가 편리하면 타인은 어떻게 되는 상관없는 사람들이 많다. 우리 아이들조차도 남의 간섭을 싫어하고 귀찮아할 뿐만 아니라 타인에게 개입하기도 싫어한다. 혼밥, 혼술 등 '나홀로 생활'이 점점 일상화되면서 이제는 혼자서 무엇을 한다는 것이 전혀 어색하지 않다. 하지만 변해가는 시대, 4차 산업혁명 시대의 인간은 서로 소통하며 진정한 대화를 할 수 있어야 급변하는 사회에 함몰되지 않고 자아정체성을 지켜나갈 수 있다. 혼자 하면 인공지능을 절대 이겨낼 수 없고 AI의 능력에 우리는 함몰될 것이기 때문이다.

역사를 통해 바라본 모든 서번트 리더들은 내가 우선이 아닌 타인의 관점과 생각을 중요하게 여긴 분들이다. 그들은 자신의 위치에서 할 수 있는 일이 무엇인지를 생각하고 자신만의 큰 그림을 갖고 늘 고민하고 행함을 중단하지 않았다.

거상 김만덕의 일생을 살펴보면 그가 위대한 서번트 리더로서의 삶을 살 수 있었던 것은 자신의 편리함보다 거시적인 안목을 갖고 타인과 사회에 대한 관심이 컸기 때문이다. 우리는 누구에게 관심을 둔다는 것을 부담스럽게 혹은 오지랖이라 여기는 경향이 없잖아 있다. 이는 타인에 대한 관심이 사랑이 아닌 비판과 질타에 초점이 맞춰져 있기 때문일 수 있다. 그런 사회에서는 누구도 자신을 오픈하지 않고 점점 이기적이고 고립된 삶을 살게 된다.

4차 산업혁명 시대는 인간이 혼자서는 절대 살아갈 수 없음을 더욱 중요하게 인식시켜준다. 인공지능과 함께 공존하며 증강 세계에서 자아를 찾기 위해서는 인간의 공감 능력이 향상되어야 하고 공동체 의식이 함양되어야 한다.

공동체의 중요성과 함께 성장하며 나아갈 힘은 서번트의 마음이다. 서번트 리더십은 미래의 리더십이다. 즉, 섬김의 기본 마음과 자세가 있어야 타인을 볼 수 있으며 자신을 사랑하고 타인을 바라볼 때 진정한 사랑이 나올 수 있다.

김만덕의 일생을 통해 우리가 배우고 익혀야 할 것은 시대를 볼 줄 알고 나를 알고 무엇을 위해 살고 있는가를 철저히 고민하는 것이다. 만덕은 흉년이 극심했던 당시 길거리에서 굶어 죽는 사람들을 보며 양심에 가책을 받았다. 그의 양심은 어린 시절 자신의 삶을 돌아보게 하였고 지금의 모습을 객관적으로 바라보게 하였다. 만덕은 객주 사업을 통해 쌓은 부를 개인의 이득으로 취하지 않았다. 그는 도움이 필요한 사람들에게 베풂과 나눔을 실천하며 타인 중심의 진정한 사랑을 보여주었다.

만덕은 '왜 그 일을 하는지'가 명확했다. 명확했기에 그는 자신을 알았고 시대를 알았고 삶의 목적, 방향을 정확히 알았고 인생의 큰 그림을 그릴 수 있었다. 이런 모든 내용이 들어 있는 것은 미래저널이다.

저널링은 자신의 큰 그림을 그려 삶의 목표를 달성하는 것 외에 실행하면서 자신을 발견하고 자신의 내면에 있는 좋은 것도 발견하도록 돕는다. 저널을 쓰는 자는 저널링을 통한 지속적인 자극으로 이타적인 사람이 되고 결국 서번트 리더십의 원동력이 된다.

제 4 항 시대 인재

4차 산업혁명 시대는 누구도 예측하기 어려운 시대다. 그럴수록 우리는 역사를 돌아보며 과거의 패턴을 잘 읽어내고 미래를 예측하는 선견지명으로 현재를 살아가야 한다. 부모로서 가장 중요하고 궁금한 것은 우리 아이들을 시대 인재로 어떻게 키울까 하는 것이다.

교육부에서 말하는 미래인재 역량인 4C가 있다. "창의성^{Creativity}, 비판적 사고$^{Critical\ thinking}$, 의사소통^{Communication}, 협업^{Collaboration}" 이 네 가지를 골고루 갖춘 사람이 미래인재로서 거듭날 수 있다고 한다. 좀 더 자세히 살펴보면 미래 리더가 되기 위한 조건으로 창의적인 사고와 비판적 사고를 바탕으로 의사소통 능력을 키우고 협업을 할 줄 아는 리더가 진정한 리더이다. 이는 이 책에서 필자들이 말하고 있는 서번트 리더십의 특징과 연관 지어 설명할 수 있겠다.

새 시대 리더는 경청하며 공감하고, 큰 그림을 그림으로써 창의적 사고와 비판적 사고를 키울 수 있고, 인식과 설득, 치유를 통해 의사소통 능력을 키워야 한다. 리더는 협업하며 타인을 돌보고 청지기 정신을 발휘하여 공동체를 세워나감으로 이웃 성장에 헌신하는 진정한 서번트 리더십의 특성으로 미래인재 역량을 키워야 한다.

거상 김만덕은 그런 사람이었다. 그를 통해 우리 아이들이 서번트 리더십 특징을 하나씩 배울 수 있기를 바란다. 만덕은 자신의 재산을 늘려서 부유하고 편하게 생활할 수 있었음에도 늘 미래를 내다보는 안목(미래보기)으로 풍년에는 흉년을 생각하며 근검절약을 생활화했으며 자족하는 삶('나는 누구인가')으로 자신보다 못한 사람들을 긍휼히 여기는 마음을 늘 품고 다녔다(이웃 성장에 헌신). 여성으로서 억척스러울 만큼 강하고 인내하며 살았던 그녀의 삶을 통해 진정한 사랑과 치유가 무엇인지 다시 한번 생각하게 된다. 또한, 자신의 큰 그림을 위해 상업에서 물품 거래인 '내들이'의 물류 원리를 터득하여 사업의 확장과 이윤을 취했으며(인식) 외부와의 교역 활동을 객관적이고 미래를 내다보는 탁월함으로 제주도 포구 상업의 발달을 가져왔다(공동체 세우기). 만덕은 기녀의 삶 속에서 이웃과 가족 간의 의사소통으로 경청하고 공감하며 타인 중심의 실천하는 삶을 살았다. 청지기 정신은 만덕에게 거상으로 클 수 있는 기본 인성이 되었다. 신뢰를 바탕으로 모든 물품거래를 정직하게 했으며 교역 활동에서의 상도는 청지기 정신이 탁월했던 만덕의 리더십을 보여주었다. 이처럼 여자 거상 김만덕은 이미 시대를 보는 눈을 가졌으며 타인에 관한 관심으로 자신의 이득보다는 공동체의 유익을 먼저 생각한 리더였다. 그는 서번트 리더이자 개념적 리더였다.

개념적 리더란 서번트 리더의 마음으로 큰 그림을 갖고 그 큰 그림이 그리는 방향으로 나아가는 사람이다. 즉, 개념적 리더는 자신이 속한 단체, 집단, 나라를 위해 장기적이고 폭넓은 비전을 제공한다. 만덕은 마음에서 우러나오는 남을 향한 선한 마음으로로 흉년이 극심했던 당시 지역사회 구제를 위해 큰 그림을 그리면서 객주 사업의 노하우로 구조활동을 펼치며 자신의 전 재산을 아낌없이 내어주었다. 이후 만덕은 제주도 사회에 지금까지도 나눔 실천의 본보기가 되는 역사적 인물로 기억되며 지역사회에 나눔 문화를 전파했다.

우리 아이들이 살아갈 21세기 4차 산업혁명 시대는 어떠한 시대보다 급변하며 예측하기 힘든 시대일 것이다. 그러므로 아이들에게 시대를 보는 눈을 길러주는 것은 무엇보다 중요하고 시대의 인재로 거듭나기 위한 훈련이 더더욱 필요하다. 시대 인재로서 서번트 리더를 양성하고자 하는 교육목표는 타인 중심의 사고로 사회 곳곳에 선한 영향력을 미치는 리더를 양성하는 것이다.

타인 중심의 사고!

나를 먼저 알고 남을 알아가는 리더십 과정이 각 교육 현장에 필요함을 절실히 느낀다.

우리는 젊은이들에게 희망을 심어주고, 그들이 어떤 조건과도 싸워나갈 수 있다는 자신감을 갖도록 도와줘야 한다. 또한, 그들이 나아갈 방향을 올바로 찾도록 함께 고민하고, 험난한 세상을 헤쳐나갈 만한 경쟁력을 갖도록 옆에서 도와줘야 한다. 이런 일을 교육이 맡아야 한다. 그런 교육이 필요한 때가 바로 지금이다.

청소년들에게, 젊은이들에게 우리가 알려 주어야 할 것은 자신의 정체성을 찾는 것, 급변하는 미래사회에 함몰되지 않는 것, 시대를 즐기는 인재로서 공동체가 필요하다는 것을 알려주는 것이다.

나 혼자서 잘하는 시대는 끝이 났다.

각자의 강점을 갖고 서번트 리더십의 역량을 발휘하여 서로 연결할 때 하나의 선한 공동체가 이뤄지고 구성원들은 그 안에서만이 진정한 시대 인재로서 거듭날 수 있다.

필자는 서번트 리더로서 선한 영향력을 미치며 살아갈 대한민국의 새 시대 주인공들을 응원한다. 어쩌면 우리 안에 가진 서번트의 자질을 사회적, 시대적 흐름에 맞춰 살다 보니 점점 숨겨지고 드러내지 못하는지도 모르겠다. 과거, 현재, 미래의 리더십인 서번트 리더십을 교육 현장에서 실천하고 기성세대의 사고방식 전환과 아이들의 잠재력을 키워 줄 수 있는 교육과정이 제시되길 희망해 본다.

김만덕. 사진제공=김만덕 기념관

제 2 절
사람에게는 저마다의 향기가 있다
이태석

나미현

4차 산업혁명은 지금 세계적으로 화두가 되고 있다. 미국은 '디지털 트랜스포메이션', 독일은 '인더스트리 4.0', 일본은 '로봇 신전략', 중국은 '중국제조 2025'라는 4차 산업혁명의 전략을 만들어서 추진하고 있다[온서기, 2018]. 미래교육 학자들은 4차 산업혁명이 지금까지 "인류가 경험하지 못한 새로운 세상을 펼쳐 놓을 것"이라고 예측하고 있다[손상영, 2018, 정지인, 2017]. 또한, "노동, 사회, 경제, 정치, 문화, 교육" 등에서 삶의 근본적인 변화는 4차 산업혁명을 이끌 새로운 리더십을 요구하고 있다[채송무, 2017]. 이와 같이 급변하는 4차 산업혁명 시대에 필요한 리더의 덕목은 무엇일까?

리더십은 개인의 학문적 배경에 따라 다양하게 정의 내리고 있어서 그 실상을 파악하기는 힘들다. 하지만 리더십에 관한 연구가 어떠한 방향으로 이루어지고 있는지 분석해 보면 시대별로 강조되는 리더십이 있다는 것을 알 수 있다. 과거에는 기능 중심의 리더십(전통적, 대표적, 선동적, 창조적), 관리자 중심의 리더십(지시적, 설득적, 참여적, 위임적)이 강조되었고, 후기산업사회에서는 슈퍼 리더십(강자형, 거래적, 비전 제시형, 슈퍼 리더)등이 강조됐다. 그러나 4차 산업혁명 시대는 파괴적인 혁신이 일어나는 시기로 '바른 인성'을 갖춘 자가 빠르게 변화가 일어나는 상황에 맞춰 '창의적이고 융합적인 사고'로 문제를 해결해 나갈 때 리더가 된다[박병기, 2019]. 또한, 인공지능[AI], 사물인터넷, 3D 프린팅, 자율주행 자동차 등 첨단기술이 부각되는 만큼 휴머니티의 비중이 강조되고 있다.

휴머니티의 인간지능이 강조되면서 4차 산업혁명 시대에 가장 주목할 만한 리더십으로 서번트 리더십이 떠오르고 있다. 서번트 리더십은 '마음에서 우러나오는 남을 향한 태도'이기 때문에 물질 중심이 아니라 사람 중심적이다. 또한, 서번트 리더는 '타인을 위한 삶'을 사는 사람이다[박병기, 2019]. 즉, 서번트 리더는 다른 사람들을 섬기는 마음을 가지고 있어 관계에서 시작한다. 최고의 서번트 리더는 구성원들을 존중하면서 감정을 앞세우지 않고, 자신의 선택을 충실히 실천할 뿐만 아니라 선한 영향력으로 조직의 구성원들을 안내하는 역할을 한다. 이와 같은 인간중심의 서번트 리더십이 데이터 혁명이라고도 불리는 4차 산업혁명 시대에 중요하게 떠오르는 이유는 무엇일까?

Greenleaf[1970]는 '헤르만 헤세'의 소설 '동방으로의 여행'에서 레오[Leo]라는 인물을 통해 영감을 받아 서번트 리더십의 개념을 처음 제시한 사람이다[김성국, 2016]. 히말라야 산맥을 등반하는 사람에게 도움을 주는 네팔의 산악 민족들인 셰르파들처럼, 짐꾼 레오는 순례자들이 여행에 차질이 없도록 모든 일을 보살펴 주는 사람이다. 여행 도중 레오가 갑자기 사라져 버리자 레오가 없는 순례단은 혼란스러운 상황에 처하게 되면서 여행을 중단하게 된다. 가장 낮은 위치에서 순례자들의 욕구를 채워주고 지친 영혼까지 위로해줬던 레오가 사실은 하인이 아니라 순례단을 후원하는 교단의 가장 높은 곳에 있던 사람이라는 것을 알게 된다[그린리프, 2006]. 이런 사람을 새 시대는 필요로 하는 것이다.

과거에는 권위 있는 리더가 필요했다고 한다면, 인공지능과 더불어 살아가야 하는 시대에는 초연결, 초지능, 초융합이 강조되면서 수평적 문화와 협력을 필수로 한다. 인간존중과 신뢰를 바탕으로 하는 서번트 리더의 어떠한 모습이 세상의 변화 속도에 대응할 수 있을까?

이에 필자는 휴머니티에 관점을 두고 경제구조가 낙후되어 있고, 남북내전의 격화로 어린아이들까지 총칼을 들 수밖에 없는 환경에 놓여있었고, 도시 자체가 잿더미로 변한 곳에서 꿈과 희망을 불어넣어 준 한사람의 서사적인 삶을 통해 서번트 리더의 역할을 다시 한번 되새겨 보고자 한다.

제 1 항 사람에게는 저마다의 향기가 있다.

인생을 살아가며 성공하기 위해 필요한 6가지 덕목 중 "ㄲ"으로 시작하는 외자의 단어를 말하라고 하면 "끼, 깡, 꿈, 끈, 꼴, 꾀"가 있다. 이것을 다시 두 단어로 바꾸면 끼(재주), 깡(끈기), 꿈(목표), 끈(인맥), 꼴(책임), 꾀(지혜)로 대체될 수 있을 것이다. 먼저 자신의 타고난 소질이나 재능을 말하는 재주에는 무엇이 있을까?

끼(재주)는 타고난 기질도 있지만, 주변의 환경에서도 영향을 많이 받는다. 예를 들어, 어렸을 때부터 음악을 자주 듣고 연주회도 자주 가면서 즐거웠던 기억이 있는 사람은 자신도 모르게 음악이 쉽고 재미있을 수밖에 없다. 어렸을 때부터 뭔가 잘하는 것이 있으면 주변에서 그 행동에 대한 긍정적 피드백을 제공해주게 되고 더 열심히 하게 된다. 끼(재주)는 자신의 진로에도 영향을 미치게 된다. 만약, 나에게 종교가 있고, 음악적인 재능이 있으면서, 어려운 사람을 보면 도와주고 싶은 마음이 자주 든다면 이 사람은 나중에 어떤 직업을 선택하게 될까? 종교지도자가 될 수도 있고, 사회복지사가 될 수도 있으며, 음악가가 될 수도 있다. 또한, 이 세 가지를 융합하는 그 무엇이 될 수도 있다.

이태석 신부는 이 세 가지를 다 가지고 있는 사람이었다. 이태석 신부의 모친은 자신의 아들이 "어린 시절부터 공부, 음악, 신앙생활 등 못 하는 것이 없었으며, 착하고 똑똑"하다고 하였다. 이태석 신부의 유작인 '친구가 되어 주실래요?'라는 책을 보면 그가 음악에 천부적인 재능이 있다는 것을 알 수 있는 대목이 있다. 가정형편이 어려웠던 이태석 신부는 성당에 있는 오르간으로 피아노를 독학했을 뿐 아니라, 첼로, 색서폰, 클라리넷 등 다양한 악기 또한 독학으로 배웠다고 한다. 처음 보는 악기는 설명서만 가지고도 기본 음계를 소화할 정도로 음악에 남다른 재능을 보였다. 이태석 신부는 부산시 교육청에서 주최하는 작곡대회에서 1등을 차지할 정도로 작곡에 재능이 있었음에도 불구하고 자랑하는 것을 좋아하지 않고, 겸손한 마음으로 삶을 살았기 때문에 현재에는 악보가 남아 있지 않다고 한다[이태석, 2013]. 또한, 어린 시절부터 고아원만 보면 그 앞을 기웃거렸고, '나중에 커서 돈을 벌면 고아원 차릴 거다.'라는 다짐을 하였다고 한다^{가톨릭 신문, 2011}.

성장 과정의 이태석 신부를 보면 '깡(끈기)'이 좋은 사람임을 알 수 있다. 한번 시작하면 포기하지 않는 악착같은 기질은 아프리카 수단의 톤즈에 고등학교를 개교하는 과정에서도 나타난다. 이태석 신부는 평균나이 열여덟 살 그러나 최고 학년은 초등학교 3학년인 아이들 70명을 데리고 교실도 없이 나무 그늘 밑에서 아이들을 가르치기 시작했다. 이 아이들이 중학교 과정을 마치고 고등학교 과정에서 공부하려면 서울에서 춘천 거리에 해당하는 120km 떨어진 곳까지 유학을 가야 한다. 가난한 이곳의 아이들은 유학하러 가기도 힘들지만, 형편이 괜찮아서 다른 도시에 있는 고등학교에 입학했다 하더라도 시간표도 없고, 교사도 제대로 나오지 않는 학교에서 학업을 계속 이어 가기가 힘들기 때문에 중도에 포기하는 사례가 많았다^{이태석, 2013}.

이러한 모습을 보고 부지도 없고, 건물도 없고, 선생님을 섭외할 수조차 없는 환경에서 '에라 모르겠다! 벌려 놓고 보자! 어떻게든 되겠지!'라는 심정으로 고등학교를 열었다. 케냐나 탄자니아의 길거리에서 "기브 미어 비스킷!", "기브 미 머니!"라고 외치는 아이들과는 달리 수단의 아이들은 "기브 미어 펜^{Give me a pen}"이라고 외친다고 한다. 이들은 가난을 구걸하는 것이 아니라 자신들의 배움에 대한 정당한 권리를 요구한 것이다^{이태석, 2013}. 이러한 작은 소리를 외면하지 못한 이태석 신부는 톤즈의 고등학교 과정을 "똥배짱으로 밀어붙였다."고 하지만 다른 사람의 성장에 관심이 없었다면 이렇게 밀어붙이지는 못했을 것이다. 공동체 안에서 헌신하며, 주변 상황이 어떻게 돌아가는지 알아차리고, 그 안에서 자신이 해야 할 일을 뚝심으로 해낸 사람이 이태석 신부이다.

그는 아이들의 의견을 존중했으며, 그들의 배움에 대한 욕구를 위해 케냐의 나이로비에서 교과서를 구해오고, 교사가 부족해지자 직접 고등수학을 가르치기도 하였다. 미래가 보이지 않는 아이들의 모습에 희망을 불어넣기 위해 사회적으로도 경제적으로도 소외된 톤즈에서 "스쳐 지나는 사람들의 영혼에도 무언가를 남기고 그 영혼을 움직이게 할 수 있는 영혼의 전문가"가 되어야 한다는 그리스도인의 사명을 실천한 사람이다[이태석, 2013]. 타인을 이해하고, 타인의 입장에서 생각하고, 그들을 존중될 사람으로서 거부하지 않는 모습은 서번트 리더십의 공감empathy 능력에 해당한다[박병기, 2019].

사춘기도 되지 않은 작은 꼬마 소년병 마뉴얼이 동료의 실수로 발사된 총알에 다리를 관통당해 병원에 들어왔을 때의 이야기는 상담 전공자인 필자에게 귀감이 되었다. 9살에 군대에 끌려가 열댓 살이 될 때까지 소년병으로 지냈을 아이의 모습은 살기 가득한 눈빛으로 자신의 겪은 참상을 보여주고 있다[이태석, 2013]. 이러한 아이를 가슴으로 안아주고 정신적으로 육체적으로 그의 옆에서 힘이 되어주는 사람이 있었기에 마뉴얼은 밀린 군대 월급 대신 자유의 몸이 되는 길을 선택할 수 있었을 것이다.

누군가가 자신을 평가하지 않고 있는 그대로 봐준다는 것은 정신적으로 많은 힘이 되고 올바른 길을 선택하는 데 도움이 된다.

이 신부는 술 먹고 주정하는 마뉴얼의 이야기를 가만히 들어주면서 그의 아픔을 어루만져주었다. 그리고 마뉴얼이 도가 넘는 행보를 보일 때도 전쟁으로인해 소중한 어린 시절을 유린당해 눈물조차 흘리지 못하는 어린 소년병의 마음을 있는 그대로 받아준 이태석 신부였다. 그는 의사로서도 탁월하지만 진정한 상담자로서의 모습을 보여주기도 했다. 모든 사람을 최선을 다해 만났고, 최선을 다해 사랑했으며, 자신보다 다른 사람의 욕구를 더 우선시했던 이태석 신부를 우리는 어떠한 리더라고 불러야 할까?

제 2 항 나눔은 또 다른 행복의 시작

이태석 신부가 경비행기를 타고 수단 톤즈에 도착했을 때는 섭씨 45도가 넘는 무더운 날이었다. 수단은 당시 식료품이나 나무를 박을 수 있는 못 하나를 구할 수 없어서 인근 국가인 케냐의 나이로비에서 조달하여 사용할 정도로 열악한 환경이었다 . 이러한 환경 속에서도 그는 환자들을 위해 병원을 짓고, 발가락이 잘려 나간 한센인을 위해 손수 발 모양을 그리고 맞춤형 샌들을 주문하여 신겨 주기까지 했다. 열에 들떠 죽어가는 말라리아 환자들이나 총에 맞아 한밤중에 찾아오는 사람들을 거절하지 않았으며, 병원까지 오지 못하는 환자들을 위해 직접 환자를 찾아가 접종을 해주기도 했다^{이태석, 2013} .

아이들을 좋아하고 어려운 사람들을 그냥 지나치지 못했던 그는 깊은 내전으로 인해 상처가 깊숙한 톤즈의 아이들을 위해 학교를 세우고 음악을 가르쳤다. 그는 기타와 오르간을 시작으로 4년 뒤에는 서른다섯 명으로 구성된 브라스 밴드부를 탄생시켰다. 총과 칼들을 녹여 그것으로 악기를 만들고 싶어 할 정도로 전쟁을 싫어하지만, 나환자들의 삶 속에서 예수님의 모습을 발견하고, 환자들의 고통과 그 가족들의 멍든 가슴까지 헤아리던 이태석 신부의 모습은 절망적이던 수단의 아이들에게 미래를 꿈꾸게 하고, 자신이 살아가야 하는 이유를 깨닫게 해줬다^{이태석, 2013}. 서번트 리더십에는 '이웃의 성장에 헌신하기'라는 것이 있다. 구성원들이 잠재력을 발휘할 수 있도록 의사결정에 참여하게 하고, 개인적, 직업적, 영적 성장에 관심을 둠으로써 이들이 필요로 하는 모든 것을 도울 책임을 갖는 것이다^{박병기, 2019}.

수단은 2005년 1월에 공식적으로 평화를 선언했지만 20년이 넘는 내전으로 제2차 세계대전 이후 비전투원 사망자가 가장 많은 나라이기도 하다^{위키백과, 2019}. 이로 인해 정세는 불안하고 사람들은 총상으로 인해 육체적인 고통과 더불어 마음의 상처까지 깊게 뿌리를 내리고 있다^{이태석, 2010}. 이태석 신부는 거대하고 화려한 사람은 아니다. 하지만 자신의 재주를 활용하여 타인의 일상을 바꾸고 인생을 바꿀 기회를 제공하였다. 그가 세상을 떠나고 12,000Km를 달려와 이태석 신부의 묘지 위에 국화를 헌화하며 눈물을 흘리던 브라스밴드의 영상을 보면 같이 눈물을 흘리며 숙연해질 수밖에 없다^{KBS 추석특집, 2013}.

이태석 신부는 수단에서 지낸 8년 동안 전쟁터로 내몰리는 아이들을 보호하기 위해 학교를 짓고, 그곳에서 아이들이 안전하게 공부할 수 있도록 하였으며, 꿈을 키워나가게 하였다. 희망은 불가능한 것을 가능하게 만든다. 꿈을 꾸게 하고 자신이 살아가야 할 세계에 대한 시야를 확장할 수 있도록 비전을 제시한다. 이태석 신부의 제자 7명 중 야콧(33세)과, 존 마엔 루벤(31세)은 이태석 신부의 제안으로 2009년에 한국으로 건너와서 의사 공부를 하게 됐다[동세호, 2018]. 이태석 신부의 지원이 없었다면 꿈조차 꾸지 못했을 것이다. 이태석 신부가 이들의 성장에 관심이 없었거나 나눔의 가치를 실천하지 않았다면 야콧이 의사가 되어 자신의 고향으로 돌아가 다시 선한 영향력을 베풀기는 어려웠을 것이다. 나눔을 통해 희망을 품게 하고, 그 희망은 씨앗이 되어 낙후된 수단의 새로운 희망의 씨앗을 품게 했다.

수단 사람들의 삶에 깊이 들어가 희로애락을 함께하고, 힘들어하거나 아플 때 육체적으로 정신적으로 함께 나누고 아낌없는 도움을 주었던 이태석 신부는 톤즈 사람들에게 단순한 이방인이 아니라 가족이었으며, 부모였고, 의사이자, 선생님이었다[이태석, 2010]. 이태석 신부의 유고작에 보면, 어렸을 때 자신의 가난했던 모습이 투영되면서 깊은 깨달음을 얻었을 때 "나의 삶이 이곳 아이들의 삶의 짜깁기에서, 작지만 꼭 필요한 귀퉁이 한 부분으로 남을 수 있었으면 좋겠다."라는 문장을 적은 것이 있다. 이 문장을 보면 이태석 신부는 톤즈 사람들을 도움의 대상으로 본 것 아니라 자신과 동일한 존재로 보았으며, 인간을 있는 그대로 수용하는 사람이라는 생각이 든다. 이태석 신부의 진정성이 그들의 삶 속에 녹아 있지 않았다면 "쫄리"신부로 불리지 않았을 것이다.

제 3 항 꺾이지 않는 의지

"도둑이 물건은 훔칠 수 있어도 값으로 따질 수 없는 그 안에 있는 가난한 이웃들에 대한 많은 분의 따뜻한 사랑과 관심은 훔칠 수 없다." 이 말은 컨테이너 세 대 분량의 물품을 지원받았을 때 이태석 신부가 했던 말이다. 역사적으로 전쟁이 잦았고 부족 간에 다툼이 끊이지 않았던 아프리카에서 통째로 도둑맞을 수 있는 컨테이너가 3천Km의 긴 육로를 뚫고 톤즈까지 전달될 때까지 마음 졸였던 이태석 신부의 초조함과 기다림의 마음 표현이었다[이태석, 2010].

수도자로서 삶을 산다는 것은 선택과 포기를 통해 동시대를 사는 선의의 사람들에게 힘과 위로가 되어야 하며, 봉사의 도구로서 자신을 봉헌하는 삶을 살아야 한다[임병헌, 1994]. 수도자의 삶은 세상 삶의 한가운데서 사람들에게 근원적인 삶의 비결을 제공하고, 인간의 본질에 대한 의미와 삶의 진정한 가치를 드러나게 한다[Deschene, 2000]. 그러나 자신의 신분에 맞게 삶을 산다는 것은 쉬운 일이 아니다. 생각과 말과 행동이 상황에 따라 쉽게 바뀌는 이 시점에 이태석 신부는 청소년들의 동반자가 되기 위해 또한 자신의 선택을 실현하기 위해 혹독한 수련을 견뎌내야 하는 살레시오 수도회에 입회했다. 살레시오 수도회는 청소년들의 아버지라고 불리는 성 요환 보스코에 의해 이탈리아의 토리노에 창립된 수도회이다. 이 수도회는 창립자의 가르침에 따라 가난하고 버림받은 청소년들이 건전하게 인격 형성을 이룰 수 있도록 교육하는 곳이다.

자신의 꿈(목표)이 명확한 사람들은 자신이 나아가야 할 방향에 대한 큰 그림을 가지고 있다. 자신이 어떤 사람인지 알고, 스스로 무엇을 원하는지 알고, 자신이 나아가야 할 방향에 대한 비전이 있는 경우 어떠한 환경적인 어려움이나 예상치 못한 사건에서도 문제를 잘 해결해 나간다.

신부가 되기 위해서는 통상 7년(14학기)의 학업과 수련 과정을 이수하여야 한다. 학부 4년과 대학원 과정, 부제 1년 등으로 7년 과정이다[CPBC, 2016]. 병역기간을 포함하면 신학대 입학 후 신부가 되기까지 대략 10년이 걸린다[CPBC, 2017]. 그가 톤즈로 부임하기까지의 과정을 살펴보면 그는 1981년 고등학교를 졸업하고, 1987년에 인제대학교 의과대학을 졸업했다. 그는 군의관으로 복무하면서 가톨릭 사제가 되는 뜻을 다시 품었다. 그 후 그는 1991년도에 살레시오 수도회에 입회했다. 1999년에 선교 체험을 하기 위해 방학 때 아프리카 케냐에 갔던 그는 인도 출신의 제임스 신부를 만나서 함께 톤즈로 가게 되는데 그때 그곳의 아이들을 보고 자신의 일생을 바칠 결심을 한다. 2001년 6월에 사제서품을 받은 그는 그해 12월 수단 와랍 주 톤즈에 부임하게 됐는데 고등학교를 졸업하고 부임하기까지의 기간을 따지면 약 20년 정도가 걸렸다. 의대를 졸업하고 군의관으로 복무하면서 좀 더 편안한 삶을 추구할 수 있었으나 그는 어렸을 때 복사를 하면서 다짐했던 수도사제가 되는 길을 선택한 것이다.

이태석 신부가 의사로서 수도자로서 살아왔던 과정을 되돌아보면, 의사를 준비하는 과정도 힘들고 외로운 길이고, 수도자의 길도 고독하고 많이 인내해야 하는 길이다. 그러나 두 길의 공통점은 타인을 위한 삶을 산다는 것이다. 생명을 살리기 위한 의사나 인간으로서 의미와 삶의 근원적인 가치를 알게 돕는 수도자의 길은 자신보다 타인을 위한 삶을 살게 한다. 서번트 리더십 또한 섬기는 것을 우선시하는 이타주의적 철학이다. 서번트 리더는 공동체를 우선으로 여기고 모든 사람의 존엄성과 가치에 대한 믿음을 가지고 있다[박병기, 2019]. 이태석 신부가 수단에서 돈보스코의 영성에 따라 가난과 기아, 질병 등으로 도탄에 빠진 사람들을 위해 행한 일은 살레시오 수도회에서 말하는 것처럼 사제 신분의 숭고한 정신이다. 하지만 서번트 리더십의 관점으로 봤을 때 그가 살아온 수도자의 삶 자체는 서번트 리더의 가치와 맞물리게 된다.

제 4 항 부자의 사랑법

그가 성장한 환경은 그리 넉넉하지는 않았다. 그는 부산시의 남부민동에서 10남매 중 9번째로 태어났으며 9살 되던 해(1970년)에 아버지가 돌아가셨고, 어머니가 자갈치 시장에서 삯바느질을 해서 아이들을 키웠다[위키백과, 2020]. 성당 생활을 열심히 했던 이태석 신부는 복사를 거의 매일 하였다고 한다. 신부님 옆에서 복사로서 봉사하는 자는 부지런해야 하며, 심신이 굳건해야만 가능하다. 서번트 리더는 "인내, 친절, 겸손, 존중, 용서, 정직, 헌신, 타인의 욕구충족 우선시와 같은 덕목을 갖춘 사람"이라고 하였다^{Spears, 2016; 박병기, 2018, 재인용}. 이에 비추어 봤을 때 이태석 신부는 어렸을 때부터 타인을 섬기는 기본 소양이 몸에 배어 있으며, 공동체의 생활이 익숙한 사람이라고 할 수 있다.

이태석 신부는 형제가 많다. 그는 부산의 허름한 산동네에서 생활하면서 신부님 옆에서 복사로 봉사를 하면서 교구 신부 말고 수도사제나 그것도 먼 곳에서 선교를 하는 수도사제가 되고 싶다는 막연한 바람을 가지고 있었다. 어린 시절 형하고 같이 보았던 다미안 신부의 일대기를 보고 감동을 하여서 신부의 길로 들어서게 됐다고는 하나 그가 쉽게 신부의 길로 간 것은 아니다.

고등학교 1학년 때 두 살 위의 형이 먼저 수도원을 간다고 선포를 하고, 누나 또한 수도자의 길을 가게 됐다. 그 바람에 아버지를 일찍 여의고 홀로 바느질로 10남매를 키운 어머니가 또다시 혼자 험한 길을 가야 하는 것을 보고 본인까지 간다고 하면 안 될 것 같아서 그는 꿈을 포기했다. 그는 수도자의 길을 포기하고 나서 자신의 진로에 대해 진지하게 고민하기 시작하였고 의사가 되기로 결심했다. 의사의 길로 들어선 그는 공부하는 동안에는 수도자가 되겠다는 생각을 잊어버리고 있다가 군의관으로 복무를 하면서 기억을 떠올리게 된다^{이태석, 2010}.

군의관 3년 차 때 후방으로 옮겨진 기름 부대에서 100m밖에 떨어지지 않은 곳에 성당이 있었는데 신자가 300명 정도 되는 작은 본당이었다. 작은 본당임에도 불구하고 그곳에는 신학생이 3명이

나 있었는데 그들과 교류하면서 사제관에서 같이 지내기도 하고 본인이 신학생이 된 것처럼 친해졌다. 당시 군의관이었던 그는 본당 신부의 어머님으로부터 BOQ Bachelor Officer Quarters, 장교용 독신자 간부 숙소 에 들어가지 말고 사제관에서 살라는 제의를 받게 된다. 그는 그 이야기를 듣고 어느 날 밤 자신이 신부가 되고 싶었던 옛 기억이 떠오르면서 자신이 굉장히 사랑받았다는 느낌을 받게 되었다. 이 신부는 그날 밤 의사를 포기하고 수도원에 가겠다고 다시 결심하게 되는데 선교사가 되고자 했던 어렸을 때 목표를 실천하기 전인 1999년 여름 방학 때 전쟁 중이던 수단으로 길을 떠나게 된다이태석, 2010. 이태석 신부의 강연에 이러한 대목이 있다. 자신이 어렸을 때부터 세뇌 교육처럼 각인된 강한 구절이 수단을 보고나서 자신이 이곳에 와야 한다는 결정을 내리게 했으며, 이는 로마로 돌아가서 공부를 마치고 서품을 받고 다시 수단으로 돌아가는 계기가 되었다고 한다. 그 문구는 "가장 버림받은 사람에게 가는 것이 나에게 가는 것과 같다."라는 말이다.

우리는 비속어로 꼴값한다는 이야기를 한다. 자신의 얼굴에 책임을 질 수 있느냐는 이야기와 맥락을 같이한다. 얼굴에 책임을 진다는 것은 '그에 맞는 행동을 하고 있느냐'와 밀접한 관계가 있다. 자신의 결정과 행동은 책임을 동반하고 말과 행동이 일치되는 모습을 봤을 때 우리는 상대를 신뢰하게 된다. 신뢰받는 리더는 구성원들에게 안정감을 주는데 이것을 정서적 신뢰라고 한다. 정서적 신뢰는 상대에 대한 배려와 인격적인 존중에서 비롯된다 Holmes, Rempel, 1989. 타인을 배려하기 위해서는 먼저 자신의 마음에 귀를 기울일 수 있어야 한다. 자신에 대해서 깊이 인식하고 나면, 자연스럽게 타인이 무엇을 요구하는지 민감하게 알아차릴 힘이 생긴다. 이태석 신부가 홀로된 어머니를 생각해서 신부가 되겠다는 생각을 포기하고 의사의 길로 접어들었다가 군의관으로 복무하면서 다시 자신의 소명을 자각하게 되는데 이 또한 자신이 어떠한 삶을 살고 싶은가에 대해 마음의 귀를 기울이고 있었기 때문에 가능한 일이었다.

자신이 누구인지, 왜 공부하는지, 어떤 삶을 살 것인지와 같이 자신에 대해 끊임없이 자각하는 과정은 쉽게 이루어지지 않는다. 예를 들어, 연못 속에 나무 막대기를 넣어 '휘휘' 젓게 되면 밑바닥의 부유물이 올라온다. 자신이 누구인지, 어떤 삶을 살고 싶은지에 대해 제대로 고민해보지 않은 사람에게 자신이 누구인지 물어보면 기본적으로 자신을 방어하려고 하거나 정신없이 안절부절못한 상태가 되기도 한다. 시간이 지나면 혼란스러웠던 부유물이 가라앉듯이 고독의 시간이 지나면 내면세계가 정리되고 자신의 진정한 가치가 보이기 시작하면서 주변의 요구나 판단에 의해서가 아니라 스스로가 자신의 삶을 책임지게 된다. 자기 인식은 나와 타인을 넘어서서 세상에 벌어지는 일에도 민감하게 반응하고, 책임감을 느끼게 한다. 마음이 부자인 사람은 자신의 마음에 부드러움이 있다. 또한, 타인에 의해 감정이 이리저리 휘둘리지도 않는다. "사람은 누구나 자신만의 고유한 경험과 의식을 통해 삶"을 해석하기 때문에[Jackson, Bosma 1992] 자신의 내면세계가 선하고 부자인 사람은 다른 사람들과 함께 나누는 가치의 소중함을 알게 된다.

제 5 항 거꾸로 가는 시간의 모래시계

어린 시절의 상처는 극단적 분노나 조절을 경험하게 한다. 이러한 상처투성이의 사람들에게 이태석 신부는 개인의 이익이 아닌 다른 사람들의 육체적, 정신적 건강을 돕기 위해 꾸준히 노력하였다. 그는 내전 속에서도 청소년들에게 희망을 품게 하기 위해 '브라스밴드'라는 악단을 꾸리고 교육을 했다. 자신이 어렸을 때 음악을 통해 힘들고 어려웠던 시절을 극복했던 것처럼 그는 톤즈의 아이들에게도 마음의 상처가 치유될 수 있도록 다양한 악기를 가르쳤다. 절망에 빠져 있던 아이들이 남수단의 국가적인 행사에 초청을 받으면서 자신감을 회복하고, 당당함을 유지할 수 있었던 것에는 음악이라는 것에 녹여져 있는 이태석 신부의 마음이 있었다. 정신적, 육체적인 돌봄만이 아니라 다른 사람이 성장하는 데 최선을 다하는 모습은 희망조차 없던 사람들의 마음에 단비와 같았을 것이다. 희망이라는 단비는 톤즈 아이들의 가슴에 사랑과 감사함이라는 씨앗을 남겨놓았다.

이태석 신부의 진정성은 상처받은 사람들의 마음을 따뜻하게 어루만져주었다. 25년의 전쟁 기간 동안 수많은 사람이 죽어 나가는 것을 보았던 수단 사람들은 죽음에 대한 감정이 무디어져 있었으며, 폭력을 행사하는 것에 거리낌이 없었고 심지어는 가족의 죽음을 목격하여도 울지 않았다. 그런데 이태석 신부의 죽음 앞에 눈물을 흘리던 아이들의 모습을 보면서 그곳에서 5년 동안 같이 생활했던 이탈리아 수사님은 "이건 기적이다. 아프리카에서 그렇게 오래 있으면서 이런 모습은 처음 봤다. 아이들이 우는 걸 보니까 이태석 신부가 아이들에게 무엇을 해줬는지 알겠다."라고 하였다[이태석, 2010].

이태석 신부가 이들에게 심어준 것은 무엇이었을까? 서번트 리더의 삶을 재조명하며 살펴보니 '치유'라는 단어가 떠오른다. 치유는 많은 사람이 정신적으로 힘들어하고 다양한 감정적인 상처로 고통받을 때 정신적, 육체적 건강 돌보기와 "전방위적으로" 도울 수 있는 기회를 찾는 것을 의미한다[박병기, 2018].

2001년 수단에 도착하여 아는 사람 하나 없고 아는 것 하나 없는 미지의 땅에서 그야 말로 일상 속에서 이루어낸 작은, 그러나 그를 아는 사람들에겐 인생을 바꿨을지도 모를 일을 이태석 신부는 진정성과 타인을 섬기는 마음으로 그 밭을 일구어 낸다. 토마스 타반 아콧(33세)의 사례만 보더라도 그 사실을 알 수 있다. 아프리카 북동부 수단 국적의 토마스 타반 아콧은 2001년 중학생 시절에 이태석 신부를 만났다. 신부는 아콧에게 한국행을 권했고 자신의 모교에서 공부를 할 수 있도록 생활비와 항공료를 지원하였다. 이태석 신부의 모교는 신부의 뜻을 잇기 위해 의대 수업료와 기숙사 비용을 지원하였으며, 아콧은 한국에 건너와 9년 만에 의사가 됐다. 아콧의 인터뷰를 보면 신부님이 자주 해주던 말은 "항상 열심히 해라, 나중에 열심히 하겠다고 말지 말고, 지금 바로 열심히 해라."이었다고 한다[CPBC, 2018]. 이 신부의 정신을 이어 받은 아콧은 왜 외과를 선택했냐는 질문에 "남수단에 가장 필요한 일"이라고 답했다. 이태석 신부의 정신을 이어받아 자신이 할 수 있는 데까지 봉사를 하겠다는 다짐은 섬김의 리더십의 가치가 물고를 열어준 것과 같다.

소설가 최인호는 이태석 신부와의 만남에서 "병원 복도에서 정신적 고향인 아프리카의 음악을 듣고 있던 신부는 육신은 병들어 병원 휴게실에 초라하게 있지만 영혼은 시간과 공간을 초월하여 자유와 기쁨이 충만한 곳에 가 있었다."라고 하였다[문정섭, 2013]. 이와 같이 자신의 소명이 다하는 곳에서 기쁨을 누리고 다른 사람을 성장시키는 것에 헌신했던 이태석 신부였다. 그의 삶을 보면 헌신은 선택에 의한 것임을 알 수 있다. 필자는 강한 의지와 헌신적인 노력은 경청, 공감, 치유에 우선한다고 믿는다.

최고의 서번트 리더는 '이용할 사람'을 찾는 자가 아니라 '도움이 필요한 자'를 찾는 사람이라고 하였다[박병기, 2019]. 서번트 리더는 자신이 선택한 삶을 충실히 실천하기 위해 노력하는 사람으로서 어떤 일에 대해서는 자신의 의견을 강력히 주장하지만, 어떤 일에서는 약한 모습을 보이는 자이다. 서번트 리더는 개인과 공동체 모두의 지속적인 성장을 위해 헌신과 열정을 다한다.

경청은 서번트 리더십의 특성 중 가장 핵심적인 요소에 해당한다. 그들과 함께 공감하고, 그들의 행동과 성과가 만족스럽지 못하더라도 인간적으로 수용하고, 자기 자신과 더불어 타인을 치유하는 능력을 가지며, 사람들이 온전해질 수 있도록 돕는 일을 하는 것을 서번트 리더라고 할 때 이태석 신부는 진정한 서번트 리더로의 삶을 살았다고 할 수 있다. 거꾸로 흐르는 시간 속에는 안타까움도 있었지만 여유도, 새롭게 도전하는 즐거움도, 잠재되어 있었을 것이다. 그것의 가치를 알고 있었던 이태석 신부는 도움이 필요한 사람들을 찾아 그 시간 속에 머물렀던 것은 아닐까?

제 6 항 그가 그리는 세상

> 십자가 앞에 꿇어 주께 물었네. 오~오~오, 추위와 굶주림에 시달리는 이들, 총부리 앞에서 피를 흘리며 죽어가는 이들을 왜 당신은 보고만 있냐고, 눈물을 흘리면서 주께 물었네, 세상엔 죄인들과 닫힌 감옥이 있어야만 하고, 인간은 고통 속에서 번민해야 하느냐고, 조용한 침묵 속에서 주님 말씀하셨지, 사랑, 사랑, 사랑 오직 서로 사랑하라고, 난 영원히 기도하리라, 세계 평화 위해, 난 사랑하리라, 내 모든 것 바쳐. - 묵상 (작사, 작곡, 노래, 이태석, 2010.09.30.) -

‘묵상’은 이태석 신부가 중학교 3학년 시절 오르간을 연주하면서 만들었던 노래이다. 이 노래에 비추어 봤을 때 이태석 신부의 마음속엔 이미 수단과 같은 나라가 그림으로 그려져 있었던 것 같다. 이태석 신부가 방학 때 선교 체험을 하기 위해 아프리카 케냐에 갔을 때 살레시오 수도회 제임스 신부와 함께 톤즈로 가게 되면서 그곳의 현실에 놓인 아이들을 보고 이들을 위해 자신의 일생을 바칠 것을 결심한 것만 봐도 알 수 있다.

수단은 2011년 7월에 남수단 공화국으로 독립하기 전까지 내전과 가뭄으로 인한 심각한 기아 수준을 유지해왔다. 수단은 1983년부터 아프리카계 남부 반군과 아랍계 북부 정부군으로 갈려 끊임없이 총과 칼로 많은 피를 보았던 나라로 2006년에 평화를 선언했지만 지금까지도 불안한 정세가 이어지고 있는 내전의 고통을 치른 국가이다[이태석, 2010]. 그의 저서 '친구가 되어주실래요?'에 안티놉이라는 폭탄 비행기 이야기가 나온다.

안티놉이라는 비행기는 폭탄을 장착한 비행기로 온 동네를 다니면서 한 마을을 순식간에 불덩이로 만들어 버린다. 이 비행기가 뜨면 사람들은 모두 공포에 질려 숲으로 달려가 숨는다고 한다. 살기 위한 처절한 몸부림의 모습이 그려지는 장면이기도 하다. 오랜 내전 속에서 이들에게 남는 것은 무엇일까? 전쟁으로 인한 가난함, 분노, 증오, 희망조차 사라져 버린 경계 어린 눈초리였다. 이태석 신부는 삶과 죽음의 경계선에 있는 사람들을 위해 의사로서 편안한 삶을 포기하고, 교육과 의료봉사에 헌신하는 삶을 선택하였다.

교육을 받지 못하는 아이들을 위해 폐허였던 학교 건물을 수리하여 학교를 부활시키고, 수단 어린이 장학회를 꾸려 후원자들에게 직접 편지를 써서 도움을 요청하고, 사람들에게 외면받는 한센병을 비롯한 전염병으로 고통받는 주민들을 보살폈던 이태석 신부는 공동체 안에서 헌신하며 발전과 성장을 도모했던 사람이다. 어른들의 '총'과 '칼'을 녹여 악기를 만들고 싶었던 사람, 아이들이 당장 배고픔을 해결해주기보다는 자립할 수 있는 기반을 만들어준 사람이 그였다. 그가 선택한 것은 봉사나 희생이기에 앞서 사람을 살리는 행위였다. 함께 밝은 세상을 꿈꾸며 스스로 이루어 내는 자부심과 자존감은 결국 수단의 미래였으며, 가난에서 벗어나고자 하는 강한 의지를 심어주면서 점점 소망을 이루어 갈 수 있게 하였다.

이태석 신부의 세례명은 요한이다. 요한은 '자비로우신 주님(야훼)'이라는 뜻을 가지고 있다. 자신의 세례명처럼 삶을 살다 간 그의 마음속에는 톤즈만이 존재하였으며, 진정으로 그들을 이해하고 사랑함만 있었다. 4차 산업혁명이라는 단어조차 생소한 수단, 타임슬립 한 듯이 전기조차 제대로 들어오지 않았던 이곳 톤즈에도 서번트 리더의 힘은 곳곳에 뿌리를 내리고 있다. 인간을 존중하고 인간을 생각하고, 인간을 위해 살다간 고(故) 이태석 신부가 보여준 삶이야말로 휴머니티의 삶이자 서번트 리더의 삶이지 않을까?

알고리즘, 딥러닝, 빅데이터 등 기술적인 측면이 기하급수적으로 증가하고, 삶의 질이 풍성해진다고 하더라도 인간으로서 존재 가치를 잊어버린다면 그것을 행복한 삶이라고 할 수 있을까? 기술의 발전이 사람의 마음에서 우러나오지 않는다면, 인간에 대한 이해가 없는 상태에서 기술만 발전된 것이라면, 다가오는 시대를 즐길 수 있을까 하는 의문이 든다. 자신이 원하는 것이 무엇인지 알아야 AI에게도 사람들은 자신이 어떤 것을 원하고 인간에게 어떻게 행동하는지에 대한 설명이 가능하다. 공동체 안에서 서로를 신뢰하지 못하고, 자신의 이득만 챙기는 개인주의적인 사람이 만든 AI가 사람에게 이로움이 될까? 미래에 우리는 어떠한 모습으로 나아갈지 모른다. 그러나 자신이 인간애가 있는 사람이라는 본질을 잃지 않고 서번트 리더의 삶을 산다면 자신이 어떠한 모습이든 어떠한 위치에 있든 간에 인간 존재의 존엄성을 존중하며 그 가치를 소중히 여길 것이다. 세상을 아름답게 바꾸기 위한 행동은 결국 자신을 이롭게 한다. 디지털 혁명 시대로 인해 혼란이 찾아온다고 하더라도 그 중심에서 길을 잃지 않고 큰 그림을 그려나갈 수 있게 돕는다.

지정의(知情意.I.E.V.) 노트

지知(Intellect. 지식, 지혜, 인지, 인식 등): 방금 읽으신 내용을 통해 새롭게 배우게 된 것, 전에는 알지 못했거나 희미했지만 새롭게 인지하게 된 내용, 분별력이 강화된 내용, 이해와 성찰이 있었던 내용을 적어보세요.

....

....

....

정情(Emotion, 감정, 사랑, 희로애락 등): 방금 읽으신 내용을 통해 경험하게 된 감정, 희로애락, 열정, 애정, 배려를 적어보세요.

....

....

....

의意(Volition. 뜻, 의지, 결정, 선택, 비전 등): 방금 읽으신 내용을 통해 지(知)와 정(情)을 적으셨습니다. 지와 정을 어떻게 의지적으로 적용할 것인지를 적어보세요. 나의 일에 대한 꿈, 노력, 성실, 실천, 행함 등의 결심 등을 적어 봅니다. 의는 실천적이고 확인 가능한 그 무엇이면 가장 좋습니다.

....

....

....

4 장

시대를 읽는 서번트 리더

경 제 원

이 새 봄

노 현 정

자신을 다스릴 줄 아는 리더
백범 김구

경제원

제 1 항 격동하는 변화의 시대와 리더
#인간 vs 기계 #인간다움

2010년 스마트폰이 처음 보급되고, 10년도 채 되지 않아 우리의 삶에는 많은 변화가 있었다. 스마트폰에서 스마트워치, 노트북에서 태블릿PC로 발전하였으며, 스마트폰은 전화기 본연의 용도와 더불어 인터넷, 일정 관리, 사진 촬영 및 편집을 돕고 심지어 친구가 되고 있다.

빠르게 변화하는 흐름 속에 어떤 사람은 시대의 변화를 좇아가기도 바쁘다고 한다. 자고 일어나면 정보와 기기가 업데이트되기 때문이다. 이렇게 매분, 매초 기계는 업데이트되는데 인간은 어떨까? 변화하는 트렌드에 맞춰 인간도 계속해서 업데이트되고 있는가? 이러한 시대의 변화는 인간에게 편리성을 주기도 하지만 불편함을 느끼게 한다. 인간과 기계가 주객전도되는 양상이 보이기 때문이다. 기계의 발전에 따라 인간은 기계를 쫓고, 결국 기계가 '주인'이 되고, 인간이 '손님'이 되는 것이다. 기계인 인공지능(AI)이 심리상담을 하고, 그림을 그리고 작곡도 할 수 있다. 심지어 인공지능 의사가 등장하여 정밀하게 진단하고 수술한다고 하니, 언젠가는 인공지능이 인간을 대체하지 않을까? 어쩌면 벌써 대체되고 있는지도 모른다.

이러한 흐름이 지속한다면 인간보다 훨씬 인간다운 기계들이 나올 것이며, 인간과 기계의 구분이 명확하지 않을 것이다. 기계에 매도되지 않으려면, 역설적이게도 더욱더 '인간'다워야 한다. '인간다움'이란 무엇일까? 사랑, 배려, 나눔, 사회성 등 사람다움을 표현하려는 많은 수식어가 생각나지만, 사람다움을 정의하는 것은 자신에 대한 성찰과 탐색이다. 나의 가치를 어디에 두느냐에 따라 인간다움이 사랑이 될 수도, 사회성이 될 수도 있기 때문이다. 인간다움을 잃지 않으려면 사람에 대한 성찰과 인내, 끊임없이 자신을 탐색하는 것, 타인의 욕구에 귀 기울이는 것, 타인을 존중하고 용서하는 것, 사회구성원으로서의 자신을 헌신하는 것이 필요하다. 이것은 서번트 리더의 역할이자 특성이다. 한 사람, 한 사람이 서번트 리더가 되어야 빠르게 변화하는 시대에 적응하고, '인간다움'을 유지할 수 있다.

지금은 스마트폰에 고도화된 인공지능이 탑재될 정도로 환경이 변화하고 있으며, 4차 산업혁명의 물결로 인해 많은 사람이 혼란을 경험하고 있다. 이런 혼란의 시대는 현재뿐 아니라 역사에서도 찾아볼 수 있다. 지금으로부터 100년 전인 1919년. 일제강점기로 혼란스러운 격동의 시대가 있었다. 그런 시대에 자신의 소신을 잃지 않고 관철하며, 변화를 이끈 리더를 소개하려 한다.

필자는 시대의 흐름을 읽고 적응하며 '인간다움'을 유지하며 앞으로 나아가는 사람을 '서번트 리더'라고 부를 것이다. 서번트 리더 중 한 명인 김구를 소개한다.

한국의 독립운동가이자 정치가, 대한민국임시정부 주석으로 조국의 독립을 위하여 힘썼던 백범 김구(백범은 아호로 다른 사람이 자신을 불러주길 바라는 이름으로, 본인의 가치관이 투영됨. 김구는 이름)를 서번트 리더로 소개한다. 아호 백범에서 "백(白)은 우리나라에서 가장 천하게 여겼던 계층인 가축 잡는 백정의 '백(白)'자와 평범한 사람이라는 뜻의 '범(凡)'자를 합친 것으로 가장 낮은 사람"을 뜻한다[백범, 1929]. 자신을 가장 낮은 사람으로 불러주길 바랐던 김구는 어떤 사람일까?

제 2 항 생애사적 사건으로 보는 김구의 성향
#김구는 패기왕 #치하포사건 #옥중 교육

어릴 적 동네 아이들에게 괴롭힘을 당하자 큰 식칼을 가지고 아이들에게 해코지할 생각으로 다시 돌아갔던 일, 아버지의 귀한 수저를 두 동강 내어 엿장수에게 가서 엿을 바꿔먹었던 일, 떡을 사먹기 위해 아버지의 비상금을 훔쳤던 일 등의 일화를 통해 김구는 어릴 적부터 호기롭고 대담한 구석이 있던 인물임을 알 수 있다.

김구는 나이가 들면서 점차 의젓해졌다. 아버지가 양반에게 무시당하는 것을 보고, 열두 살이 되던 해에 그는 양반이 되기로 결심했다. 어려운 집안 형편 속에서도 집안을 일으키기 위해 열심히 글공부를 했지만 막상 과거장에 갔을 때 시험성적도, 벼슬도 돈으로 거래되는 것을 보게 되었다. 그는 이후 양반이 되겠다는 마음을 접었다.

김구는 나이 열여덟에 양반이나 천민이나 지위의 높고 낮음이 없이 "모든 사람이 평등하다."라는 사상을 갖고 동학에 입도했다. 그가 동학 교리에 대해 활발히 포교 활동을 하던 중, 일본의 암살자들이 경복궁에 침입하여 조선의 왕비인 명성황후를 살해하는 사건이 벌어졌다. 이후 모두 상투를 잘라야 한다는 단발령이 내려졌다. 이에 분개한 김구는 조선인으로 위장한 일본군 중위 '쓰치다'를 처단했다. 그리고는 "국모의 원수를 갚기 위해 내가 이놈을 죽였노라. 해주 텃골 김창수(백범 김구의 개명 전 이름)"라고 글을 쓴 뒤 많은 사람에게 알리라고 그는 말했다. 성인이 되어서도 어릴 적

기개를 볼 수 있는 일화다.

　이 일로 김구는 사형을 선고받았다. 사형을 선고받은 후에도, 일본에 지배당하는 것은 우리가 배우지 못한 것이라고 생각하여 그는 수감자들에게 글을 가르치기 시작했다. 또한, 그동안 접하지 못했던 책들을 감옥에서 읽으며 스스로 공부했다. 다행히, 사형 집행을 앞두고 고종 임금의 특별 명령으로 그는 사형을 면했다.

　자기 죽음을 앞두고, 다른 사람들에게 글을 가르치고 책을 읽었던 김구는 서번트 리더였다. 나보다 타인을 우선시했기 때문이다. 필자는 역사적 사건을 통해 김구가 어떻게 서번트 리더십을 보였는지 알아보고자 한다.

제 3 항 역사적 사건으로 보는 김구의 리더십
#낮은 자세 #계몽운동 #독립운동

　그는 1902년 개신교의 가르침과 계몽운동을 펼칠 생각으로 봉양학교를 열었다. 그는 봉양학교를 열기 전에도 마을에서 훈장, 공립소학교에서 교사 등을 역임하며 지속해서 사람들을 가르치는 일을 했다. 그를 주인공으로 한 영화 '대장 김창수'에서 엿볼 수 있듯이, 김구는 감옥에 수감되어 복역하는 중에도 글을 몰라 억울하게 옥살이를 하는 사람들을 위하여 글을 가르쳤고, 그들이 권리를 스스로 깨닫도록 지속해서 교육하였다. 서번트 리더십의 특징인 미래보기, 청지기정신, 타인의 성장에 헌신, 공동체 세우기 등이 두드러지게 드러나는 대목이다. 서번트 리더십의 특징은 이 책의 다른 공동저자들이 이미 기록했기에 필자의 글에서는 생략하기로 한다.

1903년 대한제국 농상공부는 김구를 종상 위원에 임명했다. 그는 이후 황해도의 양잠 사업 진흥을 도왔다. 또한, 1911년부터 1915년까지 옥살이 이후 가석방되었을 때 그는 고향 황해도로 돌아가 농촌 계몽운동과 소작쟁의 등을 주도했다. 역사의 기록을 보면 김구는 혼자 일하지 않았다. 좋은 것은 나누려고 했다. 자신의 지식을 활용하여 사람들을 이롭게 하였고, 농촌을 활성화하려고 하였다. 그는 좋은 선례를 만들어 타 지역에 보급하는 등 자기 자신을 위한 것이 아닌 공동체의 유익을 위하여 일하였다.

평소에도 다른 사람들을 위하여 계몽운동과 교육에 헌신하였던 김구는 1905년 을사늑약이 체결되자 국권 회복 운동에 참여하였고, 1907년 신민회(항일운동 조직)에 가입한다. 본격적으로 항일운동에 참여한 김구는 황해도 지부 총감을 맡아 황해도의 국권 회복 운동을 도우며 리더십을 펼친다.

그는 1919년 기미 독립선언 직후 상하이로 망명하였으며, 대한민국 임시정부 건립에 참여했다. 그는 안창호 선생을 찾아가 "대한민국 임시정부의 문지기 노릇을 하겠다."라고 말했다. 일제의 감옥에 있을 때, "독립 정부를 건설하거든 그 집의 뜰도 쓸고, 창문도 잘 닦는 일을 해 보고 죽게 해달라."라고 그는 기도했다. 다른 사람들이 하찮게 여기고 꺼리는 일이라도 봉사와 희생정신으로 하겠다는 마음가짐은 서번트의 그것이었다.

김구는 먼 이국땅인 중국 상하이에서 대한민국 독립을 위하여 헌신하며 혁혁한 공을 세웠다. 그는 1932년 일본 왕 사쿠라다몬 저격 사건, 일본 왕 생일축하식장인 '상하이 홍커우 공원 폭탄 투척 사건'과 윤봉길·이봉창 등 독립투사의 의거를 지휘했다. 김구는 자신의 목숨도 아까워하지 않았으며, 다른 사람의 성장을 위하여 헌신하였다. 이러한 헌신이 독립운동을 펼치는 원동력이 되었다. 그의 타인을 위한 헌신은 놀라운 수준이었다.

그는 1933년 중국 난징에 한국인 무관학교를 설치하여 독립운동에 가담하고자 하는 젊은이들을 교육했다. 일본에 저항하여 대한민국의 독립을 위해 참여하고 싶었지만 무엇을 어떻게 할지 모르는 사람들을 그는 교육한 것이다. 이는 군사 훈련뿐만 아니라 민족의 자주정신과 독립 염원을 교육한 것이다. 그는 변화하는 시대를 읽고, 미리 준비했던 것이다. 여기서 중요한 부분은 그가 젊은 청년들과 청소년을 교육했다는 점이다. 김구는 그들이 대한민국의 미래라는 것을 알고 있었다. 국가의 3요소인 영토, 사람, 주권 중 영토와 주권을 빼앗긴 대한민국 실정에서 국민(사람)에게 집중하는 일은 어쩌면 당연한 일이다.

또한, 김구는 교육 여건이 주어지는대로 언제 어디서든 교육을 실천에 옮겼다. 감옥에서 글을 가르치고, 황량한 중국 대지에서 학교를 세운 것과 같이 그는 환경에 구애받지 않고 모든 곳을 교육의 장으로 만들었다. 그리고 김구는 젊은 청년과 청소년들이 민족정신을 잃지 않도록 자긍심을 심어주었으며, 빼앗긴 영토와 주권을 되찾고, 독립 이후의 대한민국을 준비하는 등 미래보기의 대가였다. 이렇듯 변화하는 시대의 큰 그림을 보고 독립 이후의 상황까지 내다 본 김구는 대한민국 임시정부의 수장이 됐다.

핍박받던 35년의 세월이 지나고, 많은 이들의 희생으로 1945년 8월 15일 일본의 식민통치에서 벗어나 한반도는 광복을 맞이했다. 비록 대한민국의 완전한 자주독립은 이루지는 못했지만, 일본의 항복으로 대한민국은 민주주의와 공산주의, 남과 북으로 나뉜 반쪽짜리 독립을 이뤘다. 이런 상황에 안타까움을 느낀 김구는 '통일 정부 수립을 위해 남북협상'을 주장했다. 정치적, 군사적으로 기득권에 서고 싶었던 많은 사람의 배신과 탄압에도 불구하고, 그는 오직 대한민국의 완전한 자주독립이라는 순수한 목적을 위해 힘썼다. 김구는 자신의 소신을 지키고 관철하기가 쉽지만은 않았다. 분단되어 서로를 책망하는 대한민국을 보며 그는 더욱 좌절했다. 하지만, 김구는 1949년 암살당하기 전까지 '자주독립'을 위하여 끊임없이 노력했다. 자주독립을 위한 김구의 염원은 그의 자서전 '백범일지'에 고스란히 나타난다.

2019년은 3.1운동 및 대한민국 임시정부 수립(1919년) 100주년이 되는 해였다. 3·1운동을 처음 전개한 것은 그 당시의 청소년이었다. 그렇기에 100년이 지난 현재의 청소년에게 3·1운동의 의미는 더 크게 다가온다. 100년 전과 현재의 청소년은 얼마나 다를까? 또한, 살아 있다면 백범 김구는 현재의 청소년들에게 어떤 메시지를 전할 수 있을까?

필자가 섬기고 있는 경기도 이천의 청소년센터는 2019년 독립선언서를 해석하면서 2019년 버전의 청소년선언서를 제작하는 활동을 진행했다. 아래 내용은 1919년 독립선언서와 2019년 청소년 선언서이다.

<1919, 3.1 독립선언서> "우리는 오늘 조선이 독립한 나라이며, 조선인이 이 나라의 주인임을 선언한다. 우리는 이를 세계 모든 나라에 알려 인류가 모두 평등하다는 큰 뜻을 분명히 밝히고, 우리 후손이 민족 스스로 살아갈 정당한 권리를 영원히 누리게 할 것이다. 이 선언은 오천 년 동안 이어 온 우리 역사의 힘으로 하는 것이며, 이천만 민중의 정성을 모은 것이다. 우리 민족이 영원히 자유롭게 발전하려는 것이며, 인류가 양심에 따라 만들어가는 세계 변화의 큰 흐름에 발맞추려는 것이다. 이것은 하늘의 뜻이고 시대의 흐름이며, 전 인류가 함께 살아갈 정당한 권리에서 나온 것이다. 이 세상 어떤 것도 우리 독립을 가로막지 못한다…." (이하 후략)

<2019 청소년 선언서> 청소년은 자기 삶의 주인이다. 청소년은 스스로 생각하고 선택하고 행동하는 삶의 주체로서 자유와 참여의 기회를 가진다. 청소년은 인격체로서 그 존재만으로도 존중받을 권리를 가진다. <청소년의 권리> 1. 청소년은 각자의 재능을 차별받지 않고 존중받을 권리를 가진다. <청소년의 책임> 1. 청소년은 자신이 맡은 역할에 충실한 책임을 진다. <청소년의 의무> 1. 청소년은 자신이 해야 할 일에 책임을 다할 의무가 있다…. (이하 후략)

1919년 독립선언서와 2019년 청소년선언서는 크게 다르지 않

다. 두 선언서에는 자유와 책임, 권리에 대해서 논하고 있다. 현재의 청소년들은 자기 삶의 주체로서 자신의 자유를 가지고자 하며, 자신이 맡은 역할에 책임을 다하고, 자신의 권리를 주장한다. 이러한 주장은 우리 선조들 역시 자신뿐 아니라 민족의 자유를 위하여 힘쓰고, 자신과 민족의 권리, 온전한 나라를 위한 주권의 책임, 후손에게 건강한 나라를 물려주고자 한 책임에서 나오게 되었을 것이다.

대한민국 청소년들은 이러한 정신을 이어 받기 위해 3.1운동 기념 캠페인, 역사탐방, 상해임시정부 탐방 등에 참여하기를 바란다. 시대와 장소가 달라진다고 해도 우리가 처한 상황은 같다. 다른 것 같아도 비슷하다. 4차 산업혁명 시대가 김구의 시대와 큰 차이가 있어 보이지만 본질은 같다. 본질이 같기에 우리가 갖춰야 할 것도 같다.

그 첫 번째는 세상을 살아가기 위해 사람은 자신이 누구인지 깨달아야 한다. 그리고 타인과 관계를 형성하며, 공동체를 구성하며 살아야 한다. 사람은 사회적 동물이기 때문이다. 사람은 자신이 누구인지 깨달았을 때 다른 사람과의 건강한 관계가 형성될 수 있으며, 이는 건강한 공동체를 구성하게 되는 근원이 된다. 이런 것을 비교적 단시간에 농축된 경험을 하는 좋은 방법의 하나는 역사 속에서 그렇게 해보는 것이다.

선조들은 어떤 선택으로인해 실패와 성공, 실수와 성장을 경험했다. 우리는 역사를 통해 이런 과정들을 엿볼 수 있다. 시대는 다른 것 같지만 김구와 같은 인물을 통해 새로운 시대를 살아가는 길을 우리는 찾을 수 있다.

내가 김구라면 어떤 선택을 했을까? 주변의 핍박과 생명의 위험을 느끼고, 가족과 생이별을 하면서까지 조국의 독립을 위하여 헌신할 수 있을까? 역사 속 김구의 선택을 보며 어떤 선택을 했을지 상상해 보면 그게 VR 역사 체험인 것이다. 상상 속 내 선택은 나의 가치관을 반영하게 된다.

수많은 정보 속에서 나 자신을 인식하기조차 힘들며, 개인주의 성향으로 타인에게 관심 두지 않는 게 미덕이 되어버린 사회에 우리는 살고 있다. 이런 환경적 맥락에서 나는 어떤 가치관을 갖게 되고 어떤 선택을 하게 될지 우리는 고민해 보아야 한다.

다음은 요즘 청소년들이 가진 고민을 보여주는 일화다. 필자는 10명의 14~18세 청소년과 함께 '나는 누구인가?'에 대해 토론하는 시간을 가졌다. 그중 중학교 2학년인 수지의 말에 토론을 나누던 청소년 9명이 눈시울을 붉혔다. 수지는 다음과 같이 말했다.

저는 대한민국의 평범한 중학교 2학년입니다. 저에게는 첫 번째 자아와 두 번째 자아가 있습니다. 첫 번째 자아는 부모님이 원하고 사회가 원하는 모범생입니다. 대한민국에서 학생으로 공부를 열심히, 또한 잘해야 하는 책임이 있는 학생이죠. 두 번째 자아는 미술을 좋아하고, 음악을 좋아하는 사람입니다. 저는 제가 좋아하는 게 뭔지 알고, 하고 싶은 게 많은 사람입니다. 하지만 저는 스스로 포기합니다. 두 번째 자아는 살아가는 데 필요 없으니까요. 사회가, 학교가 안 된다고 했으니까요. 저는 용기가 없는 사람입니다. 도전하면 그 책임은 제가 져야 하니까 저의 선택이 무섭습니다. 그래서 안전하게 첫 번째 자아로 살려고 합니다.

대한민국 대부분의 청소년이 처한 상황이다. 성적 위주의 줄 세우기식 교육, 사교육 중심으로 돌아가는 공교육, 공부를 잘해야만 인정받는 청소년, 좋은 대학에 가고 대기업에 취직해야만 성공한 것이라는 성공의 잣대와 남들의 기준에 맞게 살아야 잘 사는 것이라는 누가 정했는지 모를 기준들. 이러한 사회적 분위기와 규범 속에서 자신의 소신대로 살려면 큰 용기가 필요하다. 우리가 어떻게 살아야 하는지 김구 생애와 그의 명언에서 엿볼 수 있다. 그가 남긴 업적과 명언은 서번트 리더로서 다른 사람들에게 전달하고자 하는 의미가 크다. 다음이 그 예시들이다.

백범일지에 보면, "우리 집안이 극히 빈곤한데 아이를 얻으니, 어머님은 항상 내가 죽었으면 좋겠다고 한탄하셨다."라는 문장이 있을 정도로 김구는 가난한 농부의 아들로 태어났다. 하지만 그는 자신의 태생이 어떻든 자신의 소신에 따라 공부했고, 다른 사람을 위하여 학식과 무술을 가르쳤고, 우리 민족(공동체)을 위해 타국에서 20여 년 동안 항일운동을 전개했고, 38선을 넘나들며 민족의 분단을 막기 위해 애썼다. 그는 평범하지만 죽는 날까지 대한민국의 자주독립을 위하여 힘쓰고 싸웠고, 현재는 대한민국 사람들이 제일 존경하는 독립유공자 1위(나무위키 설문조사)이다.

김구는 모든 문제의 해답은 자기 자신에게 달려있다고 생각했다. 해답을 위해서는 내가 어떤 가치관을 가졌는지, 어떤 것을 좋아하는지를 알아내며 자신에 대한 탐색을 해야 한다. 내가 어떤 생각을 갖고 어떤 마음으로 현상을 대하느냐에 따라 똑같은 현상도 다르게 느껴진다. 컵 안에 물이 반 남은 것을 보고, 반이나 남았다고 생각하는 사람과 반밖에 안 남았다고 생각하는 차이처럼 말이다. 재미있는 사실은 자신을 자각했을 때 모든 결정이 쉬워진다. 내가 좋아하는 일과 잘하는 일이 무엇인지 확실히 알기 때문에 선택이 빨라진다. 그런 사람은 자기 이해를 통해 자기 뜻을 올곧이 세우고, 해답을 찾게 된다. 이러한 해답은 타인에게도 영향을 미치게 된다. 모든 시작은 나로부터이다. 우리는 남 탓 하기 전

에 나 자신을 돌아보아야 한다. 김구 선생처럼. 그의 말처럼 모든 것은 내 마음가짐에 달려있다. 김구는 현재 상황을 보며, 그의 선택과 행동이 미칠 여파에 대해 고민하였고, 현재와 더불어 미래를 보았다. 그렇기에 자신이 처한 '독립운동'이라는 힘든 상황 속에서도 빼앗긴 나라를 되찾은 자손들의 미래를 생각하며 헌신하였다. 이 글을 읽

김구. ©Public Domain

는 우리는 한 명, 한 명 평범한 사람이다. 하지만 한 명, 한 명 모두가 김구와 같다. '나를 다스려야 뜻을 이룬다'는 김구 선생의 말씀처럼 자신이 누구인지 알기 위해 끊임없이 노력한다면, 우리는 자신이 있는 곳에서 제2의, 제3의 김구가 될 것이다.

제 2 절
융합의 아이콘, 서번트 리더십 실천의 롤 모델
이명신

이새봄

제 1 항 역사적 리더와 새 시대의 리더

최근 인문학의 열기가 뜨겁다. 독자들은 서점에서 여러 계층을 겨냥한 다양한 방식의 인문학 도서를 쉽게 만날 수 있다. 지상파, 공중파 방송 채널에서는 인문학 관련 토크쇼가 계속 새롭게 탄생한다. 단순히 지적인 대화를 위한 교양 축적의 일환 이상의 요구가 있기에 여기저기 인문학 이야기가 어렵지 않게 들려 온다고 필자는 생각한다. 그 이유는 무엇일까? 더구나 소프트웨어가 지능을 갖는 것이 본격화되는 4차 산업혁명 시대에 기술 융합에 무게를 실어도 부족해 보일 법한 시대에, 인문학이 열풍이라니 역설적이다.

역사 문화교육 컨설팅 전문가 윤형돈 씨는 그 이유를 '급변하는 세상을 살기 위한 생존 욕구'라고 보고, '예측 불허할 만큼 그 속도가 빠른 4차 산업혁명 시대에 사회 시스템은 물론이고 인간의 삶까지 송두리째 바꿀 정도가 되었음을 예감하는 사람들이 살아남기 위한 방법을 찾기 시작하면서 인문학(역사 공부)의 열기가 뜨거워졌다.'고 보고 있다(인용 정보는 참고문헌에 있음). '과거 사람들의 삶과 사회변화를 통해 미래를 예측하는 통찰력을 얻고자 인문학

(예를 들어, 역사 공부)에 매진한다.' 고 윤형돈은 주장한다. 그의 주장에 필자도 동의하지만, 필자 스스로 수많은 독서와 위인들의 이야기를 듣고 학습하며 유익한 내용을 현실적으로 실천에 옮길 수 있기까지, 스스로 공감대를 얻어 내고 동기부여 하기란 절대 쉽지 않은 작업이었음을 고백한다. 필자가 웨신대 미래 교육리더십 석사과정 수업 시간에 받았던 질문 중 유난히 '당신이 존경하는 위인은 누구입니까?' 에 대답하기 어려웠던 이유이기도 하다.

필자의 지도교수(언어학, 교차 문화학, 변혁적 리더십을 전공)이자 '생명을 살리는 eBPSS Big Picture, Spiritual Intelligence, Servant leadership' 철학을 전파하고 있는 박병기 교수는 '이전에는 뇌 속에 정보를 많이 입력한 사람이 훌륭한 리더로 여겨졌지만 제4차 산업혁명 시대는 정보를 이타적으로 분석해 사회에 기여하는 방법을 생각하는 리더가 필요한 시대가 된다. 그래서 지식의 양보다는 판단력, 통찰력, 통섭력 등을 포함한 지혜의 양이 더 필요한 시대가 된다'라고 주장하였고, 필자를 포함한 제자들에게 시대에 걸맞은 리더십과 이를 위해 '나에 대해 깊이 알고, 이웃을 깊이 관찰해서 어떤 사람들인지 알아내어 타인을 위한 삶을 사는, 창의적이고 융합적인 사고를 하는, 협력을 잘하고 바른 인성을 가지는 것'을 인식하고 현장에 나가 교육해야 함을 강조하였다. 따라서 시대를 이끌어 갈 리더, '서번트 리더상'을 마음에 품고 지속적인 훈련을 해야 할 필요성에 동의 된 필자는 비로소 '존경하는 위인, 롤 모델, 멘토는 누구인가?' 라는 질문에 이명신 교수를 바로 그 대상으로 대답할 수 있었다.

제 2 항 신선한 목격

이명신 교수를 처음 만난 건 2013년 연세대학교 미래교육원에서 제공하는 영어 독서 전문인 과정에서였다. 10여 년의 미국 생활을 끝으로 한국에서 가정을 꾸리고 큰아이를 이중언어로 양육해 보고자 이런저런 방법들을 찾던 필자는 흥미로운 커리큘럼을 발견하게 되었다. 연세대학이라는 이름이 주는 신뢰를 시작으로 왠지 이곳에서 나의 궁금증을 풀 수 있을 것 같다는 느낌을 받아 찾아갔다. 신청 등록은 일사천리로 이루어졌고, 첫 수업 때 받은 신선한 충격이 지금도 생생하다. 나는 성격상 사전 조사를 많이 하는 편이 아니어서 교수자의 학력도 배경도 굳이 알아보지 않고 첫 수업에 임했다.

키가 껑충 크신 정갈한 투피스 정장을 하신 중년의 여성이 교실로 들어오셨다. 그는 마치 동화 구연가를 연상시키는 부드럽고 조용한 목소리로 수줍게 인사를 건넸다. 나는 내심 '이게 얼마짜리 수업인데, 동화 구연하는 법 정도를 알려주는 건 아니겠지!'라며 삐딱하고 오만한 자세로 최대한 아무 표정도 짓지 않고, 여전히 청중의 자세로 수업을 '구경 중'이었다. 그렇게 한 주, 한 주 수업에서 만날수록 그는 단순히 영어 그림책을 어떻게 잘 읽어주고 어떤 활동들을 펼칠 수 있나 정도를 설명하시는 것이 아니라 각 그림책의 문학적 접근, 심미적 관점, 외국어 습득 관점까지도 아우르며 각각의 요소를 심도 있게 설명해 주셨다.

그 강의 전달 과정에 한 번 더 놀랐는데 언제나 본인의 전공 분야 포함, 비전공분야의 이야기를 전할 때에도 겸손하게 의견들을 내놓으셨다. 그렇게 나는 교수님의 수업에 점점 빠져들게 되었다. 경계태세를 풀어놓고 수업에 참여하니 그제야 비로소 보이기 시작한 몇 가지 사실이 있었다.

첫째, 20명 정도 되는 수강생 대부분은 교수님을 이미 아는 듯한 분위기였다. 둘째, 그중 절반은 교수님과 외부 연구소에서 일하는 강사, 연구원, 행정 직원들이었다. 이들 역시 교수님처럼 중 장년을 향하는 나이에 늘 겸손하고 온화한 모습을 보이는 사람들이었다. 그리고 그들은 교수님의 작은 몸짓 눈짓 하나에 누구라 할 것도 없이 센스 있게 교수님이 필요로 하시는 것들, 예를 들면 실내 온도 조절, 참고자료들(수업 특성상 한 번 수업에 여행 가방 한가득 책을 소개), 목소리가 갈라진다 싶으면 미지근한 온도로 대령되는 잎 차, 심지어 장시간 서서 강의하시는 교수님이 발과 다리가 아파지면 편안한 신발로 대체되는 등 살펴보면 한두 해 지낸 사이들이 아니고서는 작은 눈짓 몸짓 하나로 이 모든 게 이루어질 수 없었을 것이라고 짐작되는 도움의 손길이 끊이지 않았다. 나중에 알게 되었지만, 이분들은 이명신 교수님 초창기 활동 시절에 지도하던 학생들의 어머님들이었고, 아이들 지도 교사였던 이명신 교수님의 철학과 교육 방법에 매료되어 교수님에게 교육받고 전문 강사나 스텝으로 일하게 된 지 25년 차인 지인들이었다. 누군가를 성인이 되어 25년 이상의 관계를 유지할 수 있다는 게 놀라웠다. 하루는 옆에 앉아있던 선생님 한 분에게 물었다.

"선생님도 교수님을 오랫동안 아셨나요?"

"네, 11년째예요.."

"이미 강사 하고 계시는데 왜 또 수업을 들으세요?"

"교수님이 새로운 걸 고안해 내실 때마다 제자들, 스텝들, 강사들에게 필수적으로 강의를 듣게 하세요."

"아.. 그러세요."

"교수님은 늘 공부하세요."

'한 기관의 수장이자 교육자이니 늘 공부하는 게 당연하지.' 라고 생각한 나를 또 한 번 놀라게 한 것은 교수님의 발언이었다.

"저는 학부에서 영어교육을 전공하고, 조기교육을 석사에서 공부하고, 조기 교육에 관해 공부하다 보니 아동에 대한 탐구가 필요해 아동학을 박사로 공부했어요."

최근에 만나 뵈었을 땐 한국어학까지 공부하셨다고 했다.

대화를 나누던 선생님이 뒤이어 언급하시길

"교수님은 매일 봐도 존경스러워요."

"네?"

충격 자체였다. 매일 봐도 존경스럽다는 표현이 한 사람을 묘사하면서 사용될 수 있다니…. 나는 뒤이어 물었다.

"뭐가 그리도 존경스러우신가요?"

"교수님은 'I love story' (이명신 교수의 사설 영어 그림책 연구소명)의 수익금은 십 원도 건드리지 않으세요. 모든 수익금은 스텝들 월급을 제하고 도서 산간에 영어 그림책 보내는 데 사용하세요. 본인은 여기저기 강의하시고 강의료 받으시는 것으로 생활하시고 연구하세요."

와⋯비결이 여기에 있구나. 그림책 강의 자체가 수입이 그리 많지 않은 구조인데 30년이 훌쩍 넘게 원년 멤버들을 서포트하는 스텝으로 동행할 수 있는 비결!

사실 내 아이 교육에 해답을 얻고자 찾아갔던 강의에서 나는 그 이상의 수확을 했다. 앞으로 내 일을 어떻게 꾸려야 할지 롤 모델을 얻은 것이다. 당시 필자의 나이 38세에 여러 가지 현실과 불안감에 시간 강사직을 포기하고 '새봄교육'이라는 회사를 구상하며 '나도 언젠가는 이명신 교수님처럼 늘 연구하며 오랜 스텝들과 멋지고 우아하게 살아야지.' 부푼 꿈을 꾸어 보게 되었다. 하지만 이내 '과연 내게도 그런 날이 있을까? 언젠간 있겠지⋯.' 막연한 그림만 그려보며 한 학기의 교육을 마치게 되었다.

제 3 항 1년 후 재회

회사 운영 관련 필자의 개인적인 고민으로 자문하고자 가졌던 이명신 교수님과의 하루가 떠오른다. 음식점에서나 찻집에서 만나는 모든 이에게 미소로 정중하게 인사하시는 모습, 장장 6시간의 대화 중에 단 한 번도 전화 수신을 안 하시던 모습, 때론 열정에 사로잡혀 여과되지 않은 언어를 사용하는 나를 보실 때면 "바르고 고운 언어를 사용하는 게 좋겠다."며 다정하게 조언해 주시던 모습, 때론 언니처럼, 엄마처럼 나의 고민을 들어주시고 명쾌한 조언도 주시며, 일주일 내내 빼곡한 스케줄을 소화하시는 상황에서 온종일 나를 위해 시간을 비워 주신 점은 참 잊을 수 없는 감사함이다.

그때 두 가지 조언이 각인되어 그 후 수년을 지내면서 큰 도움이 되었다. 첫째, 이야기할 때 남의 입장을 고려하며 의견을 말해라. 둘째, 끊임없이 공부해라. 그날의 만남 이후로 골치 아팠던 한 개인과의 관계 문제는 속 시원히 해결을 보았지만 '아이러브스토리'와 같은 회사의 모습은 따라 해 볼 엄두도 내지 못한 채, 그날그날을 일당백 하며 들어오는 일을 소화해 나가는 형태로 운영이 지속되었다.

제 4 항 리더십 개발이 가져다준 선물

필자는 웨신대 미래 교육리더십 전공 석사 3학년 차에 접어들었을 때 전공필수 과목으로 '리더십개발과 교육'이라는 수업을 들었는데 이는 인생 최대의 변환점이 되었다. 저널링과 글쓰기가 주를 이루며 나를 찾아 떠나는 '여행'과 같은 수업이었다. 그 과정에서 필자는 그동안 알고 있던 자아상에 심각한 오류가 있었음을 발견하고 다양한 검사와 성찰을 통해 진짜 나의 모습을 솔직하게 마주하게 되었다.

글쓰기 질문 중 가장 충격적이었던 것은 나에게 역사적으로 존경하는 인물이 없었다는 것이었다. 다행히도 '당신의 롤 모델은?'이라는 질문에서는 이명신 교수님을 바로 떠올렸다. 상세히 밝히기엔 할애된 지면이 한정적이지만 예전과 달리 나에게도 존경하고 따르고 싶은 인물이 존재한다는 사실이 감사함과 기쁨을 지나 안도로 이어졌다. 특히나 빠르게 변하는 시대에 일자리 감소의 두려운 현실 속에서도 늘 개척자의 자리를 지키며 어려운 상황에서도 포기하지 않고 선한 영향력을 통한 건강한 행보를 이어 오신 교수님이 당연히 나의 멘토이자 롤 모델이라는 사실이 가슴 벅찼다. 내 인생의 전환점이 된 리더십 개발 수업이 경기지역 청소년지도사 및 단체장들과도 함께 이루어졌는데 결과물로 한국형 서번트 리더와 글로벌 서번트 리더를 찾아 한국인의 자긍심을 높이고 외국의 리더에게서 배우자는 취지의 프로젝트를 시작하였다. 분명히 손사래를 치실 교수님을 상상하며 쑥스럽지만, 이 감격을 교수님께 전해 드리고 싶어 연락을 드리고 다시 뵙게 되었다.

제 5 항 '늘 처음처럼'을 묵상하는 삶 (경청, 나를 알기)

훤칠한 키와 고운 얼굴로 주목을 받으시는 교수님은 '겉모습의 아름다움은 사라지기 마련이어서 내면에서 흘러나오는 아름다움이 중요하다.'라고 강조하신다. 교수님은 수많은 사람의 갈채를 받는 강의장에서 내려오실 때의 뿌듯함과 흥분, 대학강단에서 순수한 제자들에게 받는 사랑의 메시지가 자칫 자신을 오만한 거품 속에 가두어 버릴까 염려스러워 하신다. 그래서 늘 자신을 비우는 작업을 위해 하루도 빠지지 않고 묵상 시간을 가지며 주로 산책을 통해 자연과 대화하는 시간을 가지신다. 그렇게 내면에서 들려오는 소리, 현재의 자리에 섰을 때 어떤 마음이었는지 경청하신다.

제 6 항 반성의 사고 (겸손, 개념화, 공동체 세우기)

'저는 잘난 척하고 싶을 때 죽음을 생각해요. 이렇게 살다가 행복하게 죽을 수 있을까? 어떤 모습일까? 어떤 것으로 인해…. 죽음이 따뜻하게 되도록 할 수 있을까? 아무리 잘났어도 누구나 다 죽지요. 죽으면 염장하기 위해 꽁꽁 싸여서 시체로 가잖아요. 생각해 보면 서울만 해도 안 가본 곳이 많아요. 기껏해야 학교 근처 집 근처이지 세계 전체를 가 본 것도 아니고…. 몇 나라 가본 게 전부인 아주 편협한 우리 삶의 범위, 그 안에서 제가 알면 뭘 얼마나 알겠어요. 그저 한세상 살면서 얻게 된 것 나눌 수 있는 통로로 쓰임 받기만을 기도하는 마음으로 매일 저를 돌아봅니다.'

제 7 항 융합적 연구의 리더 그리고 외로움
(자발성, 성실함, 지속성)

원하는 대로 목표한 대로 순탄한 길을 걷던 교수님에게도 필자가 교수님을 뵙지 못했던 지난 수년 사이 방황의 시간이 찾아왔었다고 한다. 교수님은 많은 분야에서 최초의 기록을 가지고 있다. 그림책 영어 스토리텔링, 독서 지도 전문이 최초, 유아교육 아동교육 영어교육을 넘나드는 최초 연구자로 '모든 게 최초여서 외로웠고 고독했다.'라고 고백하신다. 그럴 때마다 다음을 되내며 마음을 추스르며 스스로 조언한다고 한다.

리더는 고독하다. 즐길 줄 알아라.
외로움을 지혜롭게 이겨낼 방법을 스스로 찾아라.
많은 사람이 리더라 추앙할 때 뒤떨어져서 고독하게 혼자 있어라.
관망하며 전체를 볼 줄 알아야 한다.
모든 이가 당신을 사랑할 거로 생각하지 마라.
내 존재 자체를 미워하는 이들도 있을 수 있다. 그들의 몫이다.
받아들이고 다름을 인정하라.

제 8 항 아찔한 교통사고에서 덤으로 얻은 삶
(겸손, 경청, 치유, 개념화, 설득, 헌신)

방황의 시기에 마음의 혼란함도 모자라 업무 과다로 '이렇게 과로사로 죽는구나.'라고 여겨질 정도까지 지친 적이 있다고 한다.

생각할 여유 없고 몸과 마음이 지친 자신을 인식하고 깊은 성찰에 들어갔다. '아, 욕심이 있었지…명예, 내려놓자. 나는 무엇을 하고 있을까? 내가 일할 곳이 어디일까? 받은 재능을 어떻게 하면 죽기 전에 놓고 갈 수 있을까? 요만큼 받은 재능, 먹고 살고 여기까지 충분하다. 그걸 놓고 가자.' 그래서 떠나려 했다. 힘들었던 2015년 도망가려 할 때…티켓팅 다 하고 출국 직전에 무산되는 미국 행을 통해 신의 목소리가 들리는 듯했다. '너는 도망가는 아이 아니잖아, 고통을 직면해.'

교수님은 어디를 가나 하소연을 들어 주는 것이 사실은 진이 빠지고 너무 하기 싫을 만큼 힘이 드는 일이었음을 고백한다. 생각해 보니 지난 24년 동안 병환 중인 양가 어머님을 모시고 살며 휴일도 없이 일하며 사셨다. 너무 힘이 들어 울며, '나는 왜 도대체 편할 날이 없나요?' 신께 따지기도 덤비기도 하고 상황을 피해 도망가려고 했다고 한다. 하지만 이내 '피할 수 없으면 즐기자. 이게 내 소명이니.' 몸과 마음이 지쳐도 그녀의 도움이 필요한 사람에게 전화번호를 기꺼이 주며 '기쁜 일은 가족과 즐기고 슬픈 일 있을 때 전화해라, 내가 한 말의 약속은 지킨다.'라며 매 순간, 그녀가 만나는 그녀를 필요로 하는 사람에게 최선을 다하는 삶을 살고 있다.

제 9 항 봉사와 믿음

마음과 몸의 피로의 끝에 찾아왔던 교통사고의 아찔함은 앞으로 가야 할 길을 잃는 것은 아닐까 염려하던 그녀에게 어떤 길이든지 인도하실 것이라는 믿음의 마음을 다잡게 하는 계기가 되었다. 덤으로 주신 삶이니 봉사하는 시간을 더 갖기로 한다. 하지만 원래도 많은 스케줄에 또 하나가 늘어 체력이 감당되지 않아 병으로 이어지게 되었다. '나의 만족을 위해, 누구를 동정하며 혹시 쾌감을 느낀건 아닌지.' 반성하게 되며 이 또한 욕심이었음을 깨닫고 봉사의 의미를 재정의하게 되었다고 한다.

제 10 항 봉사를 재정의하다

'지금 있는 모든 이에게 마음을 다하자. 그게 나에게 봉사다. 나는 목회자는 아니지만 그림책을 통해 변화되는 사람들을 보며, 어둡던 얼굴이 힐링되어 해맑게 바뀌는 분들을 보며, 기도하게 된다.'고 한다. '제가 하는 것이 아닙니다. 제 곁에 계셔 주세요, 나를 단지 도구로만 사용해 주세요. 내 입술을 통해서 하시고픈 말씀을 그들에게 전하세요.'라는 마음의 기도와 함께 강의장에 들어간다. 매순간 최선을 다하여 마음을 다하여 경청하자. 이 귀중한 순간은 다시 오지 않음으로, 언제 어떻게 우리가 사라질지 모른다. 내 자리에서 충실하게 살아가면 앞길을 알아서 열어 주시지 않겠느냐는 믿음으로 정진한다.

제 11 항 연세 대학교정에서 뵌 2019년 12월

추운 겨울인데 정갈한 원피스 차림에 스틸레토 하이힐을 신고 언제나처럼 가방 주렁주렁 드신 두 팔을 가득 벌려 허그로 인사하신다. 휴대폰 사진 속에 있는 귀여운 대학생 친구들의 얼굴을 보여주신다. 아동학 학부 수업인데 모여 있는 친구들은 각기 다 다른 전공에서 왔다 한다. 왜 아동학을 듣느냐는 질문에 소아청소년과 의사가 될 것이기 때문에 아동에 대해 배우고 싶다는 의예과 학생부터, 생활디자인학과 학생 등 그들의 예쁜 마음을 더 예쁘게 사진 속에 담아 나에게 자랑하시며 이어 가시길 "요즘 젊은 청춘 힘들다. 그들에게 힘을 주고 싶다. 지금 우리가 주고 있는 건 무엇이지? 쓰레기? 나쁜 공기? 우리 때는 열심히 하면 개천에서 용 날 수 있었는데…요즘은 돈이 많아야 이런 학교 올 수 있고, 좋은 학교, 좋은 프로그램 등의 빈익빈 부익부 현상이 점점 양극화되어가요. 그래서 '아이 러브스토리'는 지역 도서관, 문화센터, 복지관 등으로 수업이 들어가요. 거의 무료이거나 매우 저렴하거든요. 그쪽 재정은 손을 안 대는 거예요. 어렵고 힘든 친구들 도와주어요. 똑똑한 아이들은 좋은 삶 속에 늘 주목받는 스타예요. 하지만 주변에 돕는 이들 없으면 그들의 자리도 없음을 늘 알려주어요. 저 역시도 마찬가지예요. 제가 이렇게 연구하고 강의하는 20여 년 동안 제 옆에서 묵묵히 자리를 지켜준 아이 러브스토리, 우리 가족들 없었으면 저는 이 자리에서 이 일을 하고 있을 수 없어요. 그에 보답하고자 열심히 공부해서 어떻게 쉽게 전할까 다방면으로 연구해요."

제 12 항 다음 세대에게 물려줄 것은

교수님의 이야기를 들으며 가슴 먹먹히 차오를 때 돌아보지 못한 청년 세대, 소외된 계층에 대한 미안함과 부끄러움이 동시에 교차하며 나도 모르게 눈물을 뚝뚝 흘렸던 그 날을 뒤로하고 요즘 만나는 사람마다 자녀들 교육 걱정, 직장에서 인사고과 걱정이 대부분인 나이에 들어선 지금. 기득권층의 사고와 삶의 방식 괴리에서 찾아오는 허탈함, 실망감. 이어서 서로를 향한 분노의 목소리가 많이 들리는 이 시대. 앞만 보고 2,3차 산업혁명 시대가 요구하는 대량생산, 경쟁력 있는 스피드로 상품의 품질에만 집중하며 달려온 부모 세대가 남겨준 환경오염, 정신적 불안정이 만연한 현재.

그 피해를 고스란히 겪고 있는 우리 다음 세대. 열심히 개발해온 기술이 이제는 우리의 일자리를 위협하는 파격적인 시대에 우리는 과연 무엇에 집중해야 할지 자성의 목소리가 요구된다.

"나에 대해 깊이 알고, 이웃을 깊이 관찰해서 어떤 사람들인지 알아내어, 타인을 위한 삶을 사는, 창의적이고 융합적인 사고를 하는, 협력을 잘하는, 바른 인성을 가진 사람." [박병기, 2020]

그렇게 살아온 역사적 인물들, 현존하는 인물들을 발굴하여 그 선례를 잘 따라가도록 큰 그림을 그려주고 아홉 번째 지능이 강화된 서번트 리더들을 시대의 인재로, 리더로 교육함이 어떠할까.

내가 누구인지 아는 시대의 리더
방시혁

노현정

어렸을 적, 우리 동네 골목대장은 참으로 의로웠다. 그의 정의로움은 리더라고 명찰 차고 있는 여느 어른들에게서 쉽게 볼 수 없는 선한 양심을 장착한 아름다운 의로움이었다. 신문지를 돌돌 말아 만든 칼과 방패를 허리에 차고 동네의 모든 친구와 온 동네를 돌아다니며 노래로 함께하며 마음을 모으는 창의적인 리더였다. 그는 동네에서 일어나는 모든 일에 관심이 많고 우리가 어떻게 문제를 해결해야 할지 고민하며 동네를 지키고 더 나아가 온 세상을 지키길 원했다. 그 흔한 '왕따'는 있을 수도 없는 일이었고 혼자 있는 친구에게 찾아가 목청껏 이름 부르며 대문 밖에서 기다렸던 이웃을 향한 관심과 배려가 깊은 언제나 가까이에 있는 듯한 따뜻한 리더였다. 그는 또한 억울한 일에는 대변도 해 주는 용기 있는 리더였다. 협업하여 서로 마음을 열어야 해결할 수 있는 공동체 놀이(다방구, 말뚝박기, 비석 치기, 땅따먹기, 고무줄 등)를 즐겼던 에너지 넘친 골목대장이었다. 그러나 이제 더는 그와 같은 골목도 골목대장도 존재하지 않는다. 우리들의 추억 속 골목대장은 어디에 있는 것일까?

제 1 항 골목대장(리더)이 없는 놀이터

골목을 누비며 골목대장을 따라다녔던 말괄량이 소녀는 어느새 훌쩍 자라 세 아이의 엄마가 되어 놀이터를 지키고 있다. 사라진 골목엔 수많은 아파트 단지들이 들어섰고, 그 사이사이엔 신기한 놀이기구로 가득 차 신나 보이지만 세 아이로부터 끌려 나온 엄마가 된 소녀에겐 자유로웠던 놀이터가 감옥 안 운동장 같다. 자유가 있지만 자유롭지 못한 이 놀이터에서 하루하루의 노예 같은 생활만 벌써 7년째 하고 있었다. 골목인 놀이터에서 수없이 뛰놀던 꿈 많던 소녀가 '놀이터 죽순이'가 될 것이라고는 단 한 번도 생각해 본 적이 없었는데 말이다. 눈 뜨자마자 나온 놀이터에 출근 준비로 분주히 뛰어가는 구두 신은 여인들만 보면 심장이 뛰고 질투와 부러움으로 호흡 곤란이 오곤 했다. 동네를 지키고 친구를 지키고 우주를 지키고 싶은 열망 가득한 꿈 많던 소녀였는데, 그는 비가 오나 눈이 오나 365일 아기 띠를 하고 한 손엔 유모차를 밀고 다른 한 손엔 씽씽 카를 끌고 놀이터로 출근한다. 얼음 땡 놀이만 벌써 백만 번째인데 70 kg가 넘는 몸무게는 줄어들 기미가 보이지 않는다. 그네 밀기 대회가 있으면 1등 할 정도로 다양한 방법의 기술을 익혔는데 유연성은 사라지고 몸은 뻣뻣해져 요통만 쌓여가는 듯하다.

제 2 항 마음속 골목대장의 등장

골목대장이 없는 아파트 놀이터엔 나 같은 여인들이 핸드폰을 목숨처럼 허리에 장착하고 벤치에 앉아 '포노 사피엔스'처럼 이 기기를 유일한 친구 삼아 동네 아이들을 감시한다. 아이들을 지키고 보호해야 할 엄마의 눈은 '누가 누가 더 잘하나?' 하는 평가와 비교의 눈이 되어 감시 카메라처럼 놀이터의 아이들을 주시한다. 비교 속 우월과 열등으로 가득 찬 아줌마 감시 카메라는 놀이터를 왕따로 득실대게 만들어 놓고, 그 표적이 된 아이와 엄마는 같이 왕따가 된다. 그런데도 놀이터를 지켜야만 하는 이 숙명 앞에 그녀를 지켜주는 마음속 골목대장이 있었는데, 바로 'BTS(방탄소년단)'란다. 나는 "말도 안 된다."며 그 자리에서 콧방귀를 뀌었다. '그깟 아이돌 그룹이? 마음속 골목대장처럼 자리 잡고 자신을 지켜준다고?' '그러니 아줌마들 사이에서 왕따를 당하지' 하는 마음속 핀잔을 나 역시 주고 있었다. 진짜 힘들고 친구가 없나 보다 하고 그 엄마가 더 가엽게만 느껴졌다. 이 나이에 아이돌 노래나 듣고

BTS. © Korean Culture and Information Service. 해외문화홍보원

외로움을 달래다니, 너무 안타까웠다. 그러면서 우연처럼 알게 된 BTS와 첫 만남에 그녀가 내게 들려준 노래 가사 "Whalien 52" 는 충격 그 자체이자 내 마음도 순식간에 종식 시켜버렸다.

이 넓은 바다 그 한가운데
한 마리 고래가 나지막히 외롭게 말을 해
아무리 소리쳐도 닿지 않는 게
사무치게 외로워 조용히 입 다무네
아무럼 어때 뭐가 됐던 이젠 뭐 I don't care
외로움이란 녀석만 내 곁에서 머물 때
온전히 혼자가 돼 외로이 채우는 자물쇠
...
...
날 향해 쉽게 얘기하는 이 말은 곧 벽이 돼
외로움조차 니들 눈엔 척이 돼
그 벽에 갇혀서 내 숨이 막혀도 저 수면 위를 향해
Hey oh, oh hey oh yeah
Lonely lonely lonely whale
이렇게 혼자 노래 불러
외딴 섬 같은 나도 밝게 빛날 수 있을까

[방탄소년단, Whalien 52, 화양연화 pt.2, 2015]
웨 일 리 언

우연인 듯 필연인 듯 만나게 된 BTS의 노래 가사는 큰 임팩트를 주었다. 그러나 나에겐 거기까지였다. 바쁜 일상에 쫓기어 BTS가 잊혀져 갈 때쯤 이 그룹을 다시 만나게 되었다. 이번에는 강력했다. 놀이터처럼 살아가는 또 다른 곳, 바로 교회를 통해서다. 세 아이를 키우며 유일한 휴식처가 된 교회에서 나는 어여쁜 여고생들의 교회학교 교사를 하며 삶을 힘겹게 살고 있었다. 일주일에 한 번이지만 학업에 지쳐있는 그들의 위로자가 되고 말씀의 기쁨으로 희망을 선물하고 싶어 찾아간 곳은 생각보다 훨씬 심각했다. 11명의 친구를 매주 만나고 있었는데, 친한 친구가 있다는 아이는 극히 일부분이고 학교는 물론 16년째 다니고 있는 교회에서조차 친구가 없다는 얘기를 들었을 때 믿기지 않을 만큼 놀라웠다. 하기야 10년째 놀이터, '교회 죽순이'인 나도 동네 놀이터에 친구 하나 없기에 놀라운 얘기는 아닐 수 있었다. 그래서 우린 더욱더 친해질 수 있는 계기가 되었고 그들은 마흔 된 아줌마에게 가슴 아픈 수많은 이야기를 해주었다. 그러던 중 드라마에서나 일어나는 일이 우리 반 친구 한 명에게 일어났다. 학교폭력 이상의 일을 겪게 되며 왕따는 물론이거니와 한순간에 사람을 산 매장하는 학교를 더는 다닐 수 없게 된 친구가 있었다. 참담한 그녀의 상황을 보면서도 교회학교 선생이라는 나는 해 줄 수 있는 게 아무것도 없다는 게 더욱 비참했다. 그녀를 찾아갈 수도 없었는데 그러던 어느 날 용기를 내서 보낸 문자에 그녀가 노래 가사로 답을 대신했다. 바로 BTS의 "Magic shop"의 가사였다. 아래에 소개된 내용이다. 그 친구는 "BTS가 저를 살렸어요"라는 답과 함께 아래 내용을 보냈고 나는 그녀의 얼굴을 다시 볼 수 있었다.

망설인다는 걸 알아요 진심을 말해도
결국 다 흉터들로 돌아오니까
힘을 내란 뻔한 말은 하지 않을 거야
난 내 애길 들려줄게 들려줄게
내가 뭐랬어 이길 거랬잖아
믿지 못했어 (정말)이길 수 있을까
이 기적 아닌 기적을 우리가 만든 걸까
(No) 난 여기 있었고 니가 내게 다가와준 거야
I do believe your galaxy
듣고 싶어 너의 멜로디
너의 은하수의 별들은 너의 하늘을 과연 어떻게 수놓을지
나의 절망 끝에 결국 내가 널 찾았음을 잊지마
넌 절벽 끝에 서 있던 내 마지막 이유야 *Iive*
내가 나인 게 싫은 날 영영 사라지고 싶은 날
문 하나 만들자 너의 맘 속에 다
그 문을 열고 들어가면 이곳이 기다릴 거야
믿어도 괜찮아 널 위로해줄 *magic shop*
따뜻한 차 한잔을 마시며 저 은하수를 올려다보며
넌 괜찮을 꺼야 oh 여긴 *Magic Shop*
So show me (I'll show you)

[방탄소년단, *Magic Shop*, 2018]

BTS가 무엇을 살렸다는 건가? 궁금해졌고 그 답을 알고 싶어

한걸음에 달려가 BTS를 소개해준 친구를 만났고 BTS로 인해 그가 살아난 이야기가 궁금했다. 수척해져 있을 줄 알았던 그녀의 얼굴은 빛났고 그녀는 검정고시 학원에 다니면서 다음 삶을 준비하고 있었다. 그녀의 마음은 단단해져 있었고 여러 얘기 대신 BTS의 많은 곡과 방탄 유튜브 채널 등을 내 카톡으로 속사포 쏟아내듯 보내주었다. 여러 가사와 영상들이 의미 있게 다가오기는 했지만 '왜?'라는 의문만 남겨질 뿐 '그렇게까지?'라는 믿고 싶지 않은 마음으로 조금 더 살짝 BTS를 들여다보게 되는 계기는 되었다.

제 3 항 죽고 싶어 하는 청소년을 살린다는 BTS!

방탄소년단 BTS를 만든 이가 도대체 누굴까? 놀랍게도 그는 '위대한 탄생'에서의 독설가로 유명했던 방시혁이었다. 동네 오빠 같은 느낌도 없는 그가 어릴 적 골목대장의 정의로움 가득한 아름다운 리더가 되어 있다는 게 놀랄만한 사실이었다.

그는 어떻게 BTS(방탄소년단)를 세계적인 스타로 만들어 놨을까? BTS는 지금도 유튜브만 열면 당장 만날 수 있을 것 같은 깊은 친근감으로 집에 '왕따'처럼 혼자 있는 내게 찾아와 내 애길 직접 듣고 내 아픔을 느끼는 것 같고 아무도 모를 것 같은 내 상황을 노래 가사에 그대로 옮겨 적어 인식해 주고 설득 시켜 주는 듯하다. 물론 힐링과 함께 다시 일어설 수 있도록 우리의 성장까지 돕는다. 그리고 책과 사람을 만나게 하고 책 속 내용을 연결해 통찰을 주고 비전을 제시해 준다.

7명으로 구성된 한 팀이 나를 지키고 보호하고 또 일대일처럼 나를 만나주는 듯한 관심과 사랑에는 알 수 없는 깊음이 있다. 그래서 나도 BTS(방탄소년단)를 지키고 싶은 마음이 간절해진다. 동네 놀이터에서 BTS에 빠져 음악을 들었던 그 여인이 바로 내가 되었다. 그들은 마치 내 어릴 적 골목을 지킨 골목대장과 같이 느껴졌다. 이 놀라운 고백을 불러일으키게 만드는 BTS의 소속사 대표 방시혁, 그의 인터뷰 내용과 연설 등을 통해 그의 '골목대장 같은' 리더십을 알아보고 싶은 깊은 열망을 느끼며 용기를 내어 본다.

놀이터 아줌마와 교회학교 10대 여학생이 BTS를 알고 싶도록 마음에 출렁이는 파동을 일으켰지만, 실제로 방시혁에 대해 궁금하게 된 결정적인 계기는 웨신대 미래교육리더십 전공 박병기 교수께서 제공했다. 그는 8년 차 놀이터 죽순이였던 나를 죽순이 탈출에 성공하게 해 준 미래 교육계의 방시혁 같은 존재로, 비전과 리더십의 부재로 죽어가는 대한민국의 교육을 살리고자 머나먼 미국 땅에서 태평양을 건너온 변혁적 리더십 박사다. 그는 'eBPSS 마이크로칼리지'라는 초소형 대학을 개발하여 대한민국 교육의 혁신을 일으키기를 원한다. 그는 세계관 속에서 펼쳐지는 큰 그림 속 인간의 존재와 '나는 누구인가?' '나는 어디에 있는가?' 무엇이 문제인가?' '문제를 어떻게 해결해야 할 것인가?'라는 철학적 질문에 시대를 보며 경영학적으로 풀어내는 솜씨가 놀라웠다. 인간 실존을 다루며 인간에게만 있는 9번째 지능(또는 영성, 실존지능)이라는 것을 알려 주며 내가 태어난 목적, 그리고 나는 나에게만 있는 특별함으로 이 세상에 어떤 선한 영향력을 미치며 살 것인가를 처절하게 고민하게 만들어 준 존재다. 그 끝없는 고민은 웨신대 석사 1학차 때, 몽골 친구들과 서번트 리더십 원전 강의를 교수님께 배우고 실천하며 시대가 요구하는 리더들을 만나면서 시작되었고, BTS의 프로듀서 방시혁이 보이기 시작했다.

우리는 지금 누구도 예측할 수 없는 시대를 살아가고 있다. 제4 차 산업혁명 시대라 이름 부르며 빛의 속도로 달려가는 삶의 현장 속에 있다. 빛을 이용해 살고 빛을 이용해 전쟁은 시작되었고 빛을 이용해 영토 전쟁이 현실처럼 이루어지는 증강 세계를 살아가는 '광기(光器)'시대를 맞이하였다[김채수, 2014]. 그럼 과연 이 시대에 맞는 리더십은 무엇일까? 어떤 리더십이어야 할까? 시대에 맞는 리더를 이야기하기 전에 선한 양심을 따르는 리더의 의미를 박병기 교수는 이렇게 설명했다. "나에 대해 깊이 알고, 이웃을 깊이 관찰해서 어떤 사람들인지 알아내어 타인을 위한 삶을 살고, 창의적이고 융합적인 사고를 하고, 협력을 잘하고, 바른 인성을 가진 것[박병기, 2019]"이라고 했다. 자신에 대해 깊이 알고 있다는 것은 자신이 진짜 누구인지를 아는 것이고, 앎 이란 자신의 정체성을 분명히 하고 내가 타인인 이웃과 왜 다른지 아는 것이고, 또한 내가 이 땅에서 사는 동안의 미션을 발견하는 것이고, 목숨을 바쳐 미칠 수 있는 그 무엇을 발견하는 아주 중요한 일이다[배철현, 2019]. 사람들에게 미친 사냥개처럼 비칠 수도 있지만, 나를 알면 미친 듯이 뛸 수 있다. 그리고 박병기 교수는 리더십의 아주 중요한 덕목은 타인을 위한 삶이라고 했다. 타자 중심의 삶은 상대방인 이웃을 깊이 관찰하고 그가 또한 누구인지를 알아내어 그의 상황이 되어 그가 행복할 수 있는 환경을 만들고자 하는 수고로움이 따른다. 그는 타인과 협력하여 바른 인성을 지닐 수 있는 4차 산업혁명 시대의 리더십이라고 강조했다. 그의 리더십 이론을 계속 살펴보면 상명하복의 수직적 리더십이 아닌 나를 알고 타인을 볼 수 있는 타인을 위한 삶을 사는 소통하는 리더십이 필요함을 알 수 있다.

그런데 세상의 변화에 리더들이 빠르게 대처하는 융합적인 사고를 통해 협업하기가 쉽지 않은 것이 현실이다. 그런데 방시혁은 BTS(방탄소년단)에 팬들과의 긴밀한 소통을 하며 선한 영향력을 끼치는 아티스트가 돼야 할 것을 요구하며 팬인 젊은 고객들이 자신들의 가치관과 세계관을 만들어 가는 데 긍정적인 영향을 끼치는 수평적인 리더십 즉 내가 누구인지의 명확성을 다시 한번 강조하는 삶의 태도를 실천하기를 바랐다.

필자는 방시혁에 관해 연구하면서 서번트 리더십이란 안경을 쓰고 그를 조명해보기로 했다. 서번트 리더십의 구성요소는 그린리프[1977]의 이론에 기초하여 그린리프 연구소장인 스피어스[1995]가 만들었다. 다음과 같은 내용이다. 인간의 존엄성과 가치에 대한 믿음과 민주적 원칙으로 주의 깊게 듣고Listening, 마음을 이해하며Empathy, 치료하고Healing, 깨닫기를 노력해Awareness, 함께 하자고 설득Persuasion하는 것이다. 그리고 전체적인 큰 그림을 그리고 Conceptualization, 선견지명적인 통찰과Foresight, 자기가 가진 것을 이웃과 나누며Stewardship, 타인의 성장을 도와주고Commitment to the growth of people, 커뮤니티를 세우는Building community것이 10가지 구성 요소이다.

이러한 서번트 리더십의 구성 요소를 기반으로 방시혁의 리더십에 대해 논해 보려 한다.

첫 번째, 경청하며 치유하는 리더

방시혁, 그는 의사결정에 있어 적극적인 자세와 능동적인 경청을 통해 그의 팀원이 무엇을 원하는지 명확히 알아내어 그것에 맞는 도움을 줬다. 2013년 7월 Weiv라는 웹진과의 인터뷰에서 그는 자신이 팀원들과 어떻게 경청하고 의사결정을 하는지 이야기했다.

> 3년 전에 방탄 프로젝트를 시작하자마자 제가 랩은 누구한테 배우게 하고, 누구를 섭외하고…. 이런 걸 다 정해줬는데 하다 보니 연습생들이 힘들어했어요. 그리고 저희는 자율성을 존중하는데 통제를 해야 말을 듣는 애들도 있었고, 중간에 심리상담 전문가를 팀장으로 부른 적도 있어요. 그분이 인성적인 측면에서 프로그램을 설계하고요, 그걸 바탕으로 시스템화하면서 모든 걸 총괄할 수 있는 기초 평가 시스템을 잡은 거죠. 저는 신인개발팀에 기본적으로 '음악을 좋아하지 않는 친구랑은 얘기하고 싶지 않다'고 요구했고요.

그의 서번트 리더십은 부드럽고 soft 종 servant이 되는 게 아니다. 그의 서번트 리더십은 단호하고 당차다. 그와 대화라도 하려면 음악을 매우 좋아해야 한다. 거기에 파워가 있다. 그는 약한 레벨의 서번트 리더가 아닌 강한 레벨의 서번트 리더였다. 약한 레벨의 서번트 리더는 '종과 같은' 사람이다. 강한 레벨의 서번트 리더는 '종의 자세'도 있지만 '강력하게 추진하는 힘'도 있는 사람이다. 방시혁은 방탄소년단 멤버 각자가 가치관을 세워나갈 수 있도록 멤버들과 지속해서 대화했다. 데뷔 초부터 지금까지 끊임없이 대화하며 각 개인의 성장과 한 팀으로의 성장의 중요성을 이야기 해왔다. 방시혁은 BTS 친구들에게 비전을 제시하고, 세상을 바라보는 관점을 깨우쳐 주는 소통의 리더였다. 방탄소년단 멤버들은 KBS 뉴스와의 인터뷰에서 "데뷔 이전부터 지금까지 미래에 대한 비전을 제시하고 음악은 물론 세상을 바라보는 관점을 일깨워준 방시혁 멘토를 존경한다."라고 말했다^{중앙일보, 2018}. 그는 리더 이전에 멘토였다. 그의 경청하는 멘토링은 방탄소년단 개개인의 정체성을 견고히 하는 역할을 충분히 하였다.

방시혁은 그런 시간이 방탄소년단을 통해 치유와 긍정의 메시지로 전달되어 진다고 믿는 듯하다. 방탄소년단의 'Music & Artist for Healing'이란 문장을 그들의 뮤직비디오에 싣고 있기 때문이다. 상처를 입은 이들을 위해 힐링을 위한 음악을 만드는 가수가 되겠다는 목적의 표현이다. 이 문구를 보는 순간, 내 머리를 스쳐간 놀이터 왕따 아줌마, 학교를 나올 수밖에 없어 죽고 싶었던 여고생의 고백이 소름 끼칠 정도로 정확하게 들어맞았다. 방시혁은 방탄소년단이 단순한 노래가 아닌 치유가 있는 음악을 하길 원했다. 그는 음악의 본질이 주는 힘을 알았다. 그는 또한 긍정적인 가사의 힘을 알았다. 가사는 메시지가 되어 '치유'를 경험하게 하는 큰 위로임을 그는 알고 있었다.

두 번째, 내면의 이야기로 진정성을 전하라는 공감을 말하는 리더

방시혁은 처음 BTS(방탄소년단)를 구성한 후 그들에게 딱 한 가지만 요구했다. 타인의 이야기가 아닌 '자신의 이야기'를 하라는 요구였다. 그는 방탄소년단 자신의 정체성을 함께 설정해 그들의 존재의 목적을 명확하게 공유하도록 했다. 그들은 "10대부터 20대들의 사회적 편견과 억압받는 것을 막아내고 당당히 자신들의 음악과 가치를 지켜낸다."라는 자기 사명서를 공유했다^{과학동아DBR, 2018}. 진정성이 있고 자기 목소리를 내는 자는 자신에 대해 분명히 알고 있다. 이런 음악이 창조되고 유통될 때 세상의 닫힌 마음들이 열리리라 생각한다. "I need you"라는 멤버 7명이 함께 써 내려간 청춘의 불안과 아픔의 이야기는 '공감'을 끌어냈고 순식간에 팬들이 늘어났다. 방탄소년단의 슈가라는 멤버는 'The Last'라는 곡에 과거의 우울증과 강박, 대인기피증으로 극단적인 시도까지 해봤다는 믿기지 않은 가슴 아픈 이야기로 팬들과 진정한 공감대 형성을 이루었다. 전 세계 60억 인구 중 자신의 아이덴티티는 유일무이하다.

BTS의 멋진 이야기에서 잠시 나와 참담한 현장으로 들어가 본다. 현재 대한민국 교육의 현장은 독창성을 요구하지 않고 똑같은 교복을 입고 똑같은 교실에서 정형화된 문제를 풀며 한 줄 세우기를 하기에 자신만의 독특함을 찾기가 쉽지 않은 교육을 한다. 내가 누구인지를 알고 나의 내면의 이야기에 집중해보면 내가 진짜 나를 만나는 데 그럴 기회가 없고, 그런 것은 배부른 생각으로 여겨진다. 나를 만난 나의 이야기는 우리들이 되고, '나'라는 세상 유일무이한 창의성을 확보하면 엄청난 시너지가 있는데 우리 교육은 그런 사람을 만들어내고 싶어 하지 않았다.

그런 환경에 있는 사람들에게 BTS는 해방구 역할을 한다. KBS 명견만리에 출연한 방시혁 씨는 다음과 같이 말한다. "방탄소년단은 자기 이야기와 시대, 숨기고 싶은 이야기까지 솔직히 표현한다. 이 부분에서 세계 젊은이들의 공감을 얻은 것 같다."KBS, 2018

세 번째, 자기 정체성과 사명을 갖게 하는 리더

방시혁 대표 자신이 자신의 정체성을 분명히 알고 세상 가운데서 영향력을 끼치는 자의 삶을 살아가는 것 같이 그는 그의 멤버들에게 동일하게 정체성에 대해, 아티스트의 영향력과 사명에 대해 먼저 강조한다. BTS의 소속사인 빅히트엔터테인먼트는 "연습 기간 음악적 테크닉의 성장에 집중하지 않고 사회성과 '아티스트로서의 삶' 전반에 대한 리더십 교육에 많은 것들을 투자하고 있다."며 "방탄소년단의 성공 이후 멘토링을 강화하는 등 일반 공교육 시스템같이 시스템을 바꿔가고 있다."고 말한다TIME, 2019.

박병기 교수는 리더십 개발과 교육에서 시대의 적합한 리더는 한순간에 만들어지거나 타고나는 것이 아니라 끊임없는 훈련 속 교육을 통해 키워내는 것이라고 했다. 방시혁이 하는 리더십 교육은 '나는 누구인지', '내 고객인 팬은 누구인지'를 알게 하는 교육이다. 또한, 아티스트로서 큰 그림을 한눈에 보게 하는 과정을 데뷔하기 1년 전부터 진행하며 시대의 리더를 교육했다. 이 교육은 방탄소년단의 팀원 각자가 가지고 있는 특별한 능력들을 발견하게 했고 나와 다른 팀원들의 능력, 가치들을 알 수 있게끔 만들어 주었다.

이는 곧 비교 속 우월감을 만드는 것이 아닌 개인의 가치를 찾아 나만이 가지고 있는 특장점에 더욱 몰입하고 자신을 어떻게 더 발전할 수 있을지를 고민하게 했다. 그는 무엇보다 팀원 서로의 성장에 헌신할 수 있도록 도왔고 그로인해 7명의 팀 파워는 무서울 만큼 강하게 세워졌다. 나 하나를 아는 것을 교육하는 리더십 훈련은 방탄소년단의 팀원을 넘어서 전 세계를 움직이는 가장 큰 무기가 되었다.

네 번째, 비전을 제시하며 설득하는 리더

그는 현재의 성공에 머무르지 않고 더 큰 비전을 제시하고 있다. 그는 비전을 보여주고 그 꿈과 비전을 확실한 목표와 연결해 보여주는 사람이다.

빅히트엔터테인먼트(이하 빅히트)가 2019년 8월 21일 '공동체와 함께하는 빅히트 회사 설명회'를 개최한 자리에서 방시혁 씨는 다음과 같이 비전을 제시했다. "빅히트엔터테인먼트는 음악 산업의 패러다임을 바꾸고 음악 산업 종사자들의 삶의 질을 개선하는 데 노력하겠습니다. 질 높은 콘텐츠 제작을 위해 본질을 잊지 않고 지킬 것입니다. 빅히트의 시점은 항상 미래입니다. 비전은 현실이 되고, 넘어설 때 비로소 비전으로서의 의미를 갖는다고 생각합니다[텐아시아, 2019]."

다섯 번째, 급변하는 트렌드를 놓치지 않는 미래지향적 리더

방시혁 대표는 시대에 마음을 열었고 팬들의 니즈가 무엇인지 듣는 사람이다. 그는 젊은 세대의 이야기를 듣기 위해 공부를 하며 공감할 수 있는 이야기를 찾아 나섰다. 세상에 닫힌 사고를 하지 않기 위해 자기 자신을 성장시키고 자신을 채찍질하며 부단히 애를 쓰고 있었음을 알 수 있다.

박병기 교수는 듣기 위해 마음을 열어야 함을 강조하며 그래야 타인은 물론이고 세상을 읽을 수 있는 리더가 된다고 말한다. 방시혁은 세상을 읽고 시대를 읽고 세대를 알아가는 것에 집중하였고 그 결과 그는 누구보다도 세상을 잘 아는 리더가 되었다. 초연결 시대에 연결을 통해 소통의 멋진 청사진을 보여주었다. 결국, 그는 새로운 시대에 사람들의 이야기를 듣는 어떤 장을 만들고 싶어 했고 4차 산업혁명 시대에 맞는 플랫폼을 찾았다. 새로운 시대는 플랫폼 사회이고 거의 모든 사회 구조 및 디지털 영역, 경제, 경영에까지 플랫폼이라는 단어를 사용하고 있을 때 방시혁은 그것의 중요성을 알았고 방탄소년단을 하나의 플랫폼으로 묶었다. 바로 유튜브였다. 방탄소년단 유튜브 플랫폼을 통해 글로벌 청소년, 특히 소수 집단의 사람들이 하나로 뭉치게 하였고, 플랫폼을 통한 소통이 그들을 세계적인 그룹으로 성장시켰고, 그것이 플랫폼에 모인 많은 사람의 치유와 공감을 만들어냈다. 그의 통찰력이 플랫폼이라는 미래의 비전을 제시하고 만들어 갈 수 있게 하였다. 이 플랫폼이 없었다면 BTS는 지금처럼 엄청난 그룹이 되기 힘들었을 수도 있다.

박병기 교수는 서번트 리더십 강의에서 언제나 먼저 강조한다. "마음을 열어라. 그래야 들린다Open your heart and then you can finally listen." 첫 강의에서 마음을 열어야 들린다는 말을 이해하지 못해 한동안 아무 생각 없이 강의실에 앉아있었던 적이 있었다. 강단에서의 박병기 교수는 언어의 수용 능력으로 예를 들어 쉽게 설명해 주었는데, 서번트 리더들은 마음을 열려고 공부를 한다는 놀라운 깨달음을 주었다. 공부는 연결이라는 소중한 소통의 열쇠임을 그는 강조하며 시대 속 연결점을 시사해 주었다. 방시혁은 바로 그런 공부하는 사람이다.

여섯 번째, 자율성을 부여하며 청지기 정신을 이끌어내는 리더

방시혁 대표는 멤버들에게 연습 시간을 강제하지 않았고, 생활을 통제하지 않았다. 모든 것에 자유를 주고 자발적으로 참여하게 하였다. 그런 것의 전제에는 '음악을 사랑하는 사람들'이라는 것이 깔려 있다. 박병기 교수도 훈련을 할 때 '미래저널'과 '지정의 학습'을 사랑하는 사람들이라는 전제를 늘 깔아둔다. 방시혁 대표는 멤버들이 주도적으로 모든 곡을 작사 하도록 동기부여 했고, 대부분의 작사 활동에 멤버들을 참여시켰다. 이들은 자신의 이야기를 소셜미디어를 통해 전달했고, 그들이 올리는 콘텐츠에는 노출, 욕설금지 등의 최소한 규정만 있고 나머지는 알아서 다 할 수 있다. 그들은 그들의 일상을 여과 없이 올리며, 이를 통해 팬들과 강력한 유대감을 형성했다. 이들의 팬덤은 '아미Army'이며 세계 곳곳에서 그들의 활동에 응원을 보내는 아미들과 끊임없는 소통은 지금도 이어지고 있다.

이는 박병기 교수의 말과도 일맥상통한다. 모두에게 자유를 주고 어떤 것도 통제하지 않는다. 그는 유사품처럼 살지 말고 진품처럼 살려면 미(美)쳐야 한다고 강조하며 자발성, 성실성, 지속성, 겸손함, 예의, 협동심의 앞글자만 따 "자.성.지.겸.예.협"을 강조한다. 리더십 교육 후 내가 누구인지를 알고 나의 이야기를 할 수 있는 자들은, 누가 통제하지 않더라도 자유의지 안에서 미(美)친다는 것이다. 그 몰입과 집중은 고객인 팬들에게 전이되어 같이 미(美)치게 한다. 방탄소년단의 팬덤인 '아미'처럼 말이다. 방탄이 아미를 지키고 아미가 방탄을 지키게 되는 놀라운 기적을 가져온다. 내가 누구인지, 나는 어디에 있는지, 무엇이 문제이고 어떻게 해결해야 함을 명확히 얘기하는 박병기 교수와 함께 하는 웨신대 미래교육 리더십 학우들, eBPSS FT(퍼실리테이터) 그리고 eBPSS 마이크로칼리지의 모든 학생과 부모님들은 아미처럼 eBPSS에 미(美)쳐가고 있다.

일곱 번째, 선한 영향력을 행사하며 이웃의 성장을 돕는 리더

방시혁 대표는 항상 우리가 어떤 음악을 하는지에 집중하고 어떤 메시지를 던질 것인지에 집중하자고 이야기한다. 그 메시지는 진솔하기를 바라고 그게 사회적으로 어떤 영향을 끼치는지에 고민하자고 말한다[KBS, 2018].

서울대학교 연설에서 그는 "선한 영향력을 미치며 공공선을 추구하는 삶을 사는 것이 행복한 삶이며 현재의 편안함에 안주하지 말고 좋은 사회를 만드는 데 도전하고 기여하십시오"라고 말한다. 그는 이어 "우리 회사가 하는 일은 사회에 좋은 영향을 끼치고, 특히 우리의 고객인 젊은 친구들이 자신만의 세계관을 형성하는 데에 긍정적인 영향을 주는 것, 더 나아가 산업적으로는 음악 산업의 패러다임을 변화시킴으로써 이를 발전시키고 종사자들의 삶의 질을 개선하는 데 기여하는 것"이라고 정의한다방시혁, 2019, 서울대 축사.

그는 다른 강연에서도 선한 영향을 강조했다. "저는 아이돌이 팬들과 인간 대 인간으로 긴밀하게 소통하면서 선한 영향력을 주고받을 수 있는, 수직적이 아닌 수평적인 리더십을 가진 아티스트가 되길 원했습니다. 요즘 팬들은 능동적이고 주체적으로 움직이며 표현하는 새로운 팬의 형태를 만들어냈습니다중앙시사주간지, 2018."

지금도 방시혁 대표는 방탄소년단이 선한 영향을 주는 아이돌로 자리 잡아야 한다고 믿는다. '러브 마이셀프LOVE MYSELF'라는 캠페인이 대표적이다. 방탄소년단과 빅히트엔터테인먼트는 2018년 11월 5억 원을 투자해 펀드를 만들었으며 이어 앨범 음반 판매 순익(2년 치)의 3%를 기부하기로 했다. 기금은 유니세프의 '엔드 캠페인'에 지원하게 되었다. 글로벌 파급력이 큰 만큼 캠페인마다 선한 문화를 심자는 목적이 뚜렷하다포브스코리아, 2018.

그는 다수의 사회활동과 자선활동에 참여하고 있으며, 2017년엔 세월호 유가족들에게 1억 원을 기부하기도 했다. 유니세프와 함께 3년간 'Love Myself 캠페인'을 진행하면서 세상과 소통하며 특별히 자신의 정체성에 혼란이 있는 청소년들, 자신에 대한 사랑을 잃어버린 청소년들에게 도움을 주며 이웃을 향해 타인에 대한 관심과 배려의 메시지를 전달하고 있다. 리더는 타자 중심의 삶으로 항상 이웃을 관찰하는 마음의 태도를 지니고 살아야 한다. 그것이 곧 선한 양심을 지닌 사람의 사랑이다.

여덟 번째, 불평등과 부조리에 분노하며 이웃의 성장을 돕는 리더

방시혁, 그는 불만이 많은 사람이다. 그 불만이 세상과 구별되게 하였고, 타협하지 않으며, 잘할 수 있는 일과 방법을 찾게 했다. 그의 분노가 그를 현실에 안주하지 않게 하는 원동력이었던 것 같다. 그는 "나를 분노케 했던 음악 산업의 구조가 나로 인해 변화할 때 가장 행복하다."고 했다_{방시혁, 2019. 서울대 축사}. 그의 분노는 조금씩 세상을 바꾸는 연료가 되었다. 그는 불합리, 불공정, 불완전에 대한 문제 제기가 진정한 분노라고 말한다. 기존 분노의 정의와는 다르게 주변의 잘못된 관행 등 개개인에게 아픔을 주는 사회적 차별과 편견에 대한 분노란 점에서 방시혁의 의식은 현재의 세대들과 통하는 것이었다. 지금의 Z세대, 밀레니얼 세대는 불공정, 차별, 위선의 이중성에 분노를 표하는 세대이기 때문이다. 다음은 서울대학교 졸업식 연설 내용 중 일부이다.

여러분들도 지금 큰 꿈이 없다고 자괴감을 느낄 필요가 없어요. 다만, 남이 만든 꿈을 따라 정진하려고 노력하지 마세요. 부조리와 몰상식이 여러분의 노력에 악영향을 미친다면 '분노의 화신' 방시혁처럼 분노하고 맞서 싸우기를 당부합니다. 그래야 문제가 해결되고 사회가 변화합니다. 모든 것은 여러분 스스로 달려 있음을 기억해주세요. 소

소한 일상의 싸움꾼이 돼보는 것도 나쁘지 않을 겁니다. 제게는 꿈 대신 분노가 있었어요. 납득할 수 없는 현실, 불행하게 하는 현실과 싸우고 분노하면서 여기까지 왔네요. 제가 이제껏 멈출 수 없는 이유였습니다.

세상과 타협하고, 불의에 미지근하게 대응하며, 좋은 게 좋은 것이라고 말하며 그럭저럭 자신의 역할을 수행하는 자는 리더가 아니다. 방시혁은 리더로서 자신이 무엇에 집중해야 하는지, 무엇에 분노해야 하는지 아는 리더이다.

분노, 화는 나쁜 것이라 여기고 'No!'라고 얘기하는 리더는 나쁜 리더라는 인식이 있는 경우가 종종 있는데 개념적 리더십을 갖춘 자는 전체 그림을 볼 수 있는 눈을 가졌기에 어떤 일에 대해서는 강력히 주장한다. 믿음이 있는 자이기에, 보이는 현상에 일희일비하는 것이 아니라 보이지 않는 것을 믿으며 타인을 향한 선한 의지로 열변을 토하는 것이다. 상대방이 싫어서 No! 라고 말하는 것이 아니라 진정 타인의 성장을 위해서 그렇게 한다. 예수님, 간디, 테레사 수녀, 정약용 등 최고의 서번트 리더들은 세상의 부조리화와 불균형, 불평등에 목소리 높여 외치고 끊임없이 표현하며 분노를 표출하며 이웃 성장에 헌신하고 공동체를 세워갔다.

아홉 번째, 소명과 목표를 갖고 이웃 성장을 돕는 선한 영향력

그는 방탄소년단의 목표를 빛나는 스타가 아닌 선한 영향력을 끼치는 사람이 되는 것이라고 했다. 그래서 그들은 빌보드차트에서 1등을 하고, 다른 음악 차트에서 1등을 하더라도 멈추지 않았다. 진정한 소명과 꿈이 있었기에 더욱 열심히 전진했다. 리더의 목표는 이런 것이다. 세상에 선한 영향력을 끼치려는 목적은 삶의 끝자락까지 계속될 것이기 때문에 그는 게으르지 않으며, 선한 열매를 맺기 위해 부단히 애를 쓰게 되는 것이다. 그가 만든 빅히트 엔터테인먼트의 비전은 '뮤직 앤드 아티스트 포 힐링music and artist for healing'이다. 일반적으로 회사가 추구하는 것은 이윤일 텐데 그는 이윤 추구가 아닌 힐링에 초점을 두고, 선한 영향력을 끼치기를 원했다. 결국, 그의 힐링이라는 목표는 빅히트엔터테인먼트의 성장 동력이 되었고, 최고의 가치가 되었다.

저는 기본적으로 아티스트이므로 결과나 성과보다는 우리가 '무엇을' 하고 '왜' 하는지를 논의하며, 음악과 아티스트를 통해 사람들에게 위로와 감동을 주는 것이 빅히트의 기업 미션에 반영돼 있다SBS, 2019.

상대를 진심으로 어루만질 때 마음이 움직인다. 성과보다는 소명 의식에 따라 사는 리더로 음악 업계에 많은 선한 영향력을 미치며 새로운 역사를 써 내려가고 있다.

열 번째, 수평적인 구조로 공동체를 세우는 변혁적인 리더
서번트 리더십에서 구성원과 리더의 관계는 상하 관계가 아닌 수평적인 동료의 모습에 가깝다고 볼 수 있다. 그는 2017년 12월

개최한 기자간담회에서 "아티스트는 누군가가 창조하는 것이 아니라고 생각한다. 아버지, 아빠라고 불리는 순간 방탄 소년단이 객체가 되는 것인데 이 부분이 내가 가지고 있는 철학과 맞지 않아서 불편하다."라고 소신을 밝혔고, BTS(방탄소년단)의 멤버 슈가 역시 "우리는 대표님이라 부르지 않고 사장님이라 부르지 않는다. 본인은 프로듀서이지 아버지라고 생각하지 않으신다. 우리도 프로듀서님 이외에는 호칭을 붙여본 적이 없다."고 답한 바 있다_{김정은, 김성훈, 2018}. 기획, 구성, 제작을 총괄하는 프로듀서의 본분을 근간으로 삼은 방시혁의 신념을 엿볼 수 있는 대목이다.

누가 누구를 이끌어 주는 것이 아닌 '함께' 더 나은 지향점을 향해 헤쳐나가는 방시혁의 '동반자' 철학은 제작사-가수, 멤버-멤버, 아이돌-팬의 관계를 바라볼 때 위계적인 수직관계, 상하 관계가 아닌 지극히 수평적인 관계를 지향한다. 그는 앨범 작업에서도 프로듀서로 독단적으로 지시하지 않으며 각 멤버들과의 기획, 콘셉트 회의 등을 열어 방향을 잡으며 타협점을 찾아 최선의 것을 만들어낸다.

그는 "영광과 감사를 다 같이 나눠야 한다고 생각한다. 앞으로도 주제넘지 않게 지렛대의 자리에서 충실할 수 있는 사람이 되겠다. 다시 한번 모두 감사드린다."라고 말한다_{방시혁, 2018}. 그는 지렛대처럼 받쳐주는 서번트 리더의 모습을 보여주며 특별한 세계적인 공동체를 세웠다. 그는 내부의 호흡을 맞춘 강력한 팀워크를 강조한다. 방시혁 대표와 방탄소년단 멤버는 배려와 나눔을 통해 새로운 음악을 만들어가고 있는 것으로 알려져 있다. 방 대표는 "세계적으로 최고의 성과를 보여주고 있는 가수에게 최고의 대우를 해 줘야 한다.”는 철학을 가지고, 그들에게 파격적이고 최선으로 대해 주고 있다[동아일보, 2018].

방탄소년단 멤버들 역시 “데뷔 이전부터 지금까지 미래에 대한 비전을 제시하고 음악은 물론 세상을 바라보는 관점을 일깨워 준 방시혁 멘토를 존경한다.”[동아일보, 2018]고 말하며 세계무대에서의 맹활약으로 보답하고 있다. 방시혁 대표와 BTS의 호흡과 팀워크는 상호 존중하에 유지되고 있다. 리더는 팀을 이끌어가는 자이다. 팀워크는 공동체의 성장에 핵심이며, 그의 팀워크를 위한 노력은 리더가 되고자 하는 자들에게 본보기가 되기에 충분하다.

마지막으로, 꿈꾸게 하는 리더

자신이 어떨 때 행복한지 여러분이 정의를 내리고, 그런 상황에 여러분이 놓일 수 있도록 부단히 노력해야 합니다. 누구에게는 취업 걱정, 노후 걱정 없는 공무원의 삶일 수 있고 다른 누군가에게는 <포브스>에 나오는 전 세계 몇 대 부자들처럼 돈을 많이 버는 것일 수 있어요. 명예와 권세를 누려야 행복한 사람은 당연히 그것을 좇아야겠지요. 문제는 남이 만들어놓은 목표와 꿈을 무작정 따르다가 결국은 좌절하고 불행하게 되는 경우가 아닐까요? 절대 그러지 마세요. 그것은 여러분들의 리듬, 여러분들의 스웨그가 아닙니다[방시혁, 2019, 서울대 축사].

어릴 적 동네 소독차를 따라다니며 하얀 연기 안에서 친구들과 함께 즐거움을 누린 적이 있다. 그 작은 소독차는 골목 어귀에서 부터 동네 곳곳을 돌아다니며 내가 알 수도 없는 곳으로 인도하기도 해 친구들을 잃어버린 적도 있었다. 우린 소독차의 하얀 연기에 사로잡혀 뜬구름 잡듯 세상을 따라가기도 한다. 내 진짜 행복이 아닌 친구들과 매몰돼버린 즐거움을 나의 진짜 행복이라고 착각하며 살아가기도 한다. 방시혁에 대해 리서치하면서 시대의 리더로 어릴 적 잃어버린 친구를 찾아 주었던 골목대장이 떠올랐다. 아름다운 의로움으로 가득했던 내 추억의 골목대장처럼 그는 음악 업계에 BTS(방탄소년단)를 세워 창의적인 선한 영향력을 끼쳤다.

그는 변혁적 리더의 모습을 보여주는 보기 드문 현재적 서번트 리더임이 틀림없는 것 같다. 그는 자신이 누구인지 분명히 알았고, 그의 멤버들 또한 그들 자신에 대해 알기를 원했다. 자신을 알아가고 본질에 대한 생각이 깊어질수록 그들은 남의 이야기가 아닌 자신의 이야기를 하게 되었고, 세상에 선한 영향력을 끼치는 사람이 되었다.

보스적인 리더십이 강한 음악 시장에 그의 수평적 관계의 모델은 막힌 담을 허물 듯 허물고 소통의 샘이 넘쳐나게 하며 원활한 소통의 체계를 구축하였다. 그는 끊임없이 대화하였고 그것을 통해 구성원의 필요를 알았다. 또한, 그는 세상에서의 그의 미션을 분명히 알았고, 그의 멤버들도 그 미션을 알기를 원했다. 지렛대와 같이 상대방을 돕는 리더로, 때로는 징검다리와 같이 구부러진 등을 내어주어 상대방이 건널 수 있도록 돕는 리더가 되고자 부단히 노력하면서도 분노에 관해 이야기한 그였다. 그는 세상 가운데 내가 무엇에 분노하고 무엇에 집중해야 하는지를 강력하게 주장하며 불평등한 것에 대응하는 진정한 서번트 리더십을 보여 주었다.

방시혁 대표의 이야기를 통해 각자에게 맞는 목표, 각자가 꾸는 꿈, 각자의 리듬과 스웨그를 만들기를 돕고 전파하는 따뜻한 시대의 리더의 모습을 볼 수 있었다. 그는 '우리만 잘 되면 돼!' '우리 회사만 잘 만들자'는 이기적인 마음이 아닌 선한 양심을 장착한 서번트 리더로 특별히 청소년들에게 꿈과 희망을 BTS(방탄소년단)라는 콘텐츠로 선물했다.

진정한 자유를 찾아 감옥 같은 놀이터에서 탈출했지만, 나의 리듬, 스웨그를 찾는다는 것은 결코 쉬운 일이 아니였다. 시대를 배우고 다양한 리더십을 만나는 일은 즐거웠지만, 타인을 향해 그 일을 실천하는 일은 만만치 않았다. 감옥 같은 놀이터로 돌아가고 싶었던 날이 배움을 통한 즐거움의 나날보다 훨씬 많았을지도 모르지만 웨신대 미래교육리더십 전공 안에서 조금씩 리듬을 타고 방시혁을 볼 수 있는 감각을 익혀가며 춤을 추고 있는 나 자신이 얼마나 아름다운지 모른다. 그런 내가 누구인지를 알고 나의 이야기를 써 내려갈 수 있다는 것이 얼마나 큰 행복인지, 매일의 그 깊이가 나를 넘어서 자연스럽게 타인에게로 흘러가는 기쁨을 경험한다는 것은 인생의 목적을 찾아가는 것이 분명함을 알 수 있고, 내 인생에 점점 미(美)쳐 갈 수 있는 것 같다.

대한민국의 교육을 위해 태평양을 건너온 현재적 서번트 리더십의 실천가 박병기 교수의 가르침으로 놀이터의 감시 카메라로 남겨질 뻔한 아줌마가 교실을 놀이터 삼아 교육의 혁명을 일으켜 가는 일에 동참하고 있다. 그 혁명은 교실을 넘어 시대의 청소년들에게 맞게 온라인에서도 진행 중이다. 온·오프라인을 넘나드는 하이브리드형 eBPSS 마이크로칼리지의 미션과 비전을 허리에 장착하고 교육계에 골목대장 되어주신 박병기 교수와 FT(퍼실리테이션)와 글쟁이로 교육과 언론의 골목을 지키며 'eBPSS 미래저널'[박병기 외, 2019]로 선한 영향력을 끼치며 대한민국 교육의 BTS 되어 새 역사를 써 내려가고 있다. 독자 여러분도 현재적 서번트 리더를 만나 당신의 스웨그를 찾기를 바란다.

BTS. ©Korean Culture and Information Service. 해외문화홍보원

지정의(知情意.I.E.V.) 노트

지知(Intellect. 지식, 지혜, 인지, 인식 등): 방금 읽으신 내용을 통해 새롭게 배우게 된 것, 전에는 알지 못했거나 희미했지만 새롭게 인지하게 된 내용, 분별력이 강화된 내용, 이해와 성찰이 있었던 내용을 적어보세요.

....

....

정情(Emotion, 감정, 사랑, 희로애락 등): 방금 읽으신 내용을 통해 경험하게 된 감정, 희로애락, 열정, 애정, 배려를 적어보세요.

....

....

의意(Volition. 뜻, 의지, 결정, 선택, 비전 등): 방금 읽으신 내용을 통해 지(知)와 정(情)을 적으셨습니다. 지와 정을 어떻게 의지적으로 적용할 것인지를 적어보세요. 나의 일에 대한 꿈, 노력, 성실, 실천, 행함 등의 결심 등을 적어 봅니다. 의는 실천적이고 확인 가능한 그 무엇이면 가장 좋습니다.

....

....

....

5 장

세상을 변화시키는
FIRE 하이브리드 리더십
파 이 어

박 병 기

유 고 은

조 기 연

김 희 경

김 옥 선

제 1 절
섬기는 자와 모든 코치들의 롤 모델
존 우든 & 사도 바울

박병기

제 1 항 전설적인 농구 감독

영국의 대학평가기관인 타임즈고등교육Times Higher Education, THE이 발
표한 2020 THE세계대학순위THE World University Rankings 2020 에서 17위에
오른 미국 로스엔젤레스에 위치한 UCLA University of California, Los Angeles
유 씨 엘 에 이
하면 필자에게 가장 먼저 떠오르는 것이 있다. 대학 순위도 아니
고, 한국에서 유행했던 티셔츠에 붙어 있는 UCLA 로고도 아니
다. 바로 남자 농구팀이다.

 그리고 미국 대학에서 최고의 영예를 누렸던 UCLA 농구팀 하
면 가장 먼저 떠오르는 사람이 있다. 바로 존 우든John Wooden 이다.

미국 스포츠를 조금 아는 사람이라면 그가 미국 대학 농구^{NCAA} Basketball의 신화적인 인물이라는 것을 인지하고 있을 것이다.

우든 감독은 1960년대에서 1970년대까지 UCLA를 대학 최강 팀으로 이끈 그야말로 '전설^{Legend}'의 감독이다. 대학 농구 매니아와 올드 타이머들의 기억 속에는 그가 농구계의 수퍼스타 마이클 조던보다 위대한 존재로 남아 있을 정도다. 그런데 그가 2010년 99세의 나이로 타계했을 때 가장 슬퍼했던 연령대는 10대였다. 당시 10대들은 학교에서 존 우든의 성공의 피라미드^{Pyramid of success}를 배우고 있었고 그들의 뇌리속에 우든은 인생의 큰 그림 설계를 도운 선생님으로 남아 있었다.

그의 감독 경력은 너무나 화려하다. 대학 농구 NCAA 10회 우승, NCAA 7년 연속 우승, NCAA 최다 연승(88연승) 등 수많은 기록을 가지고 있다. 아마 이 기록들은 영원토록 깨어지지 않을 것이다.

제 2 항 전설과의 인터뷰

이 글의 필자 중 한 명인 박병기는 1990년대 중반 우든 감독의 자택에서 전설을 인터뷰했다. 우든 감독은 당시 88세였고 인생의 황혼기마저 훨씬 넘긴 시절을 보내고 있었다. 그는 다른 노인처럼 잔병이 많고 관절염으로 고생(의자에서 일어날 때 반동을 이용해서 일어날 정도)을 했지만 나이에 비해 비교적 건강한 편이었다. 건강하게 움직일 수 있어 주중에는 강연을 주로 하고 남는 시간에는 독서와 집필에 몰두했다. 주말에는 가족(자녀 2명, 손자 7명, 증손자 10명)과 함께 시간을 보낸다고 했다. 아내는 십수 년 전에 이미 세상을 떠난 상태. 다음은 존 우든 감독과의 인터뷰 내용이다.

1995년 존 우든과 필자. 사진=신현식. 저작권자=인터뉴스

필자는 우선 그의 인생 철학에 대해 질문했다. 그는 기다렸다는 듯이 꼼꼼하게 설명을 했다.

평생 죽음을 준비하면서 사랑하며 겸손하게 사는 것이 나의 인생 철학입니다. 신께서 주신 평화와 사랑은 내 인생에 가장 큰 영향을 끼쳤지요. 이런 철학은 친아버지께서 어린 시절 주신 일곱 가지의 신조를 마음속에 간직하면서 생겨났습니다.

그가 말하는 일곱 가지 신조란 다음과 같은 내용이다.

첫 번째, 너 자신에게 진실해라. 두 번째, 하루하루의 삶을 멋지게

살아라. 세 번째, 이웃을 도와라. 네 번째, 좋은 책을 많이 읽고 특히 성경책을 벗 삼아 정독하라. 다섯 번째, 친구와의 관계를 예술 작품처럼 생각하고 아름답게 가꿔라. 여섯 번째, 힘든 날을 대비해 준비를 해둬라. 일곱 번째, 나에게 내려진 하늘의 축복에 대해 감사해라.

"저는 아버지께서 주신 이 일곱 가지 신조를 소중히 간직하며 이것에 맞게 살려고 최선을 다했습니다." 우든 감독은 힘주어 말했다. 이 일곱 가지 신조를 토시 하나 틀리지 않고 외우고 있었다. 그는 이 일곱 개 신조를 발전시켜 '성공의 피라미드'를 만들었다. 이 피라미드는 성공을 위한 그의 노하우를 정리한 것인데 결국 가장 중요한 것은 각 항목이 종합되어 이뤄져야 한다는 것이 그의 설명이다. 이 피라미드 차트는 성공한 많은 스포츠 스타, 코치, 감독들에게 큰 영향을 끼쳤다.

그는 현역 감독 시절 성경을 항상 가지고 다녔다. 손바닥만 한 성경을 들고 어려움에 처해지면 성경에 의지했고 틈만 나면 '매일의 말씀Daily Word' '다락방Upper room' 같은 신앙지를 읽었다고 한다. "마음이 혼란스러울 때, 우울해질 때, 나쁜 일에 대한 유혹을 받았을 때, 항상 성경을 읽었습니다." 그는 캘리포니아주 산타모니카에 위치한 퍼스트 크리스천 교회에서 집사로서 오랫동안 봉사했다. 그곳에서 신앙생활이 성숙해졌는데 당시 담임 목사이던 웨일즈 스미스는 친구이면서 신앙적인 도전을 많이 주었다.

우든은 이 밖에 프랭크 데이빗슨 목사에게서 신앙 지도를 받았던 것을 감사하게 생각하고 있다. 특히 데이빗슨 목사로부터 받은 작은 십자가는 그가 극도로 긴장된 순간마다 주머니에 넣고 마음의 평화를 간구하는 데 큰 도움을 주었다.

농구 경기가 막판 숨 막히는 순간으로 접어들 때 감독들은 의지할 곳이 없습니다. 선수들은 감독에게 의지하면 되지만요. 저는 그럴 때마다 주머속 나무 십자가를 꼭 잡았습니다. 그리고 기도를 했습니다. 내 감정을 잘 컨트롤할 수 있게 해달라고요. 그러면 마음의 평안함이 찾아왔습니다.

필자는 "전설의 감독이라고 불릴 때마다 어떤 생각이 드는가?"라는 질문을 했는데 이에 대해 우든 감독은 다음과 같이 답했다.

나는 나 자신을 한 번도 전설이라고 생각한 적이 없고 단지 좋은 성적을 냈던 농구팀의 좋은 코치, 좋은 교육자로 기억되길 원합니다. 전설적인 코치가 아닌 어린 선수들이 자신들의 능력을 십분 발휘하도록 도운 좋은 코치로 기억되고 싶은 것입니다.

그는 말을 이었다.

저의 목표는 젊은 선수들을 훌륭한 농구 선수로 만드는 것뿐만 아니라 한 단체에서 도움이 되는 일원, 나아가서는 사회의 훌륭한 시민이 되도록 교육하고 그들이 나이 들어서의 인생을 조화롭게 살 수 있실제 그의 제자들은 프로 농구에 진출하지 않은 경우 의사, 목사, 공무원 등이 되어 사회에 선한 영향을 주는 사람들이 되었다. 그리고 우든의 제자는 95% 이상이 대학을 졸업했다. '삶은 화려한 생활보다 더 길기 때문에 농구를 통해 다른 교육을 할 필요가 있다'는 그의 철학이 낳은 결과였다.

그는 현역 감독 시절 선수들과 '부자 관계Father-Son Relationship'를 유지했다. 우든은 "코치는 조련사·승부사이기 이전에 부모 같은 마음을 가져야 한다. 내가 부하·선수·직원을 관리한다면 그들의 감정적인 것·정신적인 것 등 모든 것을 함께 나눠야 한다."고 설명했다. 그는 이어 "요즘 대학 농구 코치들이 연간 수백만 달러의 연봉을 받는 것은 교육자로서 자격을 상실한 것"이라고 강조했다. 일개 농구 코치가 학장보다 더 많은 돈을 받는 것은 직책을 이용해 개인의 이익을 챙기는 것이라고 그는 강조했다.

실제 그도 현역 시절 나이키와 같은 신발 회사로부터 거액을 받고 선수들에게 그 회사의 신발을 신도록 도모하는 유혹을 많이 받았다. 물론 그렇게 하는 것은 불법은 아니었다. 하지만 그는 삶의 원칙을 저버리고 싶지 않았다. 그리고 그 결정을 전혀 후회하지 않았다. 우든이 살았던 아파트는 그의 삶을 잘 설명해줬다. 우든과 같은 전설적인 감독이 수백만 달러의 대저택에서 살지 않고 너무나 평범하고 소박한 집을 떠나지 않고 있다는 사실이 신기할 정도였다. 우든, 그는 정말 특별한 사람이었다.

다음 항은 필자 박병기가 영문으로 작성했던 존 우든과 관련된 소논문을 웨신대 대학원생이 번역한 내용이다.

제 3 항 우든의 세계관과 코칭

존 우든은 자신의 신앙인으로서의 삶이 선수들에게 도움이 될 것이라고 강하게 믿었다. 그의 신앙인으로서의 코칭 철학은 다음과 같았다.

그리스도인으로서의 삶에 충실한 코치는 그의 지도하에 있는 젊은 이들이 그의 주인의 부름에 걸맞은 인격을 형성할 수 있는 건전한 신체, 마음, 정신의 훈련을 발전시키도록 도울 것이다. 그들은 하는 일과 행동으로 모범을 보여야 한다. 물론 쉬운 일은 아니다.

우든은 성경 말씀 중에 마태복음 6장33절을 좋아했다. "먼저 그의 나라와 그의 의를 구하라. 그리하면 이 모든 것을 너희에게 더하시리라." 그리고 우든 감독에게 가장 중요한 것은 믿음이었다. 그것은 기도에 의해서만 성취될 수 있다고 그는 믿었다. 그는 선수들에게 자신의 신념을 전달하려고 노력했다. 그리고 선수들에게 훈시한 내용은 반드시 스스로 실행에 옮기려고 노력했다. 그의 신앙은 아버지에게서 왔다. 아버지의 지도 덕분에 우든은 매일 성경을 읽을 수 있었다. 우든 감독이 초등학교를 졸업했을 때 그의 아버지는 아들에게 종이 한 장을 건네주었다. 그것은 아들이 움켜잡고 살아갔으면 하는 신조였다. 그 종이에는 다음과 같이 적혀 있었다.

1. 너 자신에 진실하라. 2. 하루하루의 삶을 멋지게 살아라. 3. 이웃을 도와라. 4. 좋은 책을 많이 읽고 특히 성경책을 벗 삼아 정독하라. 5. 친구와의 관계를 예술 작품처럼 생각하고 아름답게 가꿔라. 6. 힘든 날을 대비해 준비를 해두어라. 7. 매일 올바른 길을 위해 기도하고, 너에게 내려진 하늘의 축복에 대해 감사하라.

우든 감독은 부친이 손으로 쓴 이 신조를 닳고닳을 때까지 들고다녔다. 그는 신조를 달달 외우고 있었다. 그는 이런 신념을 갖고제자들에게 '최선을 다하면 실패가 없다'라고 가르쳤다. 그는 "내가 지도한 선수 대부분이 UCLA를 졸업하여 다양한 방식으로 지역 사회에 기여하는 것을 보고 기뻤다."라고 말했다. 그의 제자 일부는 프로농구^{NBA} 선수가 되었고, 다른 선수들은 교육자, 경찰관, 코치, 공무원, 장관 등 여러 직업을 갖게 되었다.

그에게는 특별한 성공의 피라미드가 있다. 우든 감독의 성공의개념은 남다르다. 그는 "될 수 있는 한 최고의 사람이 되기 위해 최선을 다한 후 얻게 되는 자기만족과 마음의 평안"이라고 성공을 정의했다. 성공의 피라미드를 기초로 한 가르침 덕분에, 그가 지도한 선수들은 대학을 졸업한 후에 훌륭한 지도자가 될 수 있었다. 그들은 우든의 이러한 리더십에 감사했다. 그의 성공의 피라미드는 미국 전역에서 인기를 끌게 되었고, 많은 사람이 우든 감독에게 성공의 피라미드의 저작권으로 사업을 하자고 요청했지만, 그는 다른 사람들을 돕기 위해 이를 무료로 배포했다. 성공 피라미드는 따라서 '카피레프트copyleft' 자료이다. 그는 성공을 '물질적 재산의 축적이나 권력, 명성의 자리에 오르는 것'으로 정의하지 않았다.

제 4 항 성공의 피라미드

우든 감독은 성공 피라미드에서 15가지 핵심 가치를 지니고 있었다. 우든은 이 가치가 '가능한 최고 수준의 능력을 발휘하는 것을 목표로 하는 지도자와 조직을 위한 전제 조건'이라고 생각했다.

성공 피라미드의 구조적 토대는 '근면성'과 '열정'이다. 우든 감독은 우리가 어떤 일(과제)을 즐길 때 근면하고 열정적이 된다고 설명했다. 거꾸로 근면하고 열정적일 때 우리는 일을 즐길 수 있다고 표현해도 맞는 말이다.

이 두 개의 초석은 누구나 쌓을 수 있는 기반이다. 우든은 지도자가 "에너지와 열망, 기쁨과 사랑으로 가득 차 있어야 한다."고 강조한다. 그는 인간에게 이 두 가지 자질(근면, 열정)이 없으면 무너질 것이라고 생각했다. 우리는 개별적으로뿐 아니라 공동체적으로도 근면하고 열정적이어야 한다. 두 초석 사이의 세 가지 속성은 '우정'과 '충성'과 '협동심'이다. 우든 코치는 이 자질들은 어느 조직에서나 길러져야 한다고 강조했다.

eBPSS 마이크로칼리지(광주)의 곽윤지 양의 작품

피라미드의 두 번째 층에는 '자제력'과 '열중'이 중요한 축이다. 자제력이 없으면 모든 것이 무너질 것이라고 우든은 믿었다. 그는 선수들이 자제하고 훈련하길 원했으며, 그 결과로 그들이 좋은 열매를 따내길 바랐다. 그는 '기강이 좋은 팀은 자기 훈련을 잘한 리더의 반영'이라고 덧붙였다. 잘 훈련된 제자를 보고 싶으면, 리더가 스스로 먼저 훈련해야 한다. 또한, 그는 선수들에게 목표를 가지고 전진하는 데 몰두해주길 주문했다. 우든이 피라미드 두 번째 층에서 중앙에 배치한 속성은 '기민함'과 '진취성'이다. 그는 더 나아지기 위해서는 생기 있고, 기민하며, 담대하게 결정을 내릴 용기를 가져야 한다고 말했다. 리더가 주위에서 일어나는 일에 대해 경각심을 갖지 않으면 일을 제대로 할 수 없게 된다. 또한, 실수에 대한 두려움이 있는 지도자들은 성공할 수 없다고 그는 생각했다.

'컨디션'과 '팀 정신'과 '기술'이 있는 세 번째 층을 우든은 피라미드의 심장이라고 불렀다. 그는 정신적으로, 심적으로, 그리고 도덕적으로 좋은 상태에 있지 않으면 좋은 컨디션을 유지할 수 없다고 설명했다. 또한, 선수나 리더들은 빠르고 정확할 필요가 있음을 강조했다. 그들은 빠르고 정확하게 일을 끝낼 수 있는 기술이 필요하다. 팀 정신은 그룹을 위해 자신을 희생하는 열의이다. 팀원은 서로를 존중해야 한다.

피라미드 네 번째 층에는 '평점심'과 '자신감'이 있다. 이 자질을 위해서는 팀원과 지도자들이 컨디션, 기술, 팀 정신을 갖춰야 한다. 다시 말해, 이 속성들이 평정심과 자신감을 느끼게 하는 것이다. 피라미드 꼭대기의 '최상의 경쟁력 유지'는 아래 층 내용들이 견고할 때 만들어지는 것이다. 이러한 대단한 자질들은 믿음과 인내, 지략, 적응력, 야망, 신뢰성, 진실성, 정직성, 진정성으로 둘러싸여 있다.

우든 감독은 어떻게 선수들을 가르쳤을까? 그는 자기 자신의 예가 가장 강력한 리더십 도구라고 말했다. 그는 자신의 사례를 본보기로 그들을 가르치려 시도했다.

제 5 항 성공의 피라미드와 바울의 서번트 리더십

오직 우리가 너희 가운데서 유순한 자 되어 유모가 자기 자녀를 기름과 같이하였으니 우리가 이같이 너희를 사모하여 하나님의 복음으로만 아니라 우리 목숨까지 너희에게 주기를 즐거함은 너희가 우리의 사랑하는 자 됨이니라 형제들아, 우리의 수고와 애쓴 것을 너희가 기억하리니 너희 아무에게도 누를 끼치지 아니하려고 밤과 낮으로 일하면서 너희에게 하나님의 복음을 전파하였노라 우리가 너희 믿는 자들을 향하여 어떻게 거룩하고 옳고 흠 없이 행한 것에 대하여 너희가 증인이요 하나님도 그러하시도다. 너희도 아는 바와 같이 우리가 너희 각 사람에게 아비가 자기 자녀에게 하듯 권면하고 위로하고 경계하노니 이는 너희를 부르사 자기 나라와 영광에 이르게 하시는 하나님께 합당히 행하게 하려 함이니라(데살로니가전서 2:7-12).

성공의 피라미드(성공의 리더십 이론은 원래 1933년에 만들어졌음)는 오늘날 종교 지도자들이 말하고 있는 것과 일치한다. 필자(박병기)는 '용기 있는 리더십과 영적 리더십 Courageous Leadership and Spiritual Leadership'에 소개된 리더십 개념을 성공 피라미드와 비교할 것이다. 필자는 특히 사도 바울에게 초점을 맞출 것이다. 그리고 그 옆에 밑줄 그은 하늘색 글자로 래리 스피어스의 서번트 리더십 10가지 특성을 넣을 것이다. 내용은 이 책의 다른 필자들과 같지만 약간 이름을 달리하는 것도 있을 것이다. 10가지는 다음과 같다. 경청, 공감, 치유, 인식, 설득, 비전, 예지, 책무, 성장지원, 공동체 구축.

A.W. 토저가 언급했듯이, 바울은 가장 성공적인 기독교인이었
에이더블유

다. 바울은 성공의 피라미드에 있는 15개 성품을 모두 가지고 있었다. 아무도 그의 열정과 근면함에 대해 의문을 품지 않았다. 그의 열정과 근면은 모든 문화적, 인종적 장벽을 넘어섰다. 기독교인들은 바울이 고린도인들에게 '당신들의 열심이 많은 사람을 격동시켰다' 설득, 비전, 공동체 구축고 말한 것을 기억한다(고린도후서 9:2). 그의 열정은 사람들에게 영감을 주어 그들이 움직이게 했다 성장지원. 그의 열성적인 리더십으로 인해 주변 사람들은 올바른 방향으로 나아갔다 공감, 비전, 책무, 성장지원, 공동체 구축. 바울은 눈에 띄게 동료들에게 협조적이고 충성스러우며 그들을 존중했다. 그는 바나바, 실라, 디모데, 누가 외 많은 여성과 선교 일을 했다. 디모데와의 그의 관계는 '우정의 본보기'였다. 그에게는 충직한 친구들이 많았다. 바울과 그의 친구들이 위험에 처했을 때 그들은 즐겁게 서로를 위로하고 신뢰했다. 바울은 말한다. '마음을 같이하여 같은 사랑을 가지고 뜻을 합하여 한마음을 품어' 공감, 치유, 인식, 공동체 구축(빌립보서 2:2).

바울은 확고한 리더십의 기반을 갖고 있었다.

성공의 피라미드 두 번째 층에는 자제력, 기민함, 진취성, 열중이 있다. 바울은 진취성이 강했다. 예수 그리스도에 대한 새로운 지식을 받아들인 직후, 바울은 예수님께 물어본다. "주님, 무엇을 하리이까?"(진취성). 그는 깨달은 대로 행동했다(집념). 그는 극적으로 주님을 만난 후부터 흐트러지지 않았다(기민함). 그리고 바울은 다른 이들에게 미션을 완수해 달라고 부탁을 했다 경청, 공감, 인식, 설득, 비전, 예지, 책무, 성장지원, 공동체 구축 (디모데후서 4:5).

'용기 있는 리더십과 영적 리더십'의 저자들은 "바울이 하나님으로부터 비전을 받은 순간, 그 비전을 실현하는 것이 그 인생의 최우선이 되었다. 그가 가졌던 어떤 문제도 하나님께서 주신 지시를 앞설 수 없었다 라고 생각했다."고 설명했다(자제력).

피라미드의 중심에는 컨디션, 기술, 팀 정신이 있다. 바울은 다재다능했다 (기술). 오스왈드 샌더스는 바울의 기술을 은유적으로 설명한다. "이 놀라운 사람과 비슷한 요즘 사람은 다음과 같은 사람일 것이다. '공자와 맹자의 말을 인용하여 베이징에서 중국어로 이야기하고, 설득력 있게 신학을 집필하여 옥스퍼드 대학교에서 가르칠 수 있고, 완벽한 러시아어를 구사하여 소련 과학 아카데미에서 나누는 수준의 사람." 또한, 바울은 구약성서의 전문가였다. 그는 전도자로서 매우 숙련된 사람이었다. 그의 정신적, 도덕적 상태는 매우 좋았다. 그러나 그의 육체에는 문제가 있었다. 그것은 바울의 '가시'였다. 그는 이 가시를 어떻게 다루었을까? 그의 정신적, 영적 상태가 그의 육체적 상태를 극복하게 했다. 하나님께서 바울에게 이르시기를 '내 은혜가 네게 족하다'(고린도후서 12:9)고 하니 바울은 감사함으로 그것을 받아들였다. 그렇기에 우리는 바울의 상태가 나빴다고 말할 수 없다. 육체의 가시 때문에 그는 날마다 하나님께 엎드려, '아 참, 하나님. 오늘도 아픕니다. 아무리 생각해도 저에게서 왜 이것을 제거하지 않으시는지 이해할 수 없습니다. 하지만 당신은 하나님이고, 제가 저인 데는 이유가 있으니 다른 날까지 당신을 믿겠습니다.'라고 고백한다.

뛰어난 정신적, 영적 조건과 놀라운 기술을 가진 이 스타 선교

사는 일을 혼자 하지 않았다. 그의 팀 정신은 최고였다. 그는 자신이 지은 교회에 머물지 않고, 다른 지도자들에게로 가서 새로운 교회를 세웠다. 이 결과는 훌륭한 팀 정신에 바탕을 두고 있다. 인식, 비전, 예지, 책무, 성장지원, 공동체 구축

바울은 고린도후서 4장7절에서 "우리의 잠시 받는 환난의 경한 것이 지극히 크고 영원한 영광의 중한 것을 우리에게 이루게 함이니"(고 4:17)라고 말했다. '용기 있는 리더십과 영적 리더십'의 저자들은 이를 다음과 같이 해석한다: "바울은 삶의 어려움이 압도적일 때 자신을 선원이 아닌 조종사로 생각하라고 제안한다. 우리는 배 안이 아닌 배 위에서 파도를 볼 필요가 있다. 이는 인생을 '영원의 관점'에서 바라본다는 뜻이다." 바울은 '영원'을 위한 사고 방식을 가졌기에 평정심과 자신감(피라미드 4번째 줄)이 있었다. 두려운 상황에서도 바울은 멈추지 않고 침착하고 자신감 있게 맞섰다. 그는 걱정하며 집에 머무르지 않았고, 여행을 계속했다. 인식, 비전, 예지, 책무

많은 기독교 지도자들은 바울이 피라미드의 정점에 있는 최고의 경쟁력 유지가 있다는 것에 동의한다. '용기 있는 리더십과 영적 리더십'의 저자들은 그의 경쟁력이나 강렬함에 감탄한다. 저자들은 마이클 조던의 경쟁력과 바울의 경쟁력을 비교했다. "사도 바울의 예수님에 대한 강렬함은 마치 마이클 조던의 농구에 대한 강렬함에 필적할 수 있다."

바울의 강렬함을 알 수 있는 성경 구절은 많은 곳에서 찾을 수 있다: "운동장에서 달음질하는 자들이 다 달아날지라도 오직 상

얻는 자는 하나인 줄을 너희가 알지 못하느냐 너희도 얻도록 이와 같이 달음질하라"(고린도전서 9:24). "나는 아직 내가 잡은 줄로 여기지 아니하고 오직 한 일 즉 뒤에 있는 것은 잊어버리고 앞에 있는 것을 잡으려고 푯대를 향하여 그리스도 예수 안에서 하나님이 위에서 부르신 부름의 상을 위하여 좇아가노라"(빌립보서 3:13-14). "내가 선한 싸움을 싸우고 나의 달려갈 길을 마치고 믿음을 지켰으니"(디모데후서 4:7). 인식, 설득, 비전, 예지, 책무

바울이 스포츠 용어를 자주 사용한 것은 우연의 일치인가? 그는 편지에 스포츠 용어를 여러 번 사용했다. 신약성서의 핵심 필자인 바울은 레슬링 선수, 인종, 상, 복싱, 왕관에 관해 이야기했다. 모두 스포츠 용어였다. 바울은 고린도전서 9:24-2, 디모데후서 2:5와 4:77에서 기독교적 경험을 설명하기 위해 스포츠 용어를 사용하였고, 다른 스포츠 경기보다 풋 레이스(도보경주)에 대해 자주 이야기했다(디모데후서 4:7, 갈라디아서 2:2, 빌레몬서 1:16).

바울은 경쟁력을 사랑했던 사도로 보인다. 바울은 그렇게 피라미드를 완성했다. 그리고 그의 피라미드는 분명 믿음과 인내, 싸움, 지략, 적응력, 야망, 신뢰성, 진실성, 정직성으로 둘러싸여 있었다.

제 6 항 결론

미식 축구팀인 그린베이 패커의 전설적인 쿼터백인 바트 스타는 존 우든이 그에게 어떤 존재인지 설명했다. 바트 스타는 "우든 감독은 농구를 인생의 게임과 동일시한다. 그는 우리가 이기적이지 않고, 팀의 이익을 위해 경기해야 하며, 훈련하고, 팀에서 원하는 것을 해야 하며, 팀 내에선 어떤 개인주의도 용납하지 않을 것"이라고 말했다고 전했다. 그는 이어 "우든은 우리가 한 몸체로 활동하길 원한다. 이것은 모두가 인생에서 결국 겪게 되는 상황이다. 언젠가는 모두 팀으로 돌아오게 되어있기 때문이다."라고 전했다.

우든 감독은 이 글을 쓴 필자의 롤모델이기도 하다. 필자는 우리 자신의 만족을 위해 성공의 피라미드가 필요하지 않고 공동체를 위한 피라미드가 필요하다는 데 동의한다. 피라미드의 빈 곳을 채울 때마다 우리는 이렇게 고백할 것이다. "주님, 당신이 나의 삶을 완성해 주십니다. 오직 당신만이 나의 기쁨이자 나의 전부입니다."

이것은 사도 바울의 말이며, 우든 감독이 바라던 바이다. 우든 감독은 그의 자서전인 '그들은 나를 코치라고 부른다'의 서문에 "주여, 내가 당신에 대한 믿음을 잃는 것 같더라도, 나에 대한 믿음을 부디 잃지 말아 주세요."라고 썼다.

필자는 존 우든과 사도 바울의 리더십을 살펴보았다. 성공의 피라미드의관점에서 그리고 서번트 리더십의 관점에서 이들의 삶을 둘러 보았다. 이들의 리더십 또는 서번트 리더십을 한마디로 표현하면 무엇이라고 할 수 있을까.

바로 사랑이다. 자신과 타인에 대한 사랑이다. 오래참는 사랑이다. 온유한사랑이다. 투기하지 않는 사랑이다. 자랑하지 않는 사랑이다. 교만하지 않는사랑이다. 무례히 행치 않는 사랑이다. 자기의 유익을 구치 아니한 사랑이다. 성내지 아니한 사랑이다. 악한 것을 생각지 아니한 사랑이다. 하지만 불의는 참지 않는 사랑이다. 진리와 함께 할 때만 기뻐하는 사랑이다.

eBPSS 마이크로칼리지 문정현 양의 성공의 피라미드

제 2 절
섬기는 자의 꿈
마틴 루터 킹 주니어

유고은

제 1 항 서번트 리더십에서 발현되는 창의성

세상의 변화는 창의적이고 혁신적인 인재로부터 시작된다. 세상에 존재하지 않는 것을 상상하지 않는다면 새로운 것을 만들어 낼 수 없다. 선이 없는 이동 전화로 모바일 시대가 열렸다. 마틴 쿠퍼 박사의 상상력이 없었다면 인류는 장소와 시간에서 자유롭지 못했을 것이다. 창의적인 이들은 누구나 상상하지 못했던 작은 발상을 통해 기존의 생각을 살짝 바꿔본다. 남들과 다른 상상을 한다는 것은 결국 인류에 편리한 발명이 되었으며 세상을 변화시킨 과학이 되었다. 이렇게 우리는 창의적이고 혁신적인 인재 없이 더 나은 미래나 경쟁력을 기대할 수 없는 변화의 세상에 살고 있다. 그렇다면 창의적 혁신 인재란 어떤 사람일까? 여러 가지 문제에 봉착하게 되었을 때 문제를 다양한 각도에서 보고, 해결하는 능력을 갖춘 사람이다. 보통 창의적인 사람을 떠올리면 노력을 통해 창의성을 발휘하기보다 타고난 재능을 지니고 있다고 생각한다. 하지만 창의성은 특별한 인재에게만 주어지는 전유물이 아니다.

　창의성이 뛰어난 사람들을 살펴보면 몇 가지 특징을 가지고 있다. 우선 자신의 감정과 생각을 타인과 나누는 것에 솔직하다. 그들에게는 새로운 것을 시도하며 실패를 두려워하지 않는 용기가 있다. 그들은 탐구와 비평적 사고로 정보의 숨은 뜻의 발견을 통해 문제의 해법을 찾기 위해 노력한다. 그들은 자율성에 의한 동기부여를 즐겨 자신의 한계를 정하지 않는다. 이렇듯 본인의 분야에 열정을 다해 몰입하는 사람은 창의성을 발휘할 가능성이 커지게 된다. 인도의 간디는 '진정한 창의성이란 진지한 몰입에서 나온다.'라는 말을 하였다. 온 힘을 다해 몰입의 경험을 많이 내재한 사람일수록 창의성을 떨치게 될 가능성이 커진다는 뜻이다.

역사적 기술을 살펴보면 결국 창의적 인재들은 노력 속에서 탄생하였고 시대와 문명의 발전으로 이어나갔다. 4차 산업 혁명 시대의 성패는 창의성 교육에 달려있다고 해도 과언이 아니다.

더욱 치열해질 세계적인 경쟁에서 생존하기 위해 이 시대에 맞는 리더십이 꼭 필요하다. 이러한 관점에서 서번트 리더십은 창의성을 촉진할 만한 특징을 가지고 있다. 서번트 리더십은 인간 본래 특성이 담긴 인간을 중심으로 한 리더십이다. 서번트 리더의 특징은 전통적 리더의 결정과 명령에 의해 움직이지 않는다. 서번트 리더는 구성원들을 향한 존중과 헌신을 바탕으로 그들이 달성하고자 하는 목표 지향의 장려뿐만 아니라 그들에게 창의성을 발휘할 기회를 제공함으로써 진정한 공동체를 이루도록 이끌어 간다.

서번트 리더십은 조직 구성원들이 능력 개발에 몰두할 수 있는 환경을 제공함으로써 자신과 타인을 인식하게 한다. 서번트 리더십은 또한 섬김의 창의성을 발현하기 위한 균형과 통합의 관점에 긍정적인 영향을 미치게 한다.

제 2 항 준비된 자의 창의적 연설

급변하는 미래를 예측하고 사람과 사회를 공감하며 개인의 다양한 경험을 잇기 위해 창의성은 무엇보다 중요하다. 남들과 다른 새로운 관점에서 많은 경험을 했다면 창의성은 더 활발히 발휘될 수 있다. 이에 대표적 예시가 마틴 루터 킹 주니어의 인종차별 반대 연설이다. 에이브러햄 링컨 대통령이 노예해방에 서명한 지 약 1백 년 되는 해였다. 미국에 대한 자신의 꿈을 설명하기 위해 워싱턴 D.C.에 있는 링컨 대통령 기념관 앞에서 그는 '나는 꿈이 있습니다.'라는 주제로 인종차별의 참담한 현실보다 희망의 미래를 바라보도록 연설했다.

이는 평화에 대한 공존공영이 담긴 아주 멋진 역대 최고의 연설 중 하나로 꼽힌다. 하지만 이 연설의 상당 부분이 애드리브였단 사실을 많은 사람이 모르고 있다. 준비된 원고에는 꿈에 대한 내용이 없었지만, 연설 시작 후 10여 분이 지날쯤 어떤 사람이 킹에게 꿈을 말해달라고 외쳤고 연설은 그 덕에 몇 배나 더 길어졌다.

그렇다면 마틴 루터 킹 주니어는 어떻게 애드리브 연설을 할 수 있었을까? 킹은 자신의 사상을 정립하기 위해 노력한 사람이다. 자신의 직접적인 경험뿐만 아니라 그 시대 사회 문제를 다양한 각도로 보기 위해 여러 사상가의 책을 읽으며 서서히 자신만의 사상을 형성해 나갔다. 그는 자신의 사상이 담긴 연설을 그 해에만 300여 차례 진행했다. 이를 바탕으로 즉흥적인 연설을 꺼낼 수 있는 경험적 자료가 머릿속에 있었고 그는 많은 자료를 새로운 환경에 연결할 수 있었다. 본인의 삶의 경험과 그에 대한 성찰, 배우고자 하는 자세로 삶을 준비해 온 그에게 리더의 중심이 되는 기회가 온 것이다.

"I Have a Dream."

"나에게는 꿈이 있습니다. 언젠가 이 나라가 모든 인간은 평등하게 태어났다는 것을 자명한 진실로 받아들이고 그 진정한 의미를 신조로 살아가게 되는 세상이 오리라는 꿈입니다."

"나에게는 꿈이 있습니다. 조지아주의 붉은 언덕에서 노예의 후손들과 노예 주인의 후손들이 형제처럼 손을 맞잡고 나란히 앉게 되는 꿈입니다."

"나에게는 꿈이 있습니다. 내 아이들이 피부색을 기준으로 사람을 평가하지 않고 인격을 기준으로 사람을 평가하는 나라에서 살게 되는 꿈입니다."

- 1963년 링컨 기념관에서 연설 中-

제 3 항 마틴 루터 킹의 헌신 된 생애

서번트 리더가 보여주는 리더십이란 무엇일까? 자기중심적인 것이 아닌 타인을 중심으로 섬기는 자세를 가지는 것이며, 구성원들을 향한 존중과 헌신으로 창의성을 발휘할 기회를 제공함으로써 진정한 공동체를 이루도록 이끌어가는 리더십이다. 요즘과 같이 급변하는 사회에서는 전통적인 리더십인 부하에게 명령하고 지시하는 리더십보다는 구성원의 자발적인 헌신과 참여를 끌어내 책임감을 고취하는 서번트 리더의 역할이 중요하다고 할 수 있다.

이처럼 서번트 리더십의 충분한 자질을 갖춘 인물을 꼽으라면 필자는 마틴 루터 킹 주니어가 대표적인 인물이라고 말한다. 그의 다채로운 생애를 키워드로 정리해 보면 첫째 비폭력 시위, 둘째 기독교, 셋째 미국 남부 등이 있다. 이를 하나로 엮어주는 핵심 키워드는 바로 흑인으로서의 삶의 경험과 서번트 리더십이다.

이후의 내용 중에 서번트 리더십에 해당하는 내용은 하늘색 밑줄로 표시할것이다. 서번트 리더십의 특징은 이미 여러 차례 거론되었기에 이 절에서는 생략한다.

그는 1960년대 흑인 민권운동의 리더로서 비폭력 사상을 통해 미국의 흑인 해방운동을 지도한 인물이다. 그는 1929년 1월15일 조지아주 애틀랜타에서 목사 집안의 아들로 태어나 어렸을 때부터 기독교의 영향을 많이 받으며 자랐다. 그는 아주 어릴 때부터 백인에게 차별을 받아 흑인의 한계를 느꼈으며, 인종차별주의자인 백인에게 멸시를 당하는 아버지를 보면서 흑인 차별을 없애겠다고 결심했다. 치유, 인식, 책무

마틴 루터 킹 주니어는 애틀랜타에 있는 모어하우스 대학에 입학하여 1948년 문학사 학위를 받았다. 학부 시절 법학과 의학에 관심이 많았던 그는 결국 아버지가 원하는 대로 펜실베이니아주

체스터에 있는 크로저 신학교에 들어갔다. 그는 이때 많은 사상가의 책을 읽으며 미국 남부에 있던 사회 문제들에 대해 다양한 각도로 보기 시작하였고 비폭력으로 식민지 해방 및 인종차별 폐지를 주장했던 간디 사상에 큰 영향을 받았다. 1951년 신학교를 수석 졸업한 후 보스턴 대학원에 입학한 그는 자신의 신학과 윤리적 견해에 확고한 바탕을 마련하기 위해 노력하였다. 인식, 비전, 책무

1953년 앨라배마주 마리온에서 성악가인 코레타와 결혼한 그는 1954년 앨라배마주 몽고메리의 침례교회 담임 목사가 되었다. 1955년 12월 흑인 여성이 버스 내에서 백인에게 자리 양보를 거부하자 시의 인종 분리법을 위반했다는 이유로 체포되는 사건이 있었다. 이를 이해할 수 없었던 마틴 루터 킹 주니어는 시내버스의 흑인 차별 대우에 반대하였고 흑인 주민들이 벌인 '몽고메리 버스 보이콧 투쟁'을 지도하였다. 이 과정에서 마틴 루터 킹은 교도소에 투옥되는 등 많은 고초를 겪기도 하였지만 결국 1년 후인 1956년 12월에 투쟁에서 승리를 거두고 인권 운동의 지도자로 크게 주목받게 되었다. 그는 미국의 간디라고 불릴 만큼 국제적으로 유명해졌으며 남부 지도자협의회 의장으로 선출된 후 민권운동가로 나아갔다. 경청, 공감, 치유, 인식, 설득, 비전, 책무, 성장지원

그는 1963년 앨라배마주 버밍햄에서 간이식당과 고용 관례에서의 인종차별 대우에 반대하는 비폭력 시위를 계속 이어나갔다. 이 과정에서 그는 다시 교도소에 수감되었다. 이때 케네디 대통령은 공공장소에서 흑인과 백인을 차별할 수 없는 법, 학교에 흑인과 백인이 같이 입학할 수 있는 법 등 흑인 차별 법을 모두 개정했

고 마틴 루터 킹은 출소했다. 그는 케네디 대통령의 법안을 지지하기 위해 8월 28일 워싱턴 D.C.에서 주도적인 평화행진을 진행하였다. 이날 에이브러햄 링컨 동상 앞 광장에 모인 사람의 수는 20만 명이 넘었다. 그곳에서 마틴 루터 킹 주니어는 "나에게는 꿈이 있습니다."라는 제목의 훌륭한 연설을 하였다. 인종차별을 넘어서 모든 사람이 언젠가는 한 형제가 될 것이라는 믿음의 연설로 세계 각지의 추종자들을 고무시켰고, 1964년 12월에 그는 노벨평화상을 수상하게 되었다. 경청, 공감, 치유, 인식, 설득, 비전, 예지, 책무, 공동체 구축

그 후 그는 1965년 앨라배마주 셀마에서 연방 선거권을 획득하기 위한 시위행진을 주도하였다. 그 결과 흑인의 투표 자격을 제한하는 항목을 모두 철회시키며 민권운동의 선구자로서 헌신의 리더십을 발휘하였다. 1968년 4월 4일 마틴 루터 킹은 저임금에 시달리는 흑인 청소부의 파업을 지원하기 위해 테네시주 멤피스시에 갔다가 동료들과 함께 묵고 있던 호텔 발코니에서 백인 제임스 얼 레이에 의해 암살되었다. 비록 39세라는 젊은 나이에 짧은 생을 마감했지만 그의 죽음으로 인해 흑인 민권운동은 더욱 활발해졌다. 그가 보여준 헌신 된 리더십은 흑인들이 진정한 공동체를 이룰 수 있게 하였다. 그 후 구성원들의 자발적인 참여로 흑인의 민권 보장 법안이 연이어 통과되었고 흑인은 백인과 동등한 위치에 조금씩 가까워질 수 있었다. 다음은 마틴 루터 킹이 암살당하기 두 달 전 했던 설교 내용을 발췌한 것이다. 인식, 설득, 비전, 예지, 책무, 공동체 구축

"저는 가끔 저의 죽음에 대하여 생각합니다. 그리고 저의 장례식을 그려봅니다."

"만약에 여러분 중에 누가 혹시 저의 장례식에 계신다면 부디 길게 하지 말아 주십시오. 또 저의 장례식 조사도 짧게 해달라고 말씀해 주십시오."

"그리고 조사를 하는 사람에게 제가 노벨 평화상을 탄 사람이라는 것을 말하지 말라고 부탁해 주십시오."

"또 내가 그 외에도 삼백 개 가량의 표창과 상을 받았다는 것을 말하지 않게 해 주십시오."

"그것은 중요한 것이 아니기 때문입니다."

"다만 다른 사람들을 섬기는 일에 삶을 바치려고 노력했다고 말해 준다면 감사하겠습니다."

"사람들을 사랑하려고 노력했고 굶주린 사람을 먹이려고 했으며 헐벗은 사람에게 옷을 입혀 주려고 애썼으며 감옥에 있는 사람들을 방문하려고 노력했고 인류를 사랑하여 봉사하려고 힘썼던 사람이라고 말해 주시기 바랍니다."

"저는 남기고 갈 재물도 없습니다. 또 제 인생에서는 화려하고 사치스러운 것들을 남기고 갈 것도 없습니다." "다만, '헌신 된 생애'를 남기기 원합니다."

- 마틴 루터 킹 암살당하기 두 달 전 설교 中 - 설득, 비전, 에지, 책무, 성장 지원, 공동체 구축

제 4 항 마틴 루터 킹의 서번트 리더십 형성과정

마틴 루터 킹의 어린 시절 이야기이다. 그 당시 흑인은 백인에게 심한 차별을 받고 있었다. 일자리를 얻는 부분에 있어 흑인은 늘 막차를 타는 사람들이었다. 버스에서는 백인과 같은 자리에 탈 수 없었으며, 식당에 백인이 많으면 흑인은 들어갈 수 없는 등 곳곳에서 흑인에 대한 차별 대우가 심하게 일어났다.

실제로 마틴 루터 킹은 길 건너편에 사는 백인 아이인 톰Tom과 가장 가깝게 지냈다. 인종차별이 심했던 톰의 어머니는 마틴과 톰이 더는 어울리지 못하도록 하였다. 이런 반응이 어린 마틴에게 상당히 큰 충격이었다. 여기서 마틴의 어머니는 어린 그를 달래줄 수도 있었지만 있는 그대로 사실을 말해주었고, 현실을 깨달아 당당하게 살기를 가르쳤다. 늘 어깨를 펴라는 어머니의 말은 기죽은 그의 마음에 자신감을 불어 넣어주었으며 마틴 루터 킹이 진정한 서번트 리더로 성장하는 계기가 되었다. 그는 어머니의 말을 경청했던 것이다.

이러한 성장 과정에서 그는 서번트 리더가 되기 위해 많은 것을 배우고, 깨우쳐 나갔다. 그중 첫 번째는 늘 자신을 먼저 생각하기보다는 남을 먼저 생각하며 개인이 아닌 구성원 전체의 이익에 가치 중점을 두게 된 점이다. 마틴 루터 킹은 결코 이기적이지 않은 사람이었다. 그의 경험 중 남을 생각하는 면모가 가장 잘 드러난 사건이 있다. 그가 돈을 벌기 위해 코네티컷주에서 노동을 하고 있을 때의 일이다. 그곳은 흑인과 백인의 차별 없이 평온한 곳이었다. 백인들은 흑인들에게 다정했고, 식당에 흑인과 백인 자리가 나누어져 있지도 않았다. 그는 이곳이 흑인에 대한 차별 대우가 심한 애틀랜타보다 좋은 곳이라고 생각했다. 하지만 그는 애틀랜타로 돌아갔다. 여전히 고통받고 있을 애틀랜타 흑인들을 생각하며 남의 일을 자기 일처럼 생각하여 희생하기로 다짐했다.

마틴의 서번트 리더십 형성 과정 두 번째는 포용과 협력을 지니게 된 점이다. 사춘기 시절 백인들에게 차별과 무시를 당했던 마틴은 백인이 몹쓸 사람이라고 생각했다. 하지만 그의 아버지는 백인을 사랑함과 동시에 백인들과 싸우라고 하였다. 이는 교만한 짓을 하는 백인들을 변화시켜 함께 성장하는 사회를 만들기 위해 싸우라는 뜻이었다. 이러한 아버지를 보고 자란 마틴은 점차 백인에 대한 증오심을 넘어서서 다 똑같은 사람임을 인정하는 성향을 지니게 되었다. 경청, 공감, 치유, 인식, 비전, 예지, 책무, 성장지원, 공동체 구축

세 번째, 그는 배움을 멈추지 않았다. 1940년대 자본주의의 단점을 느낀 사람들은 당시 칼 마르크스의 사상에 빠져 있었다. 이러한 책들은 신을 부정하고 있기 때문에 당시 신학생들은 이러한 책들을 읽을 수 없었다. 하지만 신학생이었던 마틴은 그 책들을 자세히 읽어 보았다. 모든 내용에 동의하지 않았지만, 자신의 사상과 다른 부분에서도 배울 점을 찾기 위해 그는 노력했다. 그는 배우고자 하는 의지가 강했으며, 늘 준비된 자가 되기 위해 노력했다. 경청, 공감, 인식, 설득, 비전, 예지, 책무

이같이 마틴 루터 킹은 성장 과정에서 이미 서번트 리더의 자질을 지닐 수 있었다. 자신의 경험으로 보고 배운 것, 행동으로 느낀

것을 통해 공동체의 이익을 우선으로 여기고 그들의 희망을 이루기 위해 자신을 연마하였다. 그가 가진 서번트 리더적 성향은 선천적인 것이 아닌 자신의 노력으로 얻어진 결과물이라 할 수 있다.

제 5 항 마틴 루터 킹이 추구하는 서번트 리더십

마틴 루터 킹은 아프리카계 미국인 인권 운동에 앞장서는 자들을 위해 서번트 리더십을 개척한 지도자이다. 그가 했던 인권 운동은 미국을 바꾼 혁명 가운데 가장 감격스러운 비폭력 혁명이었다. 그렇다면 그가 추구하는 공동체를 향한 섬김의 서번트 리더십이란 무엇일까?

사랑이 가장 위대한 힘이라고 했던 마틴 루터 킹은 변혁을 위한 가장 큰 무기는 사랑으로 포용하는 것이라고 여겼다. 사랑이 결여된 힘은 독단적이고, 힘이 결여된 사랑은 유약이라고 생각하였다. 이를 바탕으로 타인을 향한 설득과 협력적인 태도로 반대 세력을 폭력으로 제압하기보다 사랑과 비폭력으로 설득을 통해 함께 협력하는 사회를 만들어 나아가고자 하였다.

그는 타인의 의견에 경청해야 한다고 주장하였다. 그는 타인의 의견을 듣고 종합하여 공동의 목표를 최우선으로 두는 것에 집중하였다. 서번트 리더는 배려와 설득을 통해 타인을 움직일 수 있어야 한다. 마틴은 자신이 대표하는 모든 사람의 가치를 위해 살아야 한다는 신념을 가지고 경청을 통해 공동체가 나아가고자 하는 방향을 행동 계획으로 수립해 나갔다.

그의 끊임없는 배움은 스스로에 대한 의문과 성찰로 진정한 자신의 발견은 물론 공동체를 올바른 길로 이끌 수 있다고 주장하였다. 배우고 또 배워나가는 과정을 평생 지속해야만 자신의 부족함을 알고 남의 입장을 이해할 수 있으며 타인의 지식이 나의 지식으로 체화될 수 있다고 그는 믿었다. 마틴의 이러한 배움의 연속은 능숙한 타협 기술을 갖추게 하였다. 민권운동 내내 온건의 중도노선을 견지하는 등 그의 말과 행동은 많은 이들에게 공감대를 형성하게 하였다.

그가 보여준 그의 서번트 리더십은 타인을 향한 경청과 배려, 설득, 팀워크가 핵심으로 자리한다. 이러한 요소들은 그의 행동에 세세히 녹아 있다. 그는 경청의 중요성을 전했다. 그는 사랑과 비폭력으로 설득하고 끊임없이 배워야 한다고 주장하며 공동의 목표와 명확한 행동 계획을 수립하여 결단력을 발휘하고자 했다.

마틴은 사람들에게 희망을 심어주고 행동으로 실천하는 모습을 보였다. 공동체 내에서 잠재력 발휘에 방해되는 요소를 해결하기 위해 애를 쓰는 등 공동체가 최상의 결과를 낼 수 있는 환경을 조성하기 위해 노력했다. 그는 공동체 안에서 타인을 위해 무엇을 도울 수 있을지 늘 고민하는 서번트 리더로 살았다.

제 6 항 세상을 변화시키는 섬기는 자의 꿈

중요하고 대단한 사람이 되고자 한다면 인정받고 훌륭한 사람이 되고자 한다면 무엇보다도 이것을 깨달아야 합니다. 가장 위대한 이는 다른 이들을 섬기는 사람이라는 걸 말입니다.

마틴 루터 킹이 말하는 섬기는 자의 꿈은 망상이 아니라 비전이고 영감이었다. 이러한 꿈과 비전은 사람의 인생을 이끌어가는 동기가 되며 한세상을 변화시키는 원동력이 된다.

그는 섬기는 자가 되기 위해 학창 시절 수많은 사상가의 책을 읽으며 끊임없는 연구로 자신의 사상을 정립하기 위해 노력했다. 무엇보다 간디의 사상에 큰 영향을 받으며 비폭력주의를 내세웠다. 시위에는 무기가 있어서는 안 되며 모든 이들이 공감과 사랑을 바탕으로 비폭력 시위에 참여하기를 이끌었다. 이론으로만 끝나는 것이 아닌 자신이 정립한 사상을 바탕으로 직접 실천해 나가야 한다는 것을 그는 깨달았다. 흑인의 현실을 변화시키기 위한 비폭력 운동을 몸소 실천하며 희생과 섬김을 해야 진정한 개혁을 이룰 수 있다고 그는 믿었다.

그는 마르크스 사상에 동의하지 않으면서도 빈부격차 문제를 항상 고민하였다. 그는 얼마나 돈을 많이 버느냐에 관심을 두기보다는 타인을 섬기는 봉사와 사랑에 관심을 보였다. 자신이 사는 사회가 어떠한 결점을 가졌으며 이러한 것을 어떤 방식으로 해결하고 흑인들을 어떻게 이끌어 나갈지 그는 늘 고민했다.

위와 같이 킹은 사회의 문제를 정확히 파악하고, 행동으로 실천하는 것에 있어 비폭력으로 설득하기를 원했다. 그가 성공한 민권 운동의 힘은 폭력이 아닌 사랑이었고 단순히 이기는 것이 아니었다.

60년대 미국 흑인의 민권운동의 선구자로 미국 전역에 있는 흑인의 마음을 하나로 모으고 인종차별을 철폐하는 법을 제정하는 것에 있어서 가장 중요한 역할을 했던 마틴 루터 킹. 모든 흑인의 신임을 얻고 사회를 변화시킨 마틴 루터 킹은 어떻게 60년대 흑인 민권 운동의 지도자가 될 수 있었을까? 그는 인종차별의 부당한 그림자를 사랑의 빛으로만 사라질 수 있게 한다는 믿음으로 흑인에게 자유를 주지 않는 미국 사회를 향해 비폭력 시위를 실천하였다. 그가 행했던 비폭력 시위의 기준은 무엇이었을까?

· 비폭력으로 상대자의 신체에 공격을 가하지 않지만 그들의 정신을 쉴새 없이 움직이게 해 잘못된 점을 깨닫게 한다.
· 폭력으로 상대자를 패배시키려는 의도가 아닌 그들의 이해를 얻고자 하는 노력을 한다.
· 비폭력을 통해 자신의 중심에 있는 사랑의 기준에 따라 가해한 자를 미워하지 않는다.

이러한 비폭력 시위를 기준으로 흑인들의 평등하지 못한 현실을 백인들과의 화합으로 풀어가려고 했던 그였다. 그는 타인종과 우호적인 관계를 유지했다. 그는 백인 사회의 지지를 얻음으로써 흑인과 백인이 함께 공존하는 사회에서 흑인도 동등한 권리를 가질 수 있는 꿈을 점차 현실로 만들어나갔다.

그가 세상을 바꾸는 가치로 중요하게 생각한 것은 이웃을 위해 사는 섬김의 삶이었다. 타인을 향한 섬김은 누구나 실천할 수 있으며 모든 사람이 섬김으로 인해 세상을 변화시킬 수 있다고 보았다. 마틴 루터 킹이 말하는 이웃을 섬기며 사는 삶은 대학교 학위도 필요 없고 어떠한 깊은 이론 지식도 필요 없었다. 다만 타인을 향한 섬김의 충만한 마음과 사랑으로 움직이는 영혼이 꼭 필요할 뿐이었다.

마틴 루터 킹 주니어. © Public Domain

제 3 절
21세기형 리더십의 아이콘
버락 오바마

박병기, 조기연

리더는 '나에 대해 깊이 알고, 이웃을 깊이 관찰해서 어떤 사람들인지 알아내어 타인을 위한 삶을 사는 자'이다. 더 나아가 리더는 '창의적이고 융합적인 사고를 하고 협력을 잘하고 좋은 인성을 가진 자로서 놓인 문제를 해결하며 세상을 이롭게 하는 자'이다. 박병기, 2020

수많은 리더 중에 위 리더십 정의Definition에 부합하는 시대적 인물이 있다. 바로 전 미국 대통령인 버락 오바마Barack Obama다. 미국 역사상 첫 유색인종 대통령이 된 오바마의 삶을 살펴보면 그의 생각은 '소외된 자'들에게 집중되어 있음을 알 수 있다. 그는 재임 중에 '가진 자'들의 집중포화를 받아 '바른 정치'를 하고도 합당한 평가를 받지 못했지만 많은 미국 국민은 그의 '리더십'에 박수를 보냈다. 김종현[2008]은 그를 '검은 케네디'라고 칭할 정도였다. 조희전[2017]은 오바마를 구세주와 같은 존재라고 극찬했다: "가난하고 힘없는 사람에게 오바마는 구세주 같은 존재였다. 작은 예수라고 불리던 링컨이 그러했듯이 오바마 역시 차별 없는 사회를 만들기 위해 노력했다." 그는 어떻게 가난하고 힘없는 사람들을 위해 살 수 있었을까? (아래 글은 제1저자 박병기가 블로그에 연재했던 글을 편집한 것임을 미리 밝힌다. 또한 오바마의 재임 중 관련 글은 제2저자 조기연이 정리했다. 이 글은 인용 출처는 책 뒤에 있는 '참고 문헌'에 정리되었다.)

제 1 항 가난한 자들 속에서의 삶

오바마 전 미국 대통령 하면 떠오르는 게 있다. 성장 과정에서 서민적인 삶이다.

'밥과 함께 고추를 먹었던 사람' '개고기와 뱀고기 그리고 튀긴 메뚜기를 먹었던 사람' '가난이 무엇인지 아는 사람' '아시아에서 살아본 경험이 있는 사람' 등이 그의 서민적인 삶의 기록이다.

오바마는 어린 시절 인도네시아에서 산 적이 있다. 당시 그는 아시안이 어떤 사람인지, 아시아 문화가 무엇인지 깊이 있게 체험했다. 어떻게 그는 인도네시아에서 살 게 되었을까. 그의 모친인 스탠리 앤 던햄_{Stanley Ann Dunham} 덕분(?)이었다. 스탠리는 남자 이름인데 이는 그의 부모가 남자아이를 기대해서 붙여준 이름이었다. 오바마의 모친은 그래서 스탠리보다는 앤_{Ann}이라는 이름으로 평생 불렸다.

앤 던햄_{Ann Dunham}은 고등학교를 졸업한 후 하와이주 호놀룰루에서 직장을 얻은 아버지를 따라 하와이로 이주했다. 앤은 공부를 잘해서 시카고 대학 등에서 장학금 제의를 받았지만 그의 부모님은 딸이 멀리 떨어져 살기를 원치 않았고 앤은 결국 하와이주립대에 입학하게 됐다. 여기서 그의 인생은 송두리째 바뀐다.

1960년대 백인이 타인종과 결혼하는 것이 터부시됐던 시대에 앤은 아프리카 케냐에서 온 교환학생 버락 후세인 오바마와 결혼했다. 그리고 두 사람은 1961년 8월 4일 버락 오바마 주니어를 낳았다. 버락 오바마 주니어가 바로 미국 대통령이 된 그 인물이다.

버락 오바마 시니어는 케냐에 가족이 있었다. 아내도 있었고 이혼한 상태가 아니었다. 앤 던햄은 남자 친구 오바마가 이혼했다는 말을 듣고 결혼을 결심했고 아이까지 낳았는데 나중에 공식적인 이혼은 없었던 것으로 확인했다.

아들인 버락 오바마 주니어가 2세였을 때 아버지 오바마 시니어는 하버드대로부터 장학금 제의를 받았다. 그는 아내 앤과 아들 버락을 하와이에 두고 하버드대로 향했다. 이후 이들은 오랫동안 서로 얼굴을 보지 못했다. 결국에는 앤과 버락 오바마 시니어는 이혼하기에 이르렀다.

앤 던햄은 오바마의 아버지와 이혼을 한 후 하와이대학교의 교환학생이었던 인도네시아 출신 롤로 소에토로Lolo Soetoro와 재혼을 하게 됐다. 2년 동안 하와이에 살았던 소에토로는 인도네시아로 돌아가게 됐는데 그가 자카르타로 돌아간 1년 후 앤과 버락 오바마는 양아버지 곁으로 가게 됐다.

버락 오바마의 인도네시아 삶이 시작된 것이다.

당시 버락은 배리Barry로 불렸다. 배리는 자카르타에서 살면서 논밭을 놀이터 삼았다. 그는 또 코뿔소를 타며 놀기도 했다. 오바마는 당시를 회상하며 "작은 생고추를 쌀밥과 함께 먹게 되었고, 개고기, 뱀고기, 튀긴 메뚜기 등도 먹을 기회가 있었다."고 말했다.

그는 완전히 다른 세계를 경험하게 됐다. 그리고 그는 가난이 무엇인지를 정확하게 보게 되었다. 그의 집 앞에는 많은 거리의 부랑자들이 거닐고 있었다. 오바마는 한 인터뷰에서 다음과 같이 말했다. "인도네시아에서의 삶은 내가 미국 시민권자로서 축복을 받았음을 알게 함과 동시에 환경이라는 게 어린이들의 삶의 질을 결정한다는 것, 그로 인해 누군가는 정말로 부자가 되고 누군가는 정말 가난하게 살 수밖에 없다는 것을 느끼게 했다."

버락 오바마의 양 아버지인 롤로 소에토로는 당시로는 드문 외국 유학파였지만 가난하게 살았다. 가난한 삶에 치여서였는지 소에토로는 약육강식을 자주 강조했다고 한다. 하지만 버락 오바마의 친모는 4가지를 중요하게 생각하고 이를 아이에게 가르쳤다. 4가지는 정직, 공정성, 직설화법, 진실과 거짓을 구분하는 능력이었다.

이 책은 리더를 '나에 대해 깊이 알고, 이웃을 깊이 관찰해서 어떤 사람들인지 알아내어 타인을 위한 삶을 사는 자'라고 정의했다. 더 나아가 리더는 '창의적이고 융합적인 사고를 하고 협력을 잘하고 좋은 인성을 가진 자로서 놓인 문제를 해결하며 세상을 이롭게 하는 자'라고 이 책은 정의했다.

이 리더십 정의에 의하면 오바마는 타인을 위한 삶을 살 수 있는, 특별히 가난한 자를 위한 삶을 살 수 있는 경험을 어렸을 때부터 했다. 그는 또한 완전히 다른 문화 속에서 이웃을 깊이 관찰할 기회가 있었다.

제 2 항 인도네시아에서의 삶

버락 오바마의 모친인 앤 던햄은 두 번째 남편인 롤로 소에토로와 함께 인도네시아 자카르타에서 살았다. 배리는 6세부터 10세까지 인도네시아에서 살았다. 앤 던햄이 아들을 미국으로 보내는 결정적인 계기가 있었는데 의료시설 때문이었다.

어느 날 배리(오바마의 어린 시절 애칭)가 동네에서 놀다가 손을 다쳤다. 앤 던햄은 이웃의 자동차를 빌려 급하게 병원으로 달려갔는데 병원의 풍경이 가관이었다. 병원에 도착하니 두 명의 남자가 도미노 게임을 하고 있었다. 앤 던햄이 두 사람에게 의사가 어디 있느냐고 묻자 두 사람은 "우리가 의사다."라고 답했다.

배리의 모친은 두 사람에게 부상 정도를 설명하고 빨리 치료를 받게 해달라고 부탁했다. 그러나 그들의 대답은 놀라웠다. 그들은 "게임이 끝날 때까지 기다리라"고 했다. 배리는 이날 팔에 20바늘을 꿰매는 수술을 받았다. 이 일이 발생한 얼마 후 앤 던햄은 아들을 미국으로 보내기로 결심했다. 배리가 의료 시설이 좀 더 좋은 곳, 교육 환경이 좋은 곳에서 살게 해야겠다고 생각한 앤 던햄은 부모님이 거주하는 하와이로 아들을 보냈다.

배리가 미국으로 가기 직전에 그의 가족 형편은 크게 좋아지고 있었다. 군 제대를 한 양아버지인 롤로 소에토로가 미국 오일 회사에 입사하면서 갑자기 경제적으로 풍요해진 것. 오바마는 당시를 회상하며 "우리는 큰 집으로 이사를 했고 자동차를 소유하고 운전사도 있었다. 당시에는 갖기 어려운 냉장고, TV도 있었다."라고 말했다. 이전에는 작은 방갈로에서 살았는데 이와 비교하면 삶의 질이 크게 달라졌던 것이다.

그런 상황에서 미국으로 보내어진 이유는 어머니의 뜻 때문이었다. 인도네시아는 교육, 의료 환경이 좋지 않은 나라인 데다가 인도네시아인 양아버지와의 관계가 점점 멀어진 것을 감지한 앤 던햄은 1971년 오바마를 하와이로 보냈다.

오바마의 인도네시아 삶은 그야말로 다사다난했다. 인도네시아 전통 복장을 하고 동네 아이들과 축구를 했던 기억은 그에게 생생하게 남아 있다. 그는 그곳에서 종교적인 배경이 복잡해 혼란스러워했다. 그가 1968년 입학했던 세인트 프란시스 아시시 재단 학교는 인근 지역에서 교육환경이 가장 좋은 초등학교였는데 무신론자인 그의 어머니 앤, 그리고 모슬렘인 롤로에게는 가톨릭 학교라는 게 내내 마음에 걸렸다.

2년 후 아버지가 오일 회사에 입사하면서 이사를 하게 된 배리는 모델 프라이머리 스쿨 멘텡이라는 공립학교로 전학을 했다. 공립학교이기에 그는 일주일에 두 시간 정도는 모슬렘 교육을 받아야 했다.

그의 정신세계는 다양함을 받아들일 수밖에 없었다. 집에서는 어머니가 철저한 무신론적 긍정론을 가르쳤고 양아버지는 모슬렘 교육을 했으며 가톨릭 학교에서는 성모 마리아와 예수에 대한 교육을 철저히 했기 때문이었다. 양아버지인 롤로는 그러나 독실한 모슬렘은 아니었다. 그는 아내와 배리에게 모슬렘 신앙을 가질 것을 권유하긴 했지만 그 이유는 이웃들과 교제를 할 수 있도록 하기 위해서였다. 앤 던햄은 배리에게 "종교 자체는 존중해야 하지만, 너무 빠져들면 안 된다."라고 가르쳤다.

양아버지 롤로는 독특한 사람이었다. 그는 양아들 배리가 강한 남자가 되길 원한다고 해서 호랑이 고기를 가져와 먹였다. 그는 철저하게 약육강식을 가르쳤다. 롤로는 또한 복싱글러브를 구해서 배리에게 복싱을 가르쳤다. 개고기, 뱀고기, 메뚜기를 가져와 먹인 사람도 양아버지였다.

백인인 친어머니 앤 던햄도 독특함에서는 뒤지지 않았다. 미국에서 타인종과의 결혼이 금기시됐던 당시 아프리카 및 아시아 출신 교환학생과 두 차례 결혼했던 것만으로도 평범한 사람은 아니었다.

배리의 인도네시아에서의 삶은 다양성과 독특함이 키워드였다고 할 수 있다. 그는 우기가 되면 물이 허리까지 차는 일을 경험했고, 연을 갖고 놀았으며, 닭싸움을 지켜봤고, 찬물 목욕에 익숙해져 있었고, 모기와 밤마다 싸웠다. 그는 또한 변기 대신 땅을 파고 그곳에서 볼일을 보는 것이 무엇인지 실제 생활 속에서 경험했고, 가난, 질병, 부자와 빈자의 분리가 무엇인지를 동남아시아에서 배웠다.

인도네시아에 거주한 지 6개월 만에 그들의 언어와 풍습에 완전히 익숙해진 배리는 교육열이 강했던 모친 덕분에 미국적인 사고방식도 잃지 않았다. 앤 던햄은 매일 새벽 4시에 배리를 깨워 학교에서 수업을 들을 준비를 시켰다. 학교 공부를 도우면서 앤 던햄은 정직해야 하고 공정해야 하고 판단력이 있어야 하고 미래를 위해 자신을 가꿀 신념이 있어야 한다고 강조했다.

리더는 '나에 대해 깊이 알고, 이웃을 깊이 관찰해서 어떤 사람들인지 알아내어 타인을 위한 삶을 사는 자'이다. 더 나아가 리더는 '창의적이고 융합적인 사고를 하고 협력을 잘하고 좋은 인성을 가진 자로서 놓인 문제를 해결하며 세상을 이롭게 하는 자'이다

이 리더십 정의에 의하면 오바마의 리더십은 어머니로 인해 형성되었다고 할 수 있다. 정직, 공정성, 직설화법, 진실과 거짓을 구분하는 능력을 강조한 그의 어머니로 인해 비교적 혼란스러운 삶 속에서도 바른 인성의 소유자로, 미래의 훌륭한 리더가 될 재목으로 성장할 수 있었다.

제 3 항 아버지를 통해 자신을 보다

여섯 살 때부터 열 살 때까지 인도네시아에서 살았던 배리는 10세 때 하와이로 삶의 터전을 옮겼다. 모친은 인도네시아에서 그대로 살고 배리는 외할머니, 외할아버지와 함께 살게 됐다. 외할머니, 외할아버지는 백인이었다. 외할머니 매들린이 은행에서 일했기에 배리는 사립학교에 입학할 수 있었다. 그의 첫 미국 학교 이름은 푸나호우 사립학교Punahou School였다.

열 살 때 이 학교에 다니기 시작한 배리는 그해 크리스마스 날 큰 선물을 받았다. 바로 친아버지의 미국 방문이었다. 케냐 출신 버락 오바마 시니어는 이혼 후 처음으로 아들과 함께 시간을 보냈

다. 배리는 어렸을 때 아버지와 헤어졌기에 그와의 추억이 전혀 없었다. 어머니에게서 들은 말이 전부였다. 이 만남을 통해 배리는 케냐에 배다른 남매 6명이 있음을 알게 됐다.

이 만남에서 배리는 아버지가 자신감 넘치는 사람임을 알게 됐다. 아버지는 사람들의 관심을 끄는 능력이 있었다. 하지만 나쁜 기억도 배리에게 남겨졌다. 아버지는 어머니 그리고 외할머니와 언쟁을 했는데 배리의 TV 보는 습관이 원인이 됐다. 아버지는 배리가 공부하는 시간보다 TV 시청 시간이 더 길다고 생각했고 어머니와 외할머니는 그렇지 않다고 생각했다. 언쟁이 오간 것은 배리에게는 좋지 않은 기억으로 남았다.

배리는 아버지와의 만남을 통해 부모가 결혼에 실패했고 친부는 가족에 대한 책임을 포기했음을 알게 됐다. 이전까지 친부에 대해 좋은 말만 들었던 배리에게는 혼란스러운 경험이었다.

버락 오바마 대통령은 한 인터뷰에서 "아버지의 부재는 내 인생을 복잡하게 만들었다. 그리고 아버지는 자신의 잠재력을 현실화시키지 못한 분이었다. 그는 똑똑한 분이었지만 그의 인생은 혼란 그 자체였다."고 말했다.

한편, 모친 앤 던햄Ann Dunham은 두 번째 남편인 롤로 소에토로와 관계가 나빠졌다. 앤은 롤로에 대한 실망감을 감추지 않았다. 하와이에서 롤로를 만났을 때 앤은 둘이 힘을 합하면 인도네시아인들을 위한 봉사를 잘 할 수 있다고 생각했다.

롤로는 그러나 강한 자의 편에 서길 원했다. 반면 앤은 인도네시아에 살면서 가난한 사람들에 대한 연민이 더욱 커졌다. 생각이 서로 달라 두 사람의 관계도 소원해졌다.

1971년 인도네시아에서 하와이로 돌아온 배리는 조부모의 극진한 사랑을 받았다. 조부모는 손자를 위해 자신들이 할 수 있는 모든 것을 다했다. 앤이 배리의 교육비나 생활비를 델 수 없는 상황이었기에 배리의 양육은 조부모의 몫이었다. 할아버지는 생명보험 세일즈맨이었는데 돈벌이가 신통치 않았고 다행히 외할머니 매들린이 하와이 은행의 부사장으로 승진하면서 배리의 교육에 더욱 투자를 할 수 있었다.

배리가 다녔던 푸나호우 학교는 호놀룰루에서는 최고의 사립학교였다. 배리는 장학금을 받기는 했지만 남은 학비는 조부모가 책임을 졌다. 이 학교는 다양한 인종과 종교적 배경을 가진 학생들이 다녔던 곳으로 유치원생부터 12학년생까지 입학할 수 있었다. 76에이커(약 9만3천평)의 큰 땅에 세워진 푸나호우는 미 전국적으로도 유명한 사립학교였다.

1971년 가을부터 5학년으로 이 학교에 들어간 배리는 처음에는 인도네시아에서 갖고 온 샌들을 신고 옛 분위기가 나는 옷을 입고 다녔다. 처음에 그는 자신이 이방인임을 철저히 깨달았다. 입학 몇 달 후 친구를 사귀게 되어 적응을 할 수 있었던 배리는 "좋은 학생이었고, 착하고, 마냥 행복하고 자신을 지킬 줄 아는 학생이었다." 배리에게 산수와 과학을 가르쳤던 팰 에드렛지의 말이다.

배리는 공부를 뛰어나게 잘하는 편은 아니었지만 평균 B+는 유지했다. 그는 공부 외의 다른 활동에 적극적으로 참여했고 독서를 즐겼다. 고등학생이 됐을 무렵 배리는 농구에 푹 빠졌다. 친부인 버락 오바마 시니어가 아들에게 농구공을 선물로 보내준 이후 그는 농구 마니아가 됐다. 그는 학교에서 항상 농구공을 드리블하면서 다녔다. 그리고 기회만 되면 농구 연습을 했다. 더운 날에도 그는 아스팔트 코트에서 슛 연습을 했다.

고교 시절 그의 코치였던 크리스 맥래클린은 "배리는 우리가 보통 말하는 체육관 쥐gym rat(체육관에서 사는 연습벌레라는 의미)였다."고 회상할 정도로 배리는 농구를 좋아했다. 배리는 11학년, 12학년 때 학교 농구팀에 들어갔다. 그는 팀에서 포워드로 활동했다.

배리가 고등학교에 들어갈 무렵 그의 곁에는 친모 앤 던햄과 여동생 마야가 있었다. 앤은 두 번째 남편 롤로와 헤어지고 하와이로 돌아왔다. 오바마 가족은 작은 아파트를 임대해서 살았다. 배리는 농구에 빠져 살면서 동시에 하와이의 천국과 같은 삶을 즐겼다. 그는 고교 시절 공부도 열심히 했지만 방과 후에는 해변에서 수영을 하거나 서핑을 즐겼다. 그리고 농구팀에 들어간 후에는 농구에 열정을 쏟았다.

배리 가족의 재정 상황은 그다지 좋지 않았다. 모친 앤은 하와이대의 인류학 석사과정에 들어가 경제활동이 많이 제한됐다. 배리는 모친을 잘 도왔다. 가게에서 물건을 산다든가, 동생을 돌보는 일, 빨래하는 일 등을 도왔다. 하지만 그는 이 시기에 정체성의 혼란을 경험했다. 배리는 흑인으로서 당하는 차별이 무엇인지 알게 된 것이다. 백인 여성과 엘리베이터를 타면 흑인인 자신을 두려워하는 것을 보고 그의 혼란은 더욱 가중됐다.

리더는 '나에 대해 깊이 알고, 이웃을 깊이 관찰해서 어떤 사람들인지 알아내어 타인을 위한 삶을 사는 자'이다. 더 나아가 리더는 '창의적이고 융합적인 사고를 하고 협력을 잘하고 좋은 인성을 가진 자로서 놓인 문제를 해결하며 세상을 이롭게 하는 자'이다

이 리더십 정의에 의하면 오바마는 타의든 자의든 자신에 대해 깊이 알았던 사람이다. 그는 어렸을 때 자신의 정체성에 대해 심각하게 고민하고 혼란에 빠지고 결국은 자신이 무엇을 어떻게 해야 하는지를 알게 되었다. 백인과 흑인의 자녀로 태어난 그는 늘 정체성에 대한 질문을 했다.

제 4 항 자신이 누구인지 찾아갔던 청소년기 시절

버락 오바마(이하 배리)는 고교 시절 인종 문제에 관심이 많았다. 아버지는 흑인, 어머니는 백인이었기 때문에 그는 특별히 인종 이슈에 대해 고민했다.

배리의 친구는 대부분 백인이었다. 그의 백인 친구였던 바비 팃콤Bobby Titcomb은 데이비드 멘델과의 인터뷰에서 "배리는 평범한 하와이 사람이었다. 하와이에 베스트 프렌드 5명이 있으면 그중 한 명은 중국인, 한 명인 일본인, 한 명은 하와이 원주민 등이었다. 다인종이 섞여서 사는 게 평범한 삶이고 여기에 흑인 친구까지 있으면 쿨한 일이었다."고 회상했다.

팃콤의 증언과는 달리 배리는 자신보다 나이가 많은 흑인 친구 키스 가쿠가와Keith Kakugawa와 인종 문제에 대해 깊은 대화를 자주

나눴다. 일본인 아버지, 흑인 어머니 사이에서 태어난 가쿠가와에 따르면 배리는 결코 평범하지 않았고 부모에게 버림받은 느낌을 표현했다고 한다. 배리는 부모가 없는 청소년기에 대한 느낌, 인종 이슈, 정체성을 두고 고민을 많이 하는 10대 시절을 보냈다. 배리는 고교 시절 백인 친구들에게는 웃음이 가득한 평범한 친구처럼 대했고, 흑인 친구들에게는 속 깊은 이야기를 나눴다.

여담이지만 가쿠가와는 오바마의 대선 때 걸림돌이 될 뻔했다. 그는 코케인 소지 및 복용 혐의로 감옥에서 풀려난 지 얼마 되지 않아 오바마에게 전화를 걸어 돈을 요구했다고 한다. 오바마 반대파는 오바마가 무숙자가 된 옛 친구 '레이(오바마가 지어준 애칭)'를 돕지도 않는 무정한 사람이라는 투로 그를 비난했다. 이에 오바마는 대선 캠페인 도중 한 언론과의 인터뷰에서 "내가 알았던 사람들 모두가 신문의 1면을 장식하고 있다."며 불만을 토로했다. 돈을 요구했는지에 대한 ABC방송 기자의 질문에 가쿠가와는 "나는 무숙자다. 오바마뿐만 아니라 모든 사람에게 돈을 달라고 부탁한다."고 말했다. 대선 당시 가쿠가와는 핫이슈를 제공한 인물이었다.

백인 친구인 팃콤도 배리가 특이한 점이 있긴 했다고 증언했다. 그는 "보통 어린아이들은 남을 놀리는 것을 쿨하다고 생각하는데 배리는 달랐다. 다른 사람이 놀림을 당하는 장면을 보면 배리는 그것을 못마땅하게 생각했고 싫다는 표현을 했다."고 전했다. 한편, 버락 오바마는 2008년 대통령으로 당선된 후 하와이에서 휴가를 보낼 때 팃콤과 7시간 동안 즐거운 시간을 가졌다.

배리는 청소년기부터 자신이 흑인임을 깨닫고 흑인으로서 살게 됐다. 정체성 혼란 가운데 자신은 흑인이 되기로 결정했다. 자신이 흑인이라고 생각했을 때 정작 흑인 친구들은 그를 '완전한 흑인이 아니다.'라며 받아들이지 않았다. 배리는 테니스팀에 속했는데 테니스 코치가 흑인에 대해 인종적인 농담을 하자 그는 곧바로 팀을 떠났다. 그는 또한 학교 공부를 하기보다는 흑인 작가들의 글을 읽는데 방과 후 시간을 보내곤 했다. 배리는 랭스턴 휴즈, 랄프 엘리슨, 제임스 볼드윈, 리처드 라이트, W.E.B. 드브와 등 흑인 작가들의 글을 읽었고 말콤 엑스(X) 자서전을 탐독했다.

배리는 다른 흑인 친구들처럼 아버지 없이 자란 아이였다. 혼란의 시간에 그에게 적절한 도움을 줄 수 있는 사람이 없었다. 그는 그래서 TV나 영화에 출연하는 흑인들을 흉내 내곤 했다.

다른 흑인들처럼 스포츠에 몰두하는 것은 너무나 당연했다. 농구, 해변에서 시간 보내기, 파티에 참여하기가 그의 일상생활이 됐다. 파티에서 한 일화가 있다. 배리는 두 명의 백인 친구를 흑인이 주최하는 파티에 데려갔는데 서로 불편하게 생각하자 분노했다.

그가 농구에 열심이었던 이유는 농구 스타들은 대부분 흑인이었기 때문이다. 그는 줄리어스 어빙Julius Erving(당시 NBA 엔비에이 리그의 필라델피아 세븐티식서스 소속 스타)을 좋아했다. 그가 농구를 좋아했던 다른 이유 중 하나는 농구를 하는 순간만은 피부 색깔과 부와 가난이 중요하지 않았다는 점 때문이다. 농구를 할 때 인종과 가족의 수입은 중요한 게 아니었다. 농구 코트에 설 때 그는 어떤 공동체에 속했다는 느낌이 들었다. 농구를 잘해서 그의 친구들은 그를 '배리 오바머'O'Bomber로 불렀다. 강력한 핵폭탄 슛을 던진다는 의미였다. 이렇게 농구를 열심히 했지만 배리는 고교농구팀에서 주전 선수로 뛰지는 못했다. 어느 시점에서 3-4경기 내내 벤치만을 지키게 되자 그는 어느 날 코치에게 강력히 항의하기도 했다. 이 언쟁에서 인종적인 폭언도 들었다. 오바마는 당시의 상황을 생각하면 지금도 씁쓸해한다.

어머니가 인류학 연구를 위해 다시 인도네시아로 갔을 때 배리는 조부모와 다시 살게 됐다. 어머니 앤 던햄은 배리에게 자주 편지를 썼는데 여기에는 '학점을 올려서 대학 갈 생각을 하라'는 권유가 있었다. 배리의 성적은 그러나 고교 졸업반이 되었을 때 더욱 떨어졌다. 배리가 졸업반이었던 12학년 때 어머니 앤 던햄은 다시 하와이로 돌아왔다. 어머니는 배리의 떨어진 성적에 굉장히 놀랐다.

앤 던햄은 아들에게 부지런히 살아야 한다는 점을 강조했다. 조금은 늘어지는 듯한 배리의 삶은 다시 틀을 갖추기 시작했다. 배리는 호놀룰루에서 대학을 다니고 싶었지만 어머니는 아들이 미국 본토에서 공부하기를 원했다. 배리는 2-3개의 본토 대학에 지원했는데 LA 인근 옥시덴탈 칼리지Occidental College에서 전액 장학금을 주겠다고 연락이 왔다. 배리는 이 대학에 가기로 했다. 1979년 배리는 정체성 혼란이 계속됐던 고교 시절을 졸업과 함께 접고 본토로 향했다.

제 5 항 이웃을 관찰하고 자신을 더욱 깊이 발견한 시기

LA 인근 대학인 옥시덴탈 칼리지에 입학한 버락 오바마는 입학 초기부터 인종 문제에 관심이 많았다. 그는 특히 흑인 문화에 대해 큰 관심을 보였다. 그의 어머니는 흑인문화에 대해 아들에게 가르칠 게 거의 없었다. 그저 격려만 할 수 있었다. 오바마는 주로 옥시덴탈 칼리지의 흑인 단체 학생들과 교제를 했다.

교제 가운데 그는 흑인도 다양한 생각과 문화를 가졌음을 인식했다. TV에서 보는 획일화된 거친 흑인만 있는 게 아님을 그는 알게 됐다. 흑인도 백인과 마찬가지로 다양한 생각과 다양한 행동을 하고 있음을 그는 발견했다.

오바마는 당시 캠퍼스에서 진행 중이던 남아공의 차별정책에 반대하는 운동에 참여했다. 당시 남아공은 흑백 차별정책으로 전 세계적으로 비난을 받는 상황이었다. 차별정책으로 백인은 각종 특혜를 받았지만 흑인은 반대였다. 그가 이 운동에 참여하면서 발견한 게 하나 있었다. 그가 목소리를 높일 때 사람들이 그의 말을 경청했던 점이다.

고교 시절 농구와 파티에만 빠져 있던 오바마는 옥시덴탈 칼리지에서 드디어 자신이 해야 할 다른 일을 발견했다. 그는 토론을 즐기기 시작했다. 그는 학우 및 교수들과 토론하기를 즐겼다. 해변이 아닌 커피하우스에서 주로 시간을 보냈다.

처음에는 단순히 토론만 즐긴 게 아니었다. 오바마가 다녔던 학교는 토론을 잘하는 남학생이 여학생들 사이에 인기가 높았다. 오바마는 자신의 자서전에서 "솔직히 그런 점도 있었다. 여자의 관심을 끌기 위해서는 커피숍에서 가장 똑똑한 남자가 되어야 했다."라고 고백했다.

한 커피숍에서 토론하던 중에 여학생이 오바마에게 그의 이름을 물어봤다. 오바마는 '버락'이라고 답했다. 그리고 '버락'의 뜻은 아랍어로 '신의 축복을 받은'이라는 의미라고 설명했다. 그 여학생은 오바마에게 "앞으로 버락으로 불러도 되겠냐"고 물었고 오바마는 미소만 지었다. 오바마는 '배리' 대신 원래의 이름인 '버락'으로 불리기 시작했다.

오바마는 옥시덴탈 칼리지에서 새 삶을 시작했다고 할 수 있다. 조모인 매들린 던햄은 버락이 이 대학에서 1979년부터 1981년까지 2년 동안 지내면서 '목적이 이끄는' 삶을 산 것 같다고 말했다.

옥시덴탈 칼리지의 로저 보시 Roger Boesche 라는 교수는 오바마에게 잠재력을 극대화할 것을 종용했다고 한다. 그는 한 인터뷰에서 "버락은 놀라운 재능을 가진 젊은이였다. 그가 재능을 발휘하도록 나는 그에게 쓴소리를 하기도 했다."고 회고했다.

오바마는 이 학교에서 자아를 중심으로 한 사고 방법을 수정하기 시작했다. 보시 교수는 오바마의 두뇌를 자극했다. 오바마는 옥시덴탈 칼리지에 다녔던 당시를 회상하며 "내 잠재력을 극대화하는 것 외에도 다른 사람을 위해 공헌을 해야 한다는 의무감이 들기 시작했다."고 말했다.

보시 교수의 거센 교육 방법이 오바마에게는 자극이 됐다. 그는 더욱 열심히 공부했다. 1981년 봄 오바마는 옥시덴탈 칼리지의 규모가 작고 자신이 얻을 것은 다 얻었다고 판단해 컬럼비아대학교로 전학하기로 했다. 컬럼비아대Columbia University는 뉴욕에 있는 세계적인 대학이었다. 오바마는 큰 도시에서 더 얻을 게 있다고 생각했다.

1981년 가을 학기에 컬럼비아대학에 등록한 오바마는 또 다른 신세계를 경험했다. 뉴욕은 LA와 비교하면 완전히 다른 도시였다. 자동차 경적 소리가 끊이지 않고, 길거리는 사람으로 가득했으며, 지하철이 발달해 있고, 24시간 움직이는 도시였다. 컬럼비아대학에 다니면서 오바마는 하루 3마일(약 5Km)을 걸어 다녔고 일요일에는 금식했다. 그는 인생에서 처음으로 배운 것을 자신의 삶에 적용하기 시작했다. 그는 일기를 썼고 때로는 시를 작성하기도 했다. 또한, 독서량은 엄청났다. 오바마는 니체, 에르만 멜빌, 토리 모리슨이 쓴 책을 탐독했고 성경도 열심히 읽었다. 독서에 빠진 그를 두고 모친인 앤 던햄과 동생인 마야는 '수도승처럼 산다'고 놀려대기도 했다.

이 대학에 입학한 2년 후 졸업을 하게 된 오바마는 정치학 학사 학위를 받았다. 이 2년은 오바마에게 매우 중요한 시기였다. 그는 이곳에서 소위 '오바마 사상'을 만들었다. 그는 외로웠기에 책을 많이 읽고 생각을 많이 했다. 마치 사상가처럼 살았다.

그가 학사 학위를 받았을 즈음에 케냐에서 비보가 들렸다. 아버지 버락 오바마 시니어가 자동차 사고로 사망했다는 소식이었다.

리더는 '나에 대해 깊이 알고, 이웃을 깊이 관찰해서 어떤 사람들인지 알아내어 타인을 위한 삶을 사는 자'이다. 더 나아가 리더는 '창의적이고 융합적인 사고를 하고 협력을 잘하고 좋은 인성을 가진 자로서 놓인 문제를 해결하며 세상을 이롭게 하는 자'이다.

이 리더십 정의에 의하면 오바마는 대학 시절 '타인을 위한 삶을 살기'를 결심하고 리더십의 기초를 쌓았다. 오바마는 창의적이고 융합적이고 협력을 잘하는 자가 되는 준비를 마쳤다.

제6항 인성, 정체성, 이웃 관찰, 타인을 위한 삶 그리고…

컬럼비아대학교에서의 2년은 정치인 버락 오바마에게 가장 중요한 2년이었다고 할 수 있다. 당시 그는 엄청난 분량의 독서를 했다. 오바마는 데이비드 멘델과의 인터뷰에서 "2년 동안 나는 고통스러울 정도로 외로웠다. 그때 생각하는 사람이 자주 됐던 것 같다."고 말했다.

2년 동안 소위 '오바마 사상'의 기초를 세운 그는 1983년 정치학 학사 학위를 받았다. 그는 졸업 후에도 맨해튼에서 계속 살았다. 그러면서 오바마는 외국에서 사업을 하는 기업을 위해 컨설트를 해주고 뉴스레터를 제작하는 회사에 취업하게 됐다.

그는 이 회사에서 1년 동안 리서치, 기사 쓰기, 기사 편집 등의 일을 했다. 그는 그곳에서 큰 재미를 느끼지 못했다. 양복을 입고 일하는 게 좋긴 했지만 세상을 더 좋은 곳으로 만들고 싶다는 자신의 꿈과는 맞지 않는 직업이라고 그는 생각했다. 그는 1년 만에 그 직장을 그만뒀다. 그리고 간신히 월세를 낼 수 있을 정도만 월급을 받고 뉴욕 할렘Harlem과 브루클린Brooklyn에서 일을 했다.

그는 가난한 사람들을 돕는 일을 하고 싶어 했다. 그러던 중 제리 켈만이라는 사람으로부터 연락이 왔다. 오바마에게는 중요한 연락이었다. 켈만은 시카고 저소득층 지역에서 빈자들을 도울 사람을 찾고 있었다. 백인 유대인인 켈만은 시카고에 개발 지역 프로젝트DCP라는 단체를 시작했다. 오바마가 그곳에서 해야 할 일은 주민들과 힘을 합해 더 좋은 지역을 만들기 위해 활동하는 운동가의 역할이었다.

켈만이 맨해튼을 방문했다. 두 사람은 한 커피숍에서 대화를 나눴다. 켈만은 오바마에 강한 인상을 받았다. 켈만은 대학 교육을 받고 비교적 낮은 임금에도 일할 흑인을 찾고 있었는데 오바마는 적격자였다. 켈만은 오바마가 세상을 바꾸고 싶다는 열망이 있음을 발견하고 더욱 그를 고용하고 싶었다.

오바마는 일 자체도 마음에 들었지만 시카고라는 생소한 도시에서 새로운 경험을 한다는 걸 좋게 생각했다. 결과적이지만 이곳에서의 경험은 오바마가 정치인이 되는데 결정적인 역할을 했다.

1985년 6월 시카고에 도착한 오바마는 23세의 청년이었다. 그는 시카고에서 일하면서 세상이 얼마나 복잡한지를 배웠다. 시카고의 사우스 사이드South Side는 미국에서 흑인이 집중된 가장 큰 지역이었다. 오바마는 그곳 주민들을 위해 일할 기회를 얻었다. 오바마는 한 번 맡겨진 일에 빠지면 깔끔하게 일을 해냈다. 물론 자주 실패를 경험했다. 켈만은 오바마에게 자신의 경험을 끊임없이 나눴다. 그는 오바마에 대해 "남을 돕겠다는 사명에 불탄 사람이었다.”고 회상했다. 켈만은 이어 “오바마는 야망도 있었지만 항상 봉사 정신이 그것과 섞여 있었다.”고 덧붙였다. 켈만은 오바마가 마틴 루터 킹 주니어처럼 큰일을 할 사람이라고 생각했다.

사우스 사이드에서 일하면서 오바마는 그곳 주민들이 교회를 중심으로 삶을 산다는 것을 알게 됐다. 그때까지 오바마는 종교적인 믿음은 없었다. 오바마는 그곳 주민들이 교회와 목사에 대한 존경심이 대단하다는 것을 알게 됐다. 오바마는 따라서 교회 예배에 참석해야겠다고 생각했다. 왜 교회와 목사가 존경받는지 알고 싶었던 것이다. 제러마이아 A. 라이트Jeremiah Wright 목사는 그가 출석한 교회의 목사였다. 교회명은 트리니티 연합 교회였다. 라이트 목사는 오바마의 인생에서 중요한 역할을 한 인물이었다.

라이트 목사는 이후 오바마의 멘토이자 선생이 됐다. 라이트는 오바마에게 흑인의 인생에서 기독교가 얼마나 중요한지를 가르쳐줬다. 라이트 목사는 또한 오바마가 종교에 대해 호기심을 갖는 자에서 기독교 실천가가 될 수 있도록 도왔다.

오바마는 오랜 시간이 지난 후 미 상원의원에 출마했을 때 성경을 항상 갖고 다녔다. 그는 성경이 이웃을 돕는 내용과 이타적인 내용으로 가득 찼다는 것을 알고 이것이 자신의 신념과 맞다고 생각했다. 그는 기독교를 받아들였다.

그는 주민들 속으로 들어가 그들의 안타까운 사연을 열심히 듣기 시작했다. 그는 하루에 20-30명씩 만나 그들의 고충을 들었다. 이곳 주민들은 자신들이 가난에서 벗어날 길이 없으며 정부도 빈곤층 흑인에게는 관심이 없다고 생각한다는 것을 오바마는 알게 됐다.

그는 또한 빈곤층의 주택문제, 환경문제, 건강 문제 등을 보게 되었고 이를 위한 방안을 마련하는 데 힘썼다. 그가 시카고에서 커뮤니티 개발 사업에 참여하면서 배운 것은 이상은 현실과 함께 가야 좋은 결과를 낼 수 있다는 것이었다.

오바마는 1987년 최초의 흑인 시카고 시장이 된 해롤드 워싱턴 Harold Washington이 그 지역 흑인들의 희망적인 존재임을 알게 됐다.

한편, 케냐의 아버지 버락 오바마 시니어가 사망한 후에도 버락 오바마 주니어는 배다른 동생인 아우마Rita Auma Obama와 계속 연락을 하고 지냈다. 자매였던 아우마는 독일 유학생이었다. 아우마는 버락을 만나고자 시카고를 방문했다. 아우마는 버락과의 만남에서 아버지에 대한 이야기를 해줬다. 아버지는 케냐에서 꽤 명망 높은 경제학자였는데 당시 케냐의 대통령이었던 조모 케냐타Jomo Kenyatta에 직언했다가 쫓겨났다고 전했다. 이후 그에게 직장을 주지 말라는 대통령의 명령으로 인해 아버지 오바마는 무숙자가 됐다는 걸 배리는 그때서야 알게 되었다. 이후 다시 직장을 얻게 됐지만 아버지 오바마는 이미 알코올 중독자가 되어 있었고 얼마 후 음주운전 사고로 사망했다.

제 7 항 하버드대 입학

저소득층이 몰려 사는 지역을 개발하기 위한 버락 오바마의 사회운동가 활동은 그다지 성공적이지 못했다. 그가 주로 일했던 지역은 시카고의 알트겔드 가든Altgeld Garden이라는 곳이었다. 이 지역 주민들은 사회운동가였던 오바마에게 "변화는 없을 것"이라고 말하는 등 큰 기대를 하지 않았다. 오바마는 이러한 현실에 점점 화가 났다.

그가 좌절감을 느낄 무렵인 1987년 11월 시카고의 첫 흑인 시장이었던 해럴드 워싱턴이 심장마비로 급사했다. 이는 흑인 사회에 큰 충격을 안겨줬다. 시카고 흑인들은 그를 롤모델로 생각하고 살았고 흑인 빈민가가 그의 노력으로 더 좋아질 것이라는 약간의 기대를 걸기도 했다. 수천 명이 그의 추모 행사에 참여했다. 대부분 흑인은 충격 속에 앞날을 걱정했다.

오바마는 워싱턴 전 시장의 활동을 유심히 지켜보고 있었다. 그가 어떻게 정치가가 됐고 어떻게 지역 사회에 영향을 미쳤는지에 대해 고찰했다. 오바마가 내린 결론은 "변호사가 되어야 워싱턴처럼 제대로 도울 수 있다."는 것이었다. 워싱턴 전 시장은 변호사로 활동하던 중에 정치에 입문한 바 있다.

그는 법학 학위가 있는 정치인이 도움이 필요한 사람에게 훨씬 더 큰 도움을 줄 수 있다고 결론 내린 것이다. 3년 동안 빈민가 도시 개발 운동가로 활동했던 오바마는 하버드대 입학을 결심했다.

옥시덴탈 칼리지를 거쳐 컬럼비아대에서 정치학 학위를 받았던 그는 3년 동안 현장 경험을 쌓은 뒤 다시 학교로 돌아가게 된 것이다. 그가 하버드대에 입학한 해는 서울 올림픽이 열렸던 1988년이었다. 당시 그의 나이 27세였다. 그는 다른 학생에 비해 나이가

2-3살 더 많았다. 동료 학생들은 오바마의 경험을 높이 샀다. 3년 동안 사회 운동가로 활동한 이력은 그의 공부에 큰 도움이 됐다.

컬럼비아대학 때처럼 그는 하버드대에서 공부에 올인했다. 공부하면서 관여했던 일이 있었는데 바로 법률과 관련돼 가장 권위 있는 잡지인 하버드 법학지Harvard Law Review에서 글을 쓰고 편집을 하는 일이었다. 이후 그는 이 잡지의 회장이 돼 영향력 있는 인물로 떠올랐다. 1990-91학기에 회장이 될 인물을 뽑는 선거에서 자유주의적인 사고를 가진 오바마가 당선된 것은 의외였다. 그는 이 잡지의 첫 번째 흑인 회장으로 기록됐다.

당시 보수적인 편집인들이 그에게 표를 던졌기 때문인데 "적어도 그는 보수파의 의견을 신중히 들으려는 자세가 있었다."는 점이 그들의 호감을 샀다. 오바마가 이 잡지의 회장이 되면서 경험한 것은 진보적인 사상을 가진 사람과 보수적인 사상을 가진 사람의 의견 차가 극명하다는 것이었다. 그래서 그는 보수파와 자유 진영을 골고루 등용했다.

오바마는 실용적인 것을 강조했다. 하버드대에서 '흑인' '아프리칸 아메리칸'이라는 용어에 대한 토론이 있을 때 그는 "용어가 뭐가 중요한가? 중요한 것은 우리가 열심히 살면서 우리의 삶과 다른 사람들의 삶을 더 좋게 만들어주는 것"이라고 말해 호응을 얻었다.

오바마가 하버드 법학지의 회장이 된 후 잡지는 비교적 평탄하게 운영됐다. 오바마의 친구였던 브래드 베렌슨Bradford Berenson은 "그와 일했던 동료 대부분은 자신이 제외된 느낌을 받지 않았다. 공통된 목표지점을 향해 힘을 합해 일하는 집단이었다."고 회상했다.

하버드대에서 공부하면서 잡지 일에 열심이었던 오바마는 여름 방학 중에는 시카고 지역의 변호사 사무실에서 인턴으로 일했다. 그는 또한 진보적인 성향의 교수였던 로렌스 트라이브 교수 밑에서 리서치 어시스턴트(보조 연구원)로 일했다. 1991년 그는 하버드대에서 우등생magna cum laude으로 졸업했다. 졸업 직후 그는 다시 시카고로 갔다.

리더는 '나에 대해 깊이 알고, 이웃을 깊이 관찰해서 어떤 사람들인지 알아내어 타인을 위한 삶을 사는 자'이다. 더 나아가 리더는 '창의적이고 융합적인 사고를 하고 협력을 잘하고 좋은 인성을 가진 자로서 놓인 문제를 해결하며 세상을 이롭게 하는 자'이다

이 리더십 정의에 의하면 오바마는 협력을 잘하는 리더였다. 자신의 정체성을 알고 이웃을 잘 관찰하고 타인을 위한 삶을 살기로 했던 그는 협력의 인물이었다. 위대한 이 시대의 리더로 그는 성장하고 있었다.

제 8 항 정치에 입문하다

하버드대를 졸업하고 시카고에서 일을 시작한 버락 오바마는 선거에 참여하지 않는 유권자들의 서명을 받는 캠페인에 참여했다. 그가 참여한 일리노이주 투표 프로젝트를 통해 무려 150,000명의

새 유권자가 등록하게 됐다. 엄청난 결과였다. 이 무렵 오바마는 '내 아버지의 꿈'이라는 자서전을 쓰고 있었다. 프로젝트 진행과 집필로 그는 바쁜 나날을 보냈다.

그의 아내인 미셸은 이로 인해 외로움을 느꼈다. 오바마는 미셸과 보낼 시간이 부족했다. 그는 후일 이를 인정했다. "하루에 주어진 시간은 제한돼 있는데 유권자 등록프로젝트, 자서전 집필 등으로 시간이 부족했다."

프로젝트를 마친 오바마는 마이너, 반힐&갤런드라는 로펌에 입사했다. 이 로펌은 주로 인권 문제와 차별소송을 다뤘다. 오바마는 재판정에 서는 일보다 주로 리서치를 하고 문서를 작성하는 일에 시간을 썼다.

오바마가 이 로펌을 선택한 이유는 저드슨 마이너Judson Miner변호사가 이 회사에 있었기 때문이다. 마이너는 시카고 첫 흑인 시장이었던 해럴드 워싱턴과 함께 많은 일을 했던 인물이었고 인맥이 넓었다.

오바마도 인맥을 넓혀가면서 정치에 계속 관심을 뒀다. 1995년 오바마는 중대한 결정을 내렸다. 일리노이주 상원의원 선거에 나서기로 했던 것. 주 상원의원이었던 앨리스 파머Alice Palmer가 연방 상원의원 선거에 출마하기로 하면서 공석이 생겼다. 오바마는 이 빈자리를 채우고자 했다. 파머는 오바마를 지지하면서 연방 상원의원 선거에서 낙마하더라도 보궐선거에는 나서지 않겠다고 약속했다.

파머는 그러나 연방상원의원선거에서 패할 것이라는 전망이 지배적이었다. 분위기가 좋지 않자 그의 측근과 지지자들은 오바마를 찾아가 주 상원의원 선거에 나서지 말 것을 종용했다. 오바마는 파머가 약속을 지킬 것으로 굳게 믿고 있었지만 약속은 너무 쉽게 깨졌다. 연방 상원의원 선거에서 패한 파머는 보궐선거에 나서기로 했다.

오바마는 파머가 급하게 서명을 받은 청원서 중 200개가 무효임을 발견하고 그가 보궐선거에 나설 자격이 없음을 밝혔다. 이런 악연으로 인해 파머는 2008년 대선 민주당 경선에서 오바마가 아닌 힐러리 클린턴을 지지한 바 있다. 오바마는 주 상원의원 선거에서 쉬운 승리를 거뒀다. 정치인으로 입문하고 첫 승리였다.

그가 주 상원의원 선거에 나서기로 한 후에 시카고 리더^{Chicago Reader}라는 신문은 오바마의 인종과 정치에 대한 견해를 상세히 소개했다. 그가 많은 사람에게 자세히 알려진 첫 번째 기사였다. 1995년 11월 8일 자 시카고 리더의 기사에는 다음과 같은 내용이 실려 있다.

오바마는 인권운동 변호사, 교수, 작가, 자선사업가로서 하루 12시간이 부족한 사람이다. 그는 자신의 경력에 정치인을 추가하기 위해 정치에 뛰어든 게 아니다. 그는 오래전부터 커뮤니티 세우기에 관심이 많았다. 오바마는 미국의 흑인 사회가 정치적으로 절름발이처럼 돼 있는 상태를 극복하도록 돕기 위해 정치인이 되고자 한다. 진보적인 정치인들이 항상 하는 말이지만 오바마는 국민 스스로가 이러한 분위기를 만들 수 있도록 환경을 만들어주고 싶어 한다.

그는 하버드대 시절에도 정치에 입문했을 때도 다음과 같은 말을 하고 실행에 옮겼다: "건강한 커뮤니티를 세우기 위해 어울려 일하는 법을 배워야 한다." 오바마는 커뮤니티의 중요성을 강조했다. 하버드대 시절 그는 다양한 배경에서 자란 사람들 의견을 경청하는 리더로 유명했다. 인권운동을 할 때도 교수로 일했을 때도 그의 관심은 오직 하나였다. 모든 사람이 어우러져 건강한 커뮤니티를 만드는 것이었다.

주 상원의원이 된 직후 오바마는 널리 사랑받지는 못했다. 사람들은 흑인 상원의원에 대한 편견이 있었다. 나중에 오바마의 측근이 된 기자 출신의 댄 쇼먼^{Dan Shomon}도 처음에는 오바마를 싫어했다. 그는 오바마와 깊은 대화를 나눈 후 그와 금세 절친이 됐고 정치 인생을 함께했다.

오바마는 쇼먼의 의견을 존중하는 정치인이었다. 쇼먼의 의견이 옳다는 생각이 들면 그가 원하는 대로 행동에 옮겼다. 오바마는 흑인이지만 백인 중산층과 잘 어울렸다. 할머니, 할아버지가 백인 중산층이었던 것이 크게 작용했다.

오바마는 주 상원의원으로서 첫 2년 동안은 '주요 정치인'으로 여겨지지 않았다. 그래서 그는 열심히 동료를 만들었다. 정치인, 의원들과 어울리기 위해 골프를 배웠다. 그러던 중 만난 가장 중요한 인물은 바로 에밀 존스 주니어^{Emil Jones Jr}였다. 주 의원이었던 에밀 존스 주니어는 오바마가 상원의원이 된 후 급속도로 가까워졌다. 존스 주니어는 아버지가 없었던 오바마를 마치 친자식처럼 생각했다.

한편, 1995년 11월 7일 오바마의 친모인 스탠리 앤 던햄이 세상을 떠났다. 자궁암을 이겨내지 못한 던햄은 아들을 보지 못하고 숨을 거뒀다. 11월은 오바마가 선거운동을 벌였던 시기였다. 어머니의 임종을 보지 못한 오바마는 이를 너무나 안타깝게 생각했다. 모친이 사망한 후 하와이에 도착한 버락 오바마는 동생 마야와 함께 장례를 치렀다.

리더는 '나에 대해 깊이 알고, 이웃을 깊이 관찰해서 어떤 사람들인지 알아내어 타인을 위한 삶을 사는 자'이다. 더 나아가 리더는 '창의적이고 융합적인 사고를 하고 협력을 잘하고 좋은 인성을 가진 자로서 놓인 문제를 해결하며 세상을 이롭게 하는 자'이다

이 리더십 정의에 의하면 오바마는 융합적인 사고를 하는 인물이었다. 그는 누구와도 토론하며 이견 조율을 할 수 있는 사람이었다. 이는 그가 바른 인성을 갖고 서번트 리더로서 성장했기에 가능한 일이었다. 그의 모친이 어렸을 때부터 강조했던 4가지 철칙도 그의 인생에 중대한 영향을 미쳤다. 오바마는 래리 스피어스가 말하는 경청, 공감, 인식, 이웃 성장에 헌신, 공동체 세우기 등 서번트 리더십의 특성을 고루 갖춘 인물이었다.

제 9 항 전국구 정치 스타덤에 오르다

1996년 주 상원의원이 된 버락 오바마의 당시 나이는 35세였다. 젊은 나이에 정치인이 된 오바마는 주 상원의원으로 활동하며 800건 이상의 어린이 및 가난한 주민들을 위한 법안을 통과시켰

다. 또한, 상원의원들이 정직하게 정치활동을 하도록 하는 법안도 상정해 통과하도록 했다. 상원의원으로 왕성하게 활동하던 오바마는 2000년 시련을 겪었다.

미 연방 하원의원 선거에 나선 그는 쓴 패배를 맛보았다. 2000년 선거에서 그는 바비 러시Bobby Rush를 상대했다. 러시는 흑인으로 시카고 사우스 사이드 지역에서 많은 지지자가 있던 인물이었다. 시카고 유권자들은 오바마를 좋아했지만 "러시가 정치하면서 잘못한 게 없었다."며 동정표를 그에게 던졌다. 이 선거를 치르면서 오바마는 재정적으로 위험한 지경에 빠졌다. 당시 선거에 대해 아내인 미셸 오바마는 반대 의사를 표명한 바 있다. 미셸은 오바마가 러시에게 이길 수 없다고 생각했다. 아내의 말이 맞았다. 그는 또한 이 선거에서 정치 9단의 말을 듣지 않고 자기 생각대로 밀어붙인 것이 잘못됐음을 깨달았다.

연방 하원의원 선거에서 패했던 오바마는 다시 주 상원의원으로 활동했다. 2002년 그는 연방 상원의원 선거에 나서기로 결심했다. 이번에도 미셸은 반대했다. 미셸은 "우린 돈도 없고 승산 없는 선거에 나서는 것은 옳지 않다고 본다."고 남편에게 말했다.

버락 오바마는 그러나 "이번에 지면 정계를 떠나겠다."고 말하며 끝내 아내의 동의를 얻어냈다. 그의 친구이자 정치 매니저였던 댄 쇼먼은 연방 상원의원 선거는 도울 수 없다고 말했다. 오바마는 크게 실망했다. 쇼먼이 없으면 이길 수 없다고 생각했던 것. 그러나 구원투수가 있었다. 바로 시카고 트리뷴지 기자 출신이자 선거 매니저로서 베테랑인 데이비드 액설로드David Axelrod를 만나게 됐던 것.

액설로드는 선거에 나서는 후보의 장점을 잘 간파해 이를 홍보로 연결시키는 능력이 탁월한 인물이었다. 또한, 언론계의 인맥이 넓은 것이 그의 장점이었다. 액설로드가 오바마 캠프에 들어간 것은 운명이었다고 할 수 있다. 액설로드는 즉흥 연설을 잘하는 오바마가 좀 더 안정되게 연설할 수 있도록 도왔다. 원고 없이 연설하는 오바마에게 때로는 원고를 준비하도록 충고했다.

오바마가 2002년 이라크 전쟁에 반대하는 연설을 했을 때 그에 대한 관심이 증폭됐는데 이는 액설로드와의 합작이었다. 오바마는 당시 전쟁에 반대하는 목소리가 거의 들리지 않았던 상황에서 정면으로 조지 W. 부시 정권에 반대하는 정치인으로서 자리를 잡게 됐던 것이다. 시카고 페더럴 플라자에 모였던 2,000명의 군중은 그의 연설에 환호를 보냈다.

그동안 무명이었던 오바마는 그 연설로 일약 정치계의 스타덤에 올랐다. 미 연방 상원의원 민주당 경선을 하면서 일부 정적들은 "오바마는 흑인이 아니다. 백인 진보주의자들을 위한 정치인이다."라는 비난이 일었지만 시카고 시민들은 그가 흑인 커뮤니티에서 많은 일을 했던 것을 기억했다. 그는 선거 유세를 할 때도 주로 흑인 교회에서 연설을 하곤 했다. 거의 매주 일요일 그는 흑인 교회를 방문해 자신의 정견을 소개했다.

2004년 7월 민주당 경선에서 승리한 그는 공화당의 잭 라이언Jack Ryan과 최종 대결을 벌이게 됐다. 라이언은 보수파 계열에서는 떠오르는 젊은 정치인이었다. 라이언은 '공화당의 오바마'라고 할 수 있을 정도였다. 박빙의 승부가 예상됐다.

그러나 라이언 캠프는 결정적인 실수를 했다. 오바마의 실수를 잡아내기 위해 그를 24시간 쫓아다니는 비디오자키를 고용해 상배방의 일거수일투족을 촬영한 일이 발각되면서 그의 인기는 금세 시들해졌다. 화장실까지 쫓아오는 이 파파라치를 더는 견디지 못하겠다고 판단한 오바마는 기자들이 모인 자리에서 "이 사람이 바로 내 스토커"라고 크게 외쳐 시카고는 발칵 뒤집혔다. 다음날 시카고 언론은 스토커에 대한 기사를 헤드라인으로 다뤘다. 공화당 후보인 라이언은 공개 사과했지만 그 충격에서 벗어나지 못하고 결국 선거에서 빠졌다.

오바마는 민주당 경선 때도 상대 후보의 약점을 말하지 않는 것으로 유명했는데 화장실까지 쫓아오는 파파라치를 그대로 두는 것은 옳지 않다고 판단했다. 민주당 대통령 경선 때 자신을 집중적으로 공격했던 상대에게 스캔들이 생기자 오바마는 거듭 "노코멘트"로 일관한 바 있다.

오바마는 상대를 공격해서 승리를 거두기보다는 자신이 해야 할 일을 강조하며 유세를 벌였다. 그는 모두가 힘을 합해 좋은 사회를 만들자는 주장을 펼쳤다. 공화당 후보였던 라이언이 빠지자 공화당은 거의 패닉 상태가 됐다. 어쩔 수 없이 내민 카드는 당시 메릴랜드주에 거주했던 앨런 키즈 Alan Keyes 였다. 키즈는 흑인 보수파로 말이 거친 사람이었다. 오바마에 대한 집중포화가 쏟아졌다. 그는 "예수가 선거에 참여한다면 오바마에게 표를 던지지 않을 것"이라는 자극적인 말을 하기도 했다.

결과는 오바마의 완승이었다. 오바마는 70%의 득표율을 기록했다. 키즈는 29%의 득표율을 기록하는 데 그쳤다. 상원의원으로 출마했던 오바마는 연방 상원의원이 됐을 뿐만 아니라 전국적으로 관심 받는 정치인이 됐다. 그는 2004년 대통령 선거 민주당 전당대회 기조 연설자로 참여했는데 여기서 대선 후보였던 존 케리 _{John Kerry}보다 더 관심을 받는 인물이 됐다.

민주당 내에서는 "오바마가 차기 민주당 대선후보가 될 것 같다."는 말이 나올 정도로 그의 인기는 하늘 높은 줄 모르고 치솟아 오르고 있었다. 총선거에서 오바마는 미 상원의원으로 당선됐지만 케리는 조지 W. 부시에 패했다. 오바마 당선 파티는 그래서 냉랭했다.

그러나 오바마는 당시 선거를 통해 많은 것을 얻었다. 미국의 변화를 위해 주요 인물이 될 것이라며 주목을 받았고 정치인으로서는 화합을 중요시한다는 이미지를 얻게 됐다. 전국적인 관심을 받게 된 선거이기도 했다. 재정난에서도 벗어났고 미래 대통령 선거를 위한 참모를 얻기도 했다. 물론 당시에는 그가 그렇게 빨리 대통령 선거에 나설 것으로 생각하는 이는 없었다. 연방 상원의원 선거는 2008년 대선을 위한 전주곡과 같았다.

제 10 항 창의적 사고를 가진 리더

버락 오바마는 2005년 1월 미연방 상원의원으로 정식 취임을 했다. 취임 당시 그가 2008 대선에 나설 것이라는 의견이 나왔다.

기자들과의 만남에서 오바마의 딸인 말리아는 아빠에게 "아빠가 대통령이 되는 게 맞냐."고 물었고 이에 오바마 상원의원은 당황 해하는 기색이 역력했다. 그는 상원의원이 되자마자 대선을 생각 하는 야심으로 가득 찬 정치인으로 보이기를 원치 않았다.

미 상원의원 취임 후 첫해에 그가 한 일은 '정치적인 목적'으로 모든 것을 하는 사람으로 보이지 않도록 노력하는 것이었다. 그는 사실 '정치적인 목적'을 위해 정치인이 되지 않았다. 어려운 사람 들을 돕기 위해서는 변호사가 될 필요가 있다고 느껴 하버드대에 입학했고 시카고 빈민층을 제대로 도우려면 정치인이 되어야 한다 고 생각해서 주 상원의원이 됐다. 정치적인 야심보다는 시민을 돕 는 일에 좀 더 기울어져 있었다.

오바마는 그래서 일리노이 주민들의 민원을 챙기는 일과 연방 상원 국제 관계 위원회 일 그리고 새로운 책을 쓰는 일에 매진했 다. 첫해에는 많은 법안을 상정하지 않음으로써 튀는 일을 자제했 다.

그리고 그는 워싱턴 D.C.에 있는 정치인들과 친밀감을 쌓는 데 많은 시간을 보냈다. 그는 하버드대 법학지의 회장이었을 때도 그 랬고 일리노이주 상원의원이었을 때도 그랬지만 공화당, 민주당 출신과 상관없이 친분을 쌓는 데 노력을 기울였다. 당파 싸움으로 는 미국을 살기 좋은 나라로 만들기 어렵다고 생각했기 때문이다.

그는 2005년 5월 공화당 상원의원인 존 매케인, 민주당 상원 의원인 에드워드 케네디와 함께 미국 안보와 이민 개혁 법안Secure America and Orderly Immigration Acts을 상정했다. 하원에서 이 법안은 통과되지 못했다. 그럼에도 오바마의 공화당 의원과의 힘을 합한 노력은 박수를 받았다. 매케인은 이후 대선에서 오바마와 대결을 벌이기도 했다.

오바마는 이후 공화당 내에서도 보수파로 알려진 톰 코번 의원과 함께 연방 기금 책임 및 투명성법Federal Funding Accountability and Transparency Act : FFATA을 상정해 법안이 통과되는 데 기여했다. 이 법안은 납세자들의 세금이 어떻게 사용되는지 온라인상에서 알 수 있도록 한 것으로 큰 호응을 얻었다.

오바마는 이 밖에 리처드 루거Richard Lugar의원과 함께 '더 루거-오바마 법안'을 상정해 미국이 구소련의 핵무기 사찰을 강화할 수 있도록 러시아를 지원하는 법안을 통과시켰다. 이 법안은 조지 W. 부시 대통령이 지난 2007년 1월 서명했다.

국제 관계 위원회의 위원이었던 오바마 상원의원은 2005년에 러시아, 동유럽, 중동을 방문해 미국과의 관계를 점검하면서 시간을 보냈다. 2006년에는 아프리카를 방문해 아프리카인들의 삶의 실상을 정치인의 입장에서 볼 수 있게 됐다.

아프리카 방문 중 특히 동부 아프리카 방문은 큰 반향을 불러일으켰다. 특별히 케냐 방문은 마치 그가 할리우드 스타가 된 것처럼 국민의 환영 속에 이뤄졌다. 케냐는 그의 아버지인 버락 오바마 시니어가 태어나고 죽은 나라다. 버락 오바마 시니어는 케냐에서 고위 관료였다.

미국 내 이슈 중에는 허리케인 카트리나 재해가 있었을 때 그에게 국민의 시선이 집중된 바 있다. 오바마 상원의원은 허리케인 카트리나가 뉴올리언스를 덮쳤을 때 논란을 잠재웠다. 당시 제시 잭슨Jesse Jackson목사를 비롯한 흑인 지도자들은 "흑인이 많은 지역에서 일어난 재해이기에 미국 정부가 늑장 대응을 했다."며 정부를 강력히 비난했다. 인종차별 논란으로 미국이 분열되는 분위기였다. 흑인 커뮤니티의 불만이 높았다. 이때 오바마는 한 TV 방송에 출연, "흑인이든 백인이든 어떤 상황에서도 동등한 도움을 받아야 한다. 이는 단순히 흑인만의 이슈는 아니다."라고 말해 논란을 잠재웠다. 그는 또 "인종적인 이유가 아니라 재정적인 이유가 늑장 대응의 주요인이었던 것 같다."고 덧붙였다.

오바마 상원의원은 이후 이 발언에 대한 기자들의 질문에 "나는 솔직한 마음을 그대로 표현했을 뿐이다. 나는 흑인을 대표하는 의원이라기보다는 일리노이주와 많은 배경을 가진 사람들의 대표이기에 그런 생각을 했다."고 말했다.

이러한 그의 발언과 행동은 많은 지지자를 얻도록 했다. 오바마는 미국 내에서뿐만 아니라 국제적으로도 알려지기 시작했다. 오바마의 대선 출마설이 나오는 것은 당연한 일이었다.

연방 상원의원으로 2년을 보낸 오바마는 2007년 2월10일 대선 출마를 발표했다. 일리노이주를 대표하는 상원의원이었기에 그는 일리노이주 스프링필드에서 대선 출마를 공식 선언했다.

그는 일단 민주당 내 경선에서 승리해야 했다. 최대 경쟁 상대는 힐러리 클린턴 상원의원, 조 바이든 상원의원, 존 에드워즈 전 상원의원이었다. 당내 경선이 진행되는 동안 다른 후보들은 모두 떨어져 나갔고 힐러리 클린턴만이 유일한 경쟁상대가 됐다.

두 사람은 선거자금 모금에서도 치열하게 경쟁했다. 오바마는 과거 한국의 노무현 대통령처럼 다수의 개인으로부터 작은 액수를 받아 선거자금으로 사용했다. 오바마에 대한 정치 헌금은 주로 인터넷에서 이뤄졌다.

민주당 내 경선은 사상 첫 흑인 대선 후보가 나오느냐 사상 첫 여성 후보가 나오느냐의 관심으로 인해 전 세계적인 이슈가 됐다. 이는 민주당에 대한 미국 국민들의 관심을 집중시키는 데 적지 않은 영향을 미쳤다. 경선이 진행되면서 오바마는 존 케리 전 대선 후보, 크리스토퍼 도드 경선 후보, '상원의원의 사자'로 불린 에드워드 케네디 등으로부터 공식 지지를 받았다.

빌 클린턴 전 대통령의 부인이기도 한 힐러리 클린턴은 오바마의 정치경력 부족을 주 공격무기로 삼았다. 클린턴은 전쟁을 잘 마무리할 사람은 국정을 오랫동안 지켜본 자신이라고 강조했다. 그러나 오바마가 가는 곳에는 많은 군중이 모였다. 힐러리와 그의 측근들은 주로 인종 이슈를 들고 나왔던 반면 오바마는 '미국의 변화'에 집중했다. 이때 이슈의 주인공이 된 인물이 있었다. 바로 오바마가 다녔던 시카고 교회의 담임 목사였던 제러마이어 A. 라이트였다. 그는 여러 차례 백인 사회에 대해 분노의 메시지를 던졌다. 유권자들은 "저런 목사가 설교하는 교회에 오랫동안 다녔고 그를 친구로 여기는 오바마가 과연 미국 대통령이 될 수 있을까"라는 질문을 던지기 시작했다.

제 11 항 최초의 흑인 미국 대통령으로 당선

버락 오바마가 다녔던 교회의 담임 목사였던 제러마이어 A. 라이트는 설교 중에 미국은 신이 축복하기 어려운 나라라는 말을 자주 했다. 이 나라에는 여전히 인종차별이 존재하고 가난한 자들이 기회를 얻지 못한다며 "빌어먹을 미국God damn America"이라는 표현을 썼다. 라이트 목사는 오바마 부부의 결혼 주례를 맡았고 오바마 부부의 두 딸인 말리아와 사샤에게 침례를 했던 인물이다. 오바마 가족의 친구이자 버락 오바마의 멘토였던 라이트 목사의 과격한 발언은 유튜브 등에 올려져 뜨거운 감자가 됐다.

그동안 오바마를 지지했던 백인 유권자들은 혼란스러워했다. 백인, 흑인 등 인종과 상관없이 모두를 친구로 대하며 화합을 강조했던 오바마 상원의원에 대해 색안경을 쓰고 보는 사람들이 조금씩 늘어나기 시작했다.

분위기가 좋지 않던 상황에서 오바마는 2008년 3월 18일 '더 완벽한 연합'이라는 제목의 연설을 했다. 오바마는 이 연설에서 "라이트 목사는 흑인이기 때문에 특정 직장을 잡지 못하고 연금을 받을 수 없었고 교육 혜택을 누리지 못했던 시대에 살았다. 또한, 흑인을 차별하는 짐 크로 법안 등은 수십 년 동안 라이트 목사와 같은 흑인을 괴롭혔다. 이로 말미암아 흑인이 가난하게 살았고 그들에게 분노가 있는 것은 당연하니 이를 이해해 줘야 한다."고 설명했다.

오바마는 이어 "흑인에게 하고 싶은 말은 백인이나 이민자들은 과거와 연연해서 살지 않으며 그들도 생계유지를 위해 최고의 노력을 아끼지 않고 있으며, 그들도 직장을 잃을 것을 두려워하고 있다는 것을 이해해야 한다."고 했다.

그는 또 "미국의 문제는 사람들이 직장을 계속 잃는 것인데, 이는 고용주들이 비용 절감을 위해 외국의 값싼 노동력을 선호하면서 생긴 일이다. 문제는 썩은 정치이고 점점 탐욕스러워지는 사회 분위기 때문"이라고 강조했다.

이 연설은 미국뿐만 아니라 전 세계적으로 큰 반향을 불러일으켰다. 어떤 이들은 이 연설이 이 시대 최고의 연설이라고 추켜세우기도 했다. 이 연설이 알려진 후 뉴멕시코의 주지사였던 빌 리처드슨Bill Richardson은 오바마를 공식적으로 지지하기 시작했다.

리처드슨은 미국 내 유일한 히스패닉계 주지사였기에 히스패닉 표심을 움직이는 데 결정적인 역할을 했다. 리처드슨의 지지는 흑인과 히스패닉계 유권자들이 오바마에 더욱 집중하도록 했다.

상황이 이렇게 되자 민주당 경선에 오바마의 대결 상대로 나섰던 힐러리 클린턴은 2위로 밀려났다. 클린턴은 선거 전략에서도 실수가 있었다. 그는 백인만 열심히 일하는 인종이라는 뉘앙스를 풍기는 발언으로 흑인, 히스패닉, 아시안의 표가 요지부동이 되도록 했다.

2008년 6월 7일. 힐러리 클린턴은 민주당 경선 포기를 선언했다. 그리고 클린턴 상원의원은 오바마를 적극적으로 지지하겠다고 선언했다. 클린턴의 오바마 지지는 민주당 내 화합을 주도했고 여성 유권자의 표가 오바마로 쏠리도록 했다.

이러한 지지에 대한 답례로 오바마 측은 클린턴 캠프의 빚을 갚아 달라고 지지자들에게 호소했다. 클린턴 캠프는 경선을 위해 무려 1천만 달러를 융자받은 바 있다. 오바마는 지지자들에게 이 빚을 갚아주기 위해 기부를 해 달라고 부탁했다. 오바마의 지지자들은 실제 기부를 함으로써 클린턴의 재정 부담을 덜어줬다.

오바마의 인기가 높아지자 그를 반대하는 언론은 '두려움 전략'을 이용하기 시작했다. 언론은 오바마가 모슬렘이고 그가 대통령이 되면 오사마 빈 라덴이 미국을 통치하게 될 것이라는 자극적인 내용을 보도했다. 이러한 내용이 포함된 자극적인 풍자만화는 큰 인기를 끌었다. 오바마 측은 이에 대해 거론할 가치가 없는 풍자라고 애써 논평을 회피했다. 이에 대해서는 공화당 대선 후보였던 존 매케인도 동의했다.

오바마의 인기가 점점 높아졌다. 2008년 7월 24일 오바마는 독일에서 연설했는데 이 자리에는 20만 명의 독일인, 유럽인들이 몰려들었다. 오바마는 "독일이 다시 분단되는 일은 없어야 한다. 독일인은 테러, 집단 학살, 지구온난화를 힘을 모아 이겨내야 한다."고 말했다. 우레와 같은 박수가 쏟아졌다.

매케인은 오바마의 이러한 인기와 행보에 대해 "자신이 록스타인 양 뽐내는 것 같다."고 논평했다.

오바마는 2008년 8월 22일 중대한 결정을 발표했다. 조 바이든 Joe Biden 을 그의 러닝메이트로 내세운 것. 언론은 "지혜로운 선택"이라고 반응했다. 창의적 선택이기도 했다. 바이든은 국외 정책의 전문가였다. 그는 또한 상원의원으로서 무려 36년 동안 재직했다.

그의 경험은 국정 경험이 부족한 오바마의 단점을 보완할 수 있다는 평가가 나왔다.

2008년 8월 25일 민주당 전당 대회가 열렸다. 이날 행사에는 뇌종양으로 수술을 받았던 '상원의원의 사자' 에드워드 케네디가 연설자로 나와 새 시대의 새 리더인 오바마를 적극 지지해 달라고 당부했다.

케네디의 연설은 일부 보수층의 표심을 움직였다. 이 행사에서 미셸 오바마는 남편이 얼마나 가정적이고 나라의 발전에 헌신 되어 있는지를 설명해 큰 박수를 받았다.

오바마는 민주당 대선 후보 수락 연설을 했다. 그는 수락 연설에서 아내와 두 딸에 대한 신뢰를 표현했으며 미국의 건강보험 제도, 실업률 증가, 군인들에 대한 낮은 혜택 등을 거론했다.

그는 또한 이 연설에서 미국인이 자신뿐만 아니라 타인에 대한 책임감을 가져야 할 때이고 아메리칸 드림을 위해서는 미국인이 일정 부분 희생해야 할 부분이 있다고 설명했다.

그는 45년 전 마틴 루터 킹 주니어 목사의 연설에서 거론됐던 꿈과 연합에의 희망을 잃지 말 것을 당부했다. 다음은 연설의 일부 내용이다.

Four years ago, I stood before you and told you my story - of the brief union between a young man from Kenya and a young woman from Kansas who weren't well-off or well-known, but shared a belief that in

America, their son could achieve whatever he put his mind to. It is that promise that has always set this country apart - that through hard work and sacrifice, each of us can pursue our individual dreams but still come together as one American family, to ensure that the next generation can pursue their dreams as well.

4년 전, 저는 여러분 앞에서 케냐에서 온 젊은 남성(오바마의 아버지)과 캔자스에서 온 젊은 백인 여성(어머니)의 만남에 대한 제 이야기를 나눴습니다. 그들은 부유하지도 유명하지도 않았지만, 미국에선 그들의 자녀가 마음을 쏟는다면 무엇이든 성취해낼 수 있을 거란 믿음을 함께 갖고 살았습니다. 언제나 미국을 돋보이게 만든 것은 열심히 일하고 참고 희생하면, 우리의 자녀들도 각자의 꿈을 이룰 수 있을 뿐 아니라, 여전히 하나의 미국의 가족으로 함께할 수 있다는 확신을 주는 약속이었습니다.

That's why I stand here tonight. Because for two hundred and thirty two years, at each moment when that promise was in jeopardy, ordinary men and women - students and soldiers, farmers and teachers, nurses and janitors - found the courage to keep it alive.

오늘 제가 이 자리에 설 수 있는 것은 그런 것들 때문에 가능했습니다. 232년 동안, 약속이 깨질 위기에 놓일 때마다 학생과 군인, 농부와 선생님, 간호사와 청소부와 같은 평범한 남성과 여성들이 그 약속을 지켜낼 용기를 찾아내었습니다.

We meet at one of those defining moments - a moment

when our nation is at war, our economy is in turmoil, and the American promise has been threatened once more.

우리는 지금 중요한 시기를 맞고 있습니다. 미국은 지금 전쟁을 치르고 있고, 경제는 어려움에 처했으며, 선조들이 품고 있던 미국의 약속이 다시 위협받고 있습니다.

Tonight, more Americans are out of work and more are working harder for less. More of you have lost your homes and even more are watching your home values plummet. More of you have cars you can't afford to drive, credit card bills you can't afford to pay, and tuition that's beyond your reach.

많은 미국인이 일자리를 잃었습니다. 많은 사람이 일한 만큼 보상을 받지 못합니다. 많은 사람이 집을 잃었습니다. 이전에 비해 더 많은 사람이 집값 폭락을 지켜봤습니다. 더 많은 사람이 자동차를 소유하기가 어려워졌고, 신용카드와 고지서 대금을 낼 수 없게 되었으며, 학생들은학비 감당이 어려워졌습니다.

Tonight, I say to the American people, to Democrats and Republicans and Independents across this great land - enough! This moment - this election - is our chance to keep, in the 21st century, the American promise alive. Because next week, in Minnesota, the same party that brought you two terms of George Bush and Dick Cheney will ask this country for a third. And we are here because we love this country too much *to let the next four years look like the last eight. On November 4th, we must stand up and say: "Eight is enough."*

오늘 밤, 저는 이 위대한 나라에 살고 계신 미국 국민 여러분께, 민주당원, 공화당원, 그리고 무소속의 정치인 모두에게 말씀드립니다. "지금까지의 경험으로도 충분합니다!" 이 선거는 21세기에 미국을 향한 약속을 살려낼 기회였습니다. 두 번의 임기를 거친 조지 부시와 딕 체니를 배출한 공화당이 다음 주 미네소타(공화당 전당대회가 열리는 장소)에서 삼세번의 기회를 여러분께 요구할 것이기 때문입니다. 앞으로의 4년이 지난 8년과 비슷해지도록 놔두기엔 우리는 이 나라를 너무 사랑합니다. 11월 4일, 우리는 일어나서 이렇게 외쳐야 합니다. "8년이면 됐습니다 그만하시지요!"

이 연설은 미국 내에서 무려 3,900만 명이 지켜봤다. 미국 역사상 가장 많은 사람이 지켜본 연설이었다. 바로 그다음 날 공화당의 존 매케인 후보는 자신의 러닝메이트로 새라 페일린을 지명했다.

페일린을 부통령 러닝메이트로 선정한 것은 여성 유권자를 겨냥한 선택이었다. 페일린은 처음에는 큰 인기를 끌었다. 직설 화법과 말끔한 외모 그리고 독특한 억양이 유권자들의 관심을 집중시켰다. 페일린의 등장으로 공화당 전당 대회도 무려 3,700만 명의 시청자를 TV 수상기 앞으로 끌어들였다.

페일린은 10대 청소년 딸이 있었는데 그 딸이 임신한 사실이 온

천하에 공개되면서 이미지 손상을 입었다. 오바마는 페일린이 부통령 러닝메이트로 나서기 전부터 10대 임신의 문제점을 자주 거론한 바 있어 페일린 딸의 임신은 그의 주요 공격 대상이 될 수 있었다. 오바마는 그러나 언론이 페일린의 사생활을 지나치게 폭로하는 것을 오히려 비난했다.

페일린의 또 다른 약점은 정치 경력과 지식이 부족한 것이었다. 여성을 대표한다는 의미에서 그를 선택했던 매케인은 당황할 수밖에 없었다. 왜냐하면 페일린은 오히려 여성들의 필요를 채우지 못하는 정견으로 여성 유권자들을 분노케 했다.

양당의 공세가 뜨거울 무렵인 2008년 9월 15일은 '검은 월요일'이 됐다. 리먼 브라더스 사가 파산신청을 하고 메릴 린치가 무너지면서 미국 경제에 큰 파도가 출렁거렸다. 이 소식에 다우존스 지수는 무려 500포인트나 폭락했고 월스트리트는 총체적인 난국을 맞았다. AIG사가 흔들리자 미국 경제는 더욱 심각한 문제에 봉착했다.
에이아이지

큰 재정 회사와 보험회사가 무너지자 이 여파는 일반 은행들에도 미치기 시작했다. 미국 경제는 깊은 불황에 빠졌다. 미국 주식시장은 계속 하강 곡선을 그렸고 이는 전 세계 주식시장과 경제에 커다란 영향을 미쳤다.

동시에 매케인 후보에게 직격탄이 던져졌다. 매케인은 얼마 전까지만 해도 미국 경제가 탄탄하다고 자신 있게 말한 바 있다. 이런 상황에서 대선 TV 토론이 열렸다. 경제, 전쟁, 환경문제와 관련된 토론에서 매케인은 완패했다. 그는 논리에서 크게 뒤졌을 뿐만 아니라 상대 후보를 무시하는 듯한 태도로 유권자의 마음을 잃고 말았다.

TV 토론에서 대통령 선출이 확정되는 분위기였다. 페일린은 불난 데 기름을 부었다. 그는 "오바마는 테러리스트의 친구"라는 구시대적인 발언으로 지식층으로부터 더욱 강한 비난을 받았다. 심지어 보수층도 그의 무지하고 황당한 발언에 당황해했다.

매케인과 페일린의 주장은 오히려 표심을 잃는 원인이 됐다. '두려움 조장'의 선거전략은 유권자들을 식상하게 했다. 부시 정권에서 고위 관료였던 콜린 파월마저 매케인에게 등을 돌렸다. 매케인의 오랜 친구인 파월은 'Meet the Press'라는 방송에 출연, "매케인이 페일린을 러닝메이트로 지명한 것은 이해할 수 없는 결정이었다. 그리고 매케인이 지금의 경제난국을 지혜롭게 헤쳐나갈 수 없다고 본다."고 말했다. 매케인 캠프가 그로기 상황에 빠지는 결정적인 발언이었다.

파월은 이어 "공화당이 오바마는 모슬렘이라고 거짓말을 하며 유세를 하는 것은 마음에 들지 않는다."고 덧붙였다. 파월은 "미국의 리더십에도 세대교체가 필요하다."며 오바마에 대한 지지 의사를 분명히 밝혔다.

대선은 오바마의 승리가 확실해 보였다.

그리고 오바마는 2008년 11월 4일 미국 최초의 흑인 대통령으로 당선됐다.

자신을 키워준 친할머니 매들린 던햄이 세상을 떠난 바로 다음 날 오바마는 당선자로 확정됐다. 1960년대 로버트 케네디는 "40년

쯤 후에 유색 인종 미국인이 미국 대통령이 될 것 같다."고 예언을 한 바 있는데 그의 예상이 바로 2008년에 현실이 됐다.

오바마 대통령 당선인은 최악의 상황에 있던 미국 행정부를 맡게 됐다. 그에게 막중한 임무가 주어졌다.

리더는 '나에 대해 깊이 알고, 이웃을 깊이 관찰해서 어떤 사람들인지 알아내어 타인을 위한 삶을 사는 자'이다. 더 나아가 리더는 '창의적이고 융합적인 사고를 하고 협력을 잘하고 좋은 인성을 가진 자로서 놓인 문제를 해결하며 세상을 이롭게 하는 자'이다.

이 리더십 정의에 의하면 오바마는 창의적인 리더의 표본이었다. 그는 위기 때마다 창의적인 결정을 내리며 위기에서 벗어났다. 그가 내린 많은 결정은 창의적이고 융합적이었다.

제 12 항 제44대 대통령 취임식

미국 제44대 대통령이 된 버락 오바마의 취임식은 2009년 1월 20일 워싱턴 D.C. 유나이티드 스테이츠 캐피털에서 열렸다. 이 취임식의 주제는 게티스 버그 연설의 주제였던 '자유의 새로운 탄생 A New Birth of Freedom'이었다.

이 행사는 에이브러햄 링컨의 탄생 200주년, 마틴 루터 킹 주니어의 날 등과 연결된 역사적인 이벤트였다. 이 행사는 미국뿐만 아니라 전 세계적인 관심을 끌었다. 닐슨 TV 시청률 조사 기관에 따르면 미국 내 56개 주요 지역에서 시청률 29.2%를 기록한 것으로 나타났다. 이는 1981년 로널드 레이건 대통령 취임식 이후 최고의 시청률이었다. 한 조사에 따르면 이 취임식을 지켜본 미국 시청자는 총 3,780만 명에 달한 것으로 집계됐다. 이는 온라인 시청을 제외한 수치다.

취임식이 열렸던 당일 온라인 트래픽은 역사상 유례없을 정도로 극심했다. CNN 닷컴의 경우 취임식이 열렸을 즈음 약 2,100만 건의 접속으로 웹사이트 개설 이후 최고의 동시 접속을 기록했고 당일 페이지뷰는 무려 1억 3,600만 건이었다. 영국의 BBC방송 홈페이지는 접속자가 몰려들어 무려 30분 동안 서버 작동이 중단되는 사태가 발생하기도 했다. 한 인터넷 조사 기관은 1분 동안 540만 명의 인터넷 사용자가 뉴스를 보기 위해 접속을 했다고 발표했다. 이는 이 회사가 인터넷 트래픽을 조사하기 시작한 2005년 이후 1분 최고 접속자 수 5위에 해당하는 기록이었다.

오바마의 취임식은 유럽에서 큰 관심을 끌었다. 독일에서는 무려 1,100만 명이 취임식을 TV를 통해 지켜봤고 프랑스에서도 700만 명이, 영국에서는 510만 명이 취임식을 생방송으로 시청했다. BBC 방송에 따르면 취임식의 하이라이트가 방영된 오후 시간에는 영국에서 무려 650만 명이 방송을 시청한 것으로 나타났다.

취임식에 관심이 높았던 만큼 그의 취임 연설에도 관심이 집중됐다. 취임설에 대한 다양한 비평이 언론을 통해 쏟아졌다. 뉴욕 타임스의 워싱턴 D.C. 특파원인 데이비드 생어는 "부시 정권에 대한 비난은 지나쳤으며 이는 프랭클린 루스벨트가 미국의 가치를 회복해야 한다고 했던 연설 이후 가장 거친 내용이었다."고 비난했다. 하지만 뉴욕 타임스의 다른 칼럼니스트는 "오바마는 미국의 문제가 무엇인지 정확하게 알고 있고 그것에 대한 치유책도 잘 알고 있다. 힘을 잃은 이 나라 국민들이 힘을 합해 재건에 힘쓰기를 바란다."며 긍정적인 평가를 하기도 했다. 공화당원들은 당연히 부정적인 반응이었다. 공화당원들은 "이 연설은 양당의 화합을 위한 절호의 기회를 살리지 못했다."고 비평했다.

긍정적인 평가도 물론 있었다. 뉴질랜드 매시 대학에서 연설문 작성을 강의하고 있는 헤더 캐번 박사는 현지 언론과의 인터뷰에서 "오바마 연설은 케네디 연설과 같은 급에 들어간다고 보아도 틀림없다."고 평가했다.

작가이자 언론인인 맬콤 글래드웰은 LA 타임스와의 인터뷰에서 "그는 귀족풍의 첫 대통령이다. 부시가 친구 같고, 클린턴이 친절한 삼촌 같았다면 오바마는 마치 왕자와 같다."고 취임 연설을 평했다.

워싱턴 포스트지는 "노예 제도와 흑인 차별이 존재했던 나라에서 첫 번째 흑인 대통령이 탄생한 것은 미국인들에게 기쁨이다. 취임 연설은 우리에게 희망을 주는 연설이었다."고 논평했다.

프랑스의 르몽드지는 "속 좁은 애국심과 과거 동맹국들을 무시하는 조지 부시와는 달리 오바마는 논리가 정확하고 상대방의 말에 귀를 기울이는 열린 사람이다. 연설은 아주 좋은 출발의 신호였다."고 분석했다.

제 13 항 오바마 집권 8년

"Yes, we can do it"(우리는 할 수 있다)이라는 슬로건으로 '희망'과 '변화'의 메시지를 던진 오바마 정권 8년은 미국을 더욱 위대하게 만든 기간이었다. 그는 재임 기간 중 많은 성과를 올렸다.

오바마의 첫 번째 성과는 '오바마 케어'였다. 서민을 위한 의료보험 제도 도입이었다. '의료보험 개혁'은 오바마가 2008년 대선에 출마했을 때 가장 중요하게 여긴 정책이었다. 그는 미국인들이 건강 문제에 대한 보호가 없다는 것을 매우 유감이라고 생각했다. 하지만 공화당은 민영보험회사의 부실과 의무가입의 강제 조항의 자유 침해라는 이유로 극심한 반대를 했다.

이에 대해 오바마의 민주적 대화방식Deliberative Democratic Conversation은 눈에 띄었다. 그는 공동체가 추구하는 목적을 이루기 위해 끊임없이 조정하고 타협해서 합의로 도출하는 리더십을 발휘했다. '오바마 케어'의 문제를 해결하기 위해 그는 공화당과의 협상을 이어가며, 우호적인 여론을 만들기 위해 전국을 돌며 국민을 대상으로 끊임없이 홍보하며 설득했다. 2010년 3월 21일 오바마의 첫 번째 정책인 의료보험 개혁 '오바마 케어'는 하원의회 투표를 통과했으며, 우여곡절 끝에 2014년 1월부터 시행되었다.

오바마는 취임사에서 '상호이해와 존중을 바탕으로 새로운 전진의 길을 찾을 것이며, 갈등의 씨를 뿌려 역사의 그릇된 편에서 있었던 국가들이 주먹 쥔 손을 푼다면 미국은 기꺼이 손을 잡고 포용한다.'고 선포한 바 있다. 그는 취임사에서 그렇게 선포했던 정치적 신념을 재임 기간에 실행했다. 취임 이후 적대적 관계에 있었던 쿠바와 정상회담을 통해 포용의 정치적 철학을 구현했다. 오바마는 관용과 포용의 외교정치를 통해 반세기 동안 적대적 관계였던 쿠바의 경제적 봉쇄 해제를 진행했고 결국에는 국교 정상화라는 놀라운 외교적 변화를 이뤄냈다. 그는 진정한 변혁적 리더였다.

오바마 재임 중 의료보험 개혁, 이라크 전쟁 종식, 이란 핵 협상 타결, 쿠바 외교 정상화, 동일 노동 임금 적용 등 많은 성과를 냈지만 그가 미국 국민의 마음속에 남긴 것은 그의 태도, 기품, 가치다. SBS 스페셜 '오바마 8년 2920일의 기록'을 보면 다음과 같은 내용이 나온다.

국민들은 오바마에게서 아버지를 느끼고 희망을 본다. 오바마는 비전과 정책뿐만이 아니라 그것을 이루기 위해 고민하는 모습까지 공개하며, 역대 미국 대통령 중 가장 많은 촬영에 노출되고, 가장 많이 소셜미디어를 하고, 가장 많은 국민들을 만나 소통하는 대통령이었다. 소통을 기반으로 오바마는 자기 이미지를 만들어 냈고, 그것은 자상하고 따뜻하고, 유머와 위트가 넘치는 전형적인 중산층 아버지였다.

집권 중 최악의 사건으로 꼽히는 2012년 샌디훅 초등학교 총기 난사 사건이 발생했을 때 오바마는 피해자들에게 자상하고 따뜻한 아버지의 이미지로 진정성 있게 다가갔다. 그는 말했다. 비탄에 빠진 여러분이 결코 혼자가 아니라는 것입니다. 우리는 여러분과 이 무거운 짐을 함께 나누고 싶습니다. 그것이 어떤 슬픔일지라도 우리는 우리의 의무와 책임을 다할 것입니다. 여러분은 혼자가 아닙니다."

이러한 진정성 있는 말에 대해 피해자 가족들은 그를 멀리 있는 대통령이 아닌 슬픔을 함께 나누는 착한 이웃 중 한 명으로 받아들였다. 오바마는 대통령으로서 믿기 힘든 깊은 배려의 모습으로 사람들과 소통하는 진정한 지도자였다. 그는 서번트 리더였고, 변혁적 리더였고, 사랑의 리더였다.

2015년 6월 17일 발생한 흑인교회 총기 난사 사건은 자칫 인종 문제로 번질 큰 사건이었다.

찰스턴 희생자 장례식장에서 오바마는 연설 대신 흑인 노예선의 선장인 존 뉴턴의 참회록이자 위로 노래인 '어메이징 그레이스 Amazing Grace'를 부르며 흑인과 백인 모두에게 참회, 위로, 용서의 메시지를 나눴다. 이렇게 오바마는 백인과 흑인 그리고 미국 모든 국민의 통합이라는 비전을 실행해 나갔다.

슬픈 사건이 발생하면 사람들은 오바마를 '비탄자들의 총사령관'이라고 불렀다. 미국 헌법에 대통령을 '군의 총사령관'이라고 규정되어 있는 것을 빗대서 그렇게 부른 것이다. '비탄자들의 총사령관'이라고 부르는 이유는 국내외에서 슬픈 사건이 발생하면 그 비극을 대통령이 책임지기 때문이라고 했다.

대통령 임기를 끝내는 고별 연설에서 그는 다음과 같이 말했다. "매일 여러분에게 배웠습니다. 여러분은 저를 더 나은 대통령으로 만들었고 더 나은 사람으로 만들었습니다. 국민 여러분, 여러분을 섬기는 것은 삶의 영예였습니다. 저는 멈추지 않을 겁니다. 남은 평생 시민으로서 여러분과 함께 있을 겁니다. 우리는 할 수 있습니다. 우리는 해내었습니다."

그에게는 많은 수식어가 붙는다. "세계인이 인정하는 지도자", "최초의 흑인 대통령", "비탄자들의 총사령관", "미국에 자부심을 갖게 해준 지도자", "절대 신념을 잃지 않은 대통령", "모범적이고 자상한 아버지이자 남편", "쿨(Cool)한 지도자"

오바마는 많은 수식어로 전 세계인에게 기억될 것이며, 국민들과 가장 가까이에서 소통하고 공감했던 리더로 인상 깊게 기억될 것이다.

'나에 대해 깊이 알고, 이웃을 깊이 관찰해서 어떤 사람들인지 알아내어 타인을 위한 삶을 사는 자''창의적이고 융합적인 사고를 하고 협력을 잘하고 좋은 인성을 가진 자로서 놓인 문제를 해결하며 세상을 이롭게 하는 자'가 바로 오바마다.

왼쪽부터 오바마, 바이든, 트럼프. ©Public Domain

제 4 절
마티스가 된 듯 마침내
FIRE 하이브리드 리더십이 되다
세종과 정조

김희경, 김옥선

북부는 나의 탄생을 보았다. 내가 나의 길을 찾았던 그 땅에서 나는 고야와 캉탱 드 라투르를 존경했고 얀 다비드 데 헤엠을 습작했으며 로댕을 관찰했고 모네를 탐구했으며 세잔을 보았고 고갱을 관상했으며 피카소와 대화를 나눴다. 이들과 함께 (마침내) 나는 마티스가 되었다.

Le Nord m'a vu naître. Sur ses terres j'ai trouvé ma voie. J'ai admiré Goya et Quentin La Tour, étudié De Heem, observé Rodin, exploré Monet, regardé Cézanne, contemplé Gauguin, dialogué avec Picasso. Avec eux, je suis devenu Matisse.

- 앙리 마티스 Henri Matisse-

제 1 항 다양한 경험과 다양한 만남에서 리더가 되다

필자는 프랑스 야수파 화가 앙리 마티스 탄생 150주년을 맞아 열리는 기획전시 '마티스 되다'Becoming Matisse 비커밍마티스 전시 포스터와 그를 알리는 티저영상을 통해 마티스를 깊게 이해하게 되었다. 앙리 마티스의 삶에는 무수히 많은 예술가가 있었다. 마티스는 1893년 파리 보자르 입학시험에 낙방하고 회의에 빠져있을 때 고야(스페인 미술화가)의 작품을 보며 위안을 받았다. 또한, 텍스타일 디자이너 양성학교를 세운 화가 모리스 캉탱 드 라 투르를 존경하면서 드로잉 수업을 받고 '드리외 사무실의 반쯤 열린 문 ^{Half-open door of Maitre} Derieux's office 작품을 만들었다. 그뿐 아니라, 루브르 박물관에 전시된 얀 데 헤엠의 정물화를 끊임없이 습작하며 저녁 식사^{The Dinner} Table를 탄생시켰다.

마티스의 작품에는 수많은 위대한 예술가들이 영향을 미쳤다. 젊은 시절 마티스는 조각 교육을 로댕에게 받기 위해 그를 만났지만, 로댕은 마티스를 가르치기를 거절했다. 마티스는 로댕의 조각을 관찰했다. 그리고 로댕의 방식과 비슷하지만 결과는 완전히 다른 '농노'^{The Serf}를 재창조하게 되었다. 마티스는 모네와 세잔, 고갱 그리고 피카소까지 탐구하고 대화하며 '나^I'를 만들었다. 그리고 마침내 마티스는 마티스가 되었고 20세기 초 프랑스에 일어난 혁신적인 회화 운동의 대표 화가로 150년이란 세월 동안 야수파의 품격을 이어갔다.

'나는 누구인가?'라는 질문을 하면 우리는 당황해한다. 그런데 사실 그에 대한 답은 너무나 간단하다.

'나는 곧 내 주변 사람이다.'

내 주변 사람이 곧 나를 말해준다. 마티스의 주변 사람들은 대부분 화가였다. 주변 화가들이 마티스를 만들었다. 조용민 구글 코리아 매니저는 세바시 강연에서 "당신은 누구인지 설명해 보라"라고 직원 채용 인터뷰시 질문했는데 대부분 지원자들은 답을 못했다고 전했다. 이때 조용민 매니저가 생각해낸 것은 "그럼 최근에(사적으로) 만난 5명이 누구인지 설명해 보라."는 질문으로 바꿨다고 한다. 그렇게 질문을 바꾼 이유는 지원자들이 만난 5명이 바로 자신이라는 것을 그는 잘 알았기 때문이다. 최근 만난 5명이 나를 만든다. 이전에 만났던 내 주변 사람들이 나를 만든다.

그럼 우리는 가족, 이웃, 공동체, 직장에서 어떤 사람들을 만나고 어떤 리더십을 발휘하고 있을까? 아무도 따르는 사람이 없다면 그 사람은 지도자가 될 수 없을 것이다. 리더leader는 결코 혼자 존재할 수 없다. 팔로워가 있을 때 그리고 그 팔로워가 어떤 사람들인지에 따라 리더가 어떤 사람인지 가늠할 수 있다.

통상적으로 우리가 알고 있는 리더의 스타일에는 '반지의 제왕' 속의 간달프와 같은 자유 방임주의 리더십, 전 영국 수상자인 '마가렛 대처'같은 강력한 리더십, 전 남아공 대통령인 '넬슨 만델라' 같은 민주주의적 리더십, 전 미국 대통령 '존 F. 케네디'의 변혁적 리더십 등이 있다. 또한, 성품과 재능에 따라 스티브 잡스와 같은 아이디어형 리더Thought Leaders, 에이브러햄 링컨 같은 용기 있는 리더 Courageous Leaders, 로널드 레이건 같은 영감을 불어넣는 리더Inspirational Leaders, 마더 테레사와 오프라 윈프리 같은 서번트 리더Servant Leaders 도 있다.

이 글을 읽는 독자들은 어떤 유형의 리더들일까? 자신의 아이디어로 변화를 이끌어 가는 리더, 또는 열정과 확신으로 변화를 만들어 가는 리더, 용기를 가지고 새로운 변화에 맞서는 리더, 그리고 타인을 돕는 것을 통해 변화를 이루는 리더, 아니면 이 유형과는 다른 나만의 리더십을 갖고 있는가? 무엇이 됐든 분명 자신만의 리더십이 있을 것이다.

그렇다면 독자 여러분의 리더의 형태는 언제 만들어졌을까? 결론은 앙리 마티스와 같이 우리가 만나는 수많은 주변 사람들과의 소통, 경험, 훈련을 통해 자신만의 재능과 능력, 인격을 키우며 마침내 나다운 리더가 되었을 것이다.

제 2 항 파괴적 혁신시대의 리더십

4차 산업혁명 시대는 파괴적 혁신disruptive innovation의 시대이다. 크리스텐슨 교수가 피력하는 파괴적 혁신 시대란 '단순하고 저렴한 제품이나 서비스로 시장의 밑바닥을 공략한 후 빠르게 시장 전체를 장악하는 방식의 혁신'의 시대다. 이런 파괴적 혁신의 대표적인 것은 바로 디지털 혁명이 만든 비즈니스 생태계의 변화이다. 바라트 아난드는 디지털 혁명이 만든 비즈니스 패러다임의 대전환에서 유튜브, 아마존, 넷플릭스, 텐센트, 위키피디아, 칸 아카데미, 십스테드 등 기업들이 사용자와 제품과 기능을 적절히 연결하여 성공한 사례들을 자신의 저서 '콘텐츠의 미래'에 소개하고 있다. 그는 기업의 비즈니스 성공에 있어 중요한 것은 콘텐츠 함정에서 벗어나 연결, 융합, 확장을 통한 성과의 재창조라고 주장한다. 따라서 파괴적 혁신 시대에는 지식과 정보의 습득과 전달보다는 분석과 이해를 통해 통합적인 재창출과 더불어 협업, 나눔, 연결이 중요하다.

그렇다면 이러한 시대에 핵심적 리더십 특성은 무엇일까? 자신을 발견하는 것과 수평적 상호 존중이다. 왜냐하면, 연결과 융합, 재창조는 인간의 존엄성, 자신과 타인의 존중, 상대방과의 원활한 소통이 전제되어야 가능하기 때문이다. 이 책에서 계속 설명하고 있는 4차 산업혁명 시대의 리더란 '나에 대해 깊이 알고, 이웃을 깊이 관찰해서 그가 어떤 사람들인지 알아내어 타인을 위한 삶을 사는 리더, 창의적이고 융합적인 사고를 하는 리더, 협력을 잘하는 리더, 훌륭한 인성을 갖고 문제 해결을 지혜롭게 하며 세상을 아름답게 바꾸는 리더'다.

이 정의를 토대로 한다면 파괴적 혁신을 이끌어갈 리더십에서 가장 중요한 출발점은 바로 '나를 아는 것'이다. 그리고 '이웃을 관찰하고 이웃을 위해 무엇을 할 것인지를 생각하는 것'이 중요하다. 그렇게 훈련하다 보면 사람은 자연스럽게 훌륭한 인성을 갖고 창의적이고 융합적인 사고를 하면서 주변의 사람들과 협력하며 문제를 해결하게 될 것이다. 더불어 세상을 아름답게 바꾸는 것 또한 가능하게 될 것이다. 그것이 바로 파괴적 혁신 시대에 혁신 지도자가 갖춰야 할 역량이다.

이 책에서는 이런 리더를 '서번트 리더' '변혁적 리더' 등이라고 말하고 있으며 앞장에서 공동 저자들은 현존하는 리더로부터 조선 시대의 학자인 정약용까지 동·서양의 인물 10여명을 중심으로 그들의 리더십을 탐구했다. 이 책을 마무리하는 시점에서 본 장에서는 조선왕조실록 500년 역사 중 가장 대표적인 왕으로 손꼽히는 세종과 정조의 리더십을 재조명하고자 한다. 특히 서번트 리더십에 집중하고자 한다.

세종과 정조는 조선의 왕 중 가장 대표적으로 훌륭한 왕이었다는 것을 한국인들이라면 모두 알고 있다. 그리고 놀라운 것은 세종과 정조는 훌륭한 리더십을 발휘한 리더 차원을 넘어 역사적으로 길이 남을 시대적 리더였다는 사실이다. 과거, 현재, 미래를 초월하는 그들의 역사적 행적을 통해 4차 산업혁명 시대에 갖춰야 할 진정한 리더십이 무엇인지를 탐구할 필요가 있다고 연구자들은 보았다.

제 3 항 나를 알기 위한 끊임없는 성찰과 학습, 그리고 훈련을 통해 마침내 대왕이 되다

세종과 정조도 프랑스의 화가 마티스처럼 다양한 만남과 다양한 경험, 끊임없는 학습 과정을 거쳤다. 세종은 황희, 조광조, 장영실, 집현전의 학자들을 만나 조선 전기의 태평성대를 이뤘고, 정조는 채제공과 정약용, 이복원, 홍국영을 만나 조선 후기의 르네상스를 꽃피우며 마침내 대왕이 되었다. 역사적 기록을 보면 세종과 정조는 성장에서부터 생을 마감하기까지 뼈아픈 고통을 경험한 인물들이다. 또한, 그들은 어려운 상황에서도 시대적 장애를 뛰어넘으며 혁신적 세상을 만든 성군들이다.

조선왕조실록 500년 역사 중 세종과 정조는 시대적 흐름에 있어 상황과 처지가 서로 다르기에 리더십을 발휘하는 성향도 서로 상이하지만 분명한 것은 그들 모두 백성의 소리에 귀 기울이는 ^{경청}

리더였으며 백성의 더 나은 삶을 위해 살았던 ^{청지기 정신} 리더였다. 두 대왕은 또한 다양한 경험과 학습을 통해 창의적이고 융합적 사고를 펼쳤던 리더였고 ^{인식} 훌륭한 인성을 갖기 위해 부단히 노력했다. 두 왕은 당시의 문제를 지혜롭게 해결하면서 더불어 세상을 변화시키려고 했던 ^{책무, 성장지원, 공동체 구축}리더였다. 특별히 이들에게는 서번트 리더십이 두드러지게 보였다. 그들이 이러한 서번트 리더십을 발휘할 수 있었던 것은 그들 모두 자신을 학대에 가까울 정도로 괴롭히며 '내가 누구인가'를 끊임없이 성찰했기 때문이다.

세종과 정조가 자신을 알기 위해 어떠한 훈련을 했을까. 본장은 끊임없는 성찰과 학습, 훈련을 통해 자신을 발견한 세종과 정조의 모습들을 담아보고자 한다.

제 4 항 '나는 누구인가'로 시작된 리더십

기록에서 묘사된 세종의 리더십은 소통과 공감, 설득의 리더십이다. 세종은 정책 하나도 왕의 위세와 권위로 강행해 본 적이 없다. 오랜 시간이 걸리더라도 공론화의 과정을 거쳐 상대방을 이해시켰고 공감하였다. 심지어 그는 그를 반대하는 의견이 많더라도 그가 품은 비전을 위해서라면 오랫동안 인내하며 기다렸다. 하지만 때로는 과감하게 결정하고 난 후 설득하기도 하였다. 그렇다면 이러한 서번트 리더십이 세종에게 언제, 어디서, 무엇을 통해 만들어졌을까?

세종은 선천적으로 총명하고 부지런하며 생각이 깊고 정이 많았다. 이런 세종이 아버지 태종의 강력한 왕권 정치에서 첫째 아들도 아닌 셋째 아들로서 왕이 된다는 것은 결코 쉬운 일이 아니었을 것이다. 세종은 왕으로 즉위한지 3일 만에 '내가 인물을 잘 알지 못하니, 신하들과 함께 의논하여 벼슬을 제수(除授: 추천의 절차를 밟지 않고 임금이 직접 벼슬을 내리던 일)하려 한다.'라고 말하였다고 한다. 또한, 재위 기간 내내 그는 '나는 잘 모른다' '부끄럽다' '두렵다'를 거듭하며 모든 신하와 의논과 토론을 통해 문제를 해결하고자 노력하였다. 심지어, 농사가 잘 안되었다면 농부에게 직접 찾아가 그 이유와 원인을 들었으며 제일 고통스러운 게 무엇이며, 어떤 것을 먼저 도와주면 좋겠는지 묻고 또 물으며 경청하는 어진 왕이었다.

세종이 왕으로 즉위한 그 시대의 조선은 선조인 태조 이성계가 위화도 회군으로 건국한 지 얼마 되지 않은 시기였기에 정종, 태종의 뒤를 이어 왕권 체계를 안정된 토대로 올려놓아야 하는 막중한 부담감과 더불어 사명감이 있었다. 하지만 그는 선조들의 강력한 왕권 정치를 따르지 않고 경청과 배려, 공감과 토론의 민주적인 정치를 펼쳤다. 그가 이런 민주적 정치를 할 수 있었던 것은 사실 세종은 '나는 누구인지'를 명확히 잘 알고 있는 서번트 리더였기에 가능했다.

세종을 연구한 많은 기록들을 살펴보면 그는 자신을 알기 위해 끊임없는 학습, 훈련을 매일 반복적으로 진행하였다고 한다. 그가 세상을 떠났을 때 세종의 막내아들인 영응대군이 그의 아버지인 세종을 기록한 실록을 요약해보면 1) 세종은 타고난 성품이 어질고 총명하여 지혜가 뛰어났다. 2) 세종은 지극히 효성스럽고 형제간 우애의 돈독함을 중요하게 여겼다. 3) 세종은 손에 책을 떼지 않을 정도로 책 읽기를 좋아해서 희귀한 책, 옛사람이 남긴 글을 정독하며 처음과 끝이 늘 한결같도록 자신을 다듬었다. 4) 세종은 매일 새벽 2~4시에 일어나 정사를 돌보고 늘 책을 읽는데 반드시 백 번을 넘게 읽었다. 5) 세종은 타고난 성품과 더불어 학습과 훈련으로 단련된 리더십을 기반으로 재위한 30여 년 동안 꼭 필요한 인재들을 등용하여 그들을 이끌면서 소통하고 토론을 통해 한글 창제를 비롯하여 경제, 사회, 문화, 외교, 국방에 이르기까지 개혁과 번영을 추진하였다. 6) 세종은 소외된 모든 백성이 억울한 상황이 처하지 않도록 하는 어진 성군이었기에 재위한 27년 동안 단 한 번의 전쟁이 일어나지 않았다고 한다. 따라서 모든 백성은 세종이 세상을 떠나는 날 슬퍼하였다고 한다.

정조의 리더십은 효와 소통의 리더십이다. 정조는 11살이었던 1762년 아버지인 사도세자가 비극적으로 죽게 되면서 국왕으로 오르기까지 험난한 여정을 거친 왕이었다. 그런 그가 대왕이 될 수 있었던 것은 '나는 누구인지' 분명히 알고 있었기 때문이다. 11살의 어린 세손 정조는 아버지 죽음의 뼈아픈 아픔을 인내하고 견디면서 영조의 뒤를 이어 왕이 되었다. 정조는 1775년부터 1776년까지 할아버지 영조를 대신하여 대리청정(代理聽政: 임금의 허락을 받아 임금의 정치 등 여러 일을 대신 수행하는 것)하였으며 1776년 영조의 승하 엿새 이후인 3월 10일 경희궁에서 왕으로 즉위하면서 '나는 사도세자의 아들이다.'라고 큰소리로 세상에 선포했다. 그는 자신이 누구인지 명확히 세상에 알렸던 것이다. 자신이 사도세자의 아들인 것을 만(萬)천하에 밝힌 것은 자신의 정체성을 잃지 않으려는 노력이었을 것이다. 자신에 대해 깊이 알고 있었던 정조는 주변을 깊이 관찰하며 그들이 어떤 사람들인지 파악했으며 그들과 어떻게 삶을 함께할 것인가를 알고 있었다. 그랬기에 그는 권력에서 배제된 소론과 남인계의 대표적인 인물 정약용, 채제공, 안정복 등을 등용하였다. 특히 정조의 뜻을 지지하지 않는 노론 파의 대표적인 인물 김종수와 심환지를 특별히 옆에 두고 좌든, 우든 흔들림 없이 중용의 자세를 취하고자 노력했다. 그러나 정조의 시대는 세종의 시대와 비교할 수 없을 정도의 격심한 붕당정치(朋黨政治: 학연과 지연을 매개로 이념이 같은 사람들끼리 붕당을 이루고 정치활동을 통해 국왕의 신임을 통해 국정을 주관하는 정치형태)가 치열한 시대였다. 정조는 노론과 소론의 기득권 세력 속에서 정조는 흔들리지 않았다. 그가 그런 리더십을 펼칠 수 있는 것은 바로 일성록(日省錄: 1752년 조선 영조 28년부터 경술국치가 일어나는 1910년 순종 4년까지의 국왕의 동정과 국정의 제반사항을 기록한 일기체 연대기이다. 왕의 일기라고 표현한다. 일성록의 모태는 존현각일기(尊賢閣日記)을 작성했기 때문이라고 필자는 생각한다.

정조는 세손 때부터 '존현각 일기'를 작성하다가 왕으로 즉위 후에는 국정의 주요 내용을 수록한 '일성록'으로 왕의 일기를 썼다. 마치 웨신대 박병기 교수의 리더십 강의를 들은 많은 사람이 미래저널을 쓰듯이 정조 역시 일기 또는 저널을 통해 자신을 알고 이웃을 알게 된 내용을 기록하는 훈련을 했다. 정조의 '일성록'은

673권의 어마어마한 분량으로 남아있다. 이런 기록들은 후대 왕들에게 모범이 되어 정조 이후 마지막 왕인 순조에 이르기까지 하루를 반성한 국왕의 일기 작성이 이어졌다. 정조는 세손 시절, 증자(曾子, 중국 전국 시대의 유 사상가)가 말한 "나는 매일 세 가지 일로 나를 반성한다."라는 말에 깊은 감명을 받아 일기를 쓰기 시작하게 되었다고 한다. 그것이 바로 '존현각 일기(尊賢閣日記)'이다. '존현각 일기'는 '일성록'의 모태다. 어린 세손이 증자의 일기를 접하고 매일 쓰는 저널링은 왕이 된 이후에도 계속되었는데 정조가 하루 '일성록'을 쓴 양은 무려 20페이지가 넘었다고 한다. '일성록'은 정조 주변에서 매일 일어나는 일과 지시 사항을 정리한 기록이다. 그는 '일성록'을 통해 자신을 돌아보고, 자신이 누구인지 확인하고, 이웃들을 관찰해서 백성에게 가장 좋은 것이 무엇인지 판단하며 조선의 변혁을 추구했다. '일성록'에는 신하들이 올린 상소문, 임금이 백성이나 신하에게 전하는 말, 암행어사의 지방 상황 보고서, 홍수 및 가뭄의 구호 대책, 죄수에 대한 논의, 정부에서 편찬한 서적, 왕의 행차에서의 민원 처리 사항 등이 상세하게 기록되어 있다. 또한, 정조의 일상생활에서 백성을 위해 노력하는 모습들도 기록되어 있다. "나는 바빠서 눈코 뜰 새 없으니 괴롭고 괴로운 일이다" "나는 일을 보느라 바빠 틈을 잠깐도 내기가 어렵다. 닭 우는 소리를 들으며 잠들었다가 오시가 지나서 비로소 밥을 먹었으니 지쳐 둔해진 정력이 날이 갈수록 소모될 뿐이라" "이 때문에 애가 탄다. 수확하기 전까지는 하루도 걱정하지 않는 날이 없을 것이니, 임금 노릇 하기 어려움이 이와 같단 말인가?" 등의 내용이 자세히 기록되어 있다. 이처럼 정조는 매일매일 신하와 백성을 살피는 저널(일성록)을 쓰면서 '어떤 경영이 백성들에게 유익할까? 백성들과 신하들은 왜 이런 생각을 했을까?' 등을 성찰했다.

정조는 나라 전체를 하나의 집안으로 보고, 임금을 자신의 부모로 여기며 백성들을 같은 부모에게서 난 자식들로 보아 힘이 세도 약해도, 명석하고 우둔해도, 모두가 한 가족, 형제자매이니 차별 없이 더불어 잘 살아야 한다고 생각했다.

이상과 같이 세종과 정조의 두 인물의 출발점은 서로 달랐지만 그들의 공통점은 '나에 대해 깊이 알고, 이웃을 깊이 관찰해서 어떤 사람들인지 알아내어 타인을 위한 삶을 살고, 창의적이고 융합적인 사고를 하고, 협력을 잘하고, 바른 인성을 가지는 인물'이었다는 것이다. 이 책의 주 저자인 박병기가 정의한 리더십에 꼭 맞는 인물이 바로 세종과 정조이다. 따라서 세종과 정조의 과거 행적을 잘 배우고 익히는 것을 통해 우리는 4차산업혁명시대 리더십을 배울 수 있다.

제 5 항 개념적 리더인 세종과 정조

세종과 정조에게서 배울 또 하나의 리더십은 바로 '개념적 리더십'이다.

서번트 리더십 전문가인 로버트 그린리프는 "리더는 개념적인 사람이어야 하고, 비전이 없는 세상에 비전을 제공하고 그 세상에 함몰되지 않는 사람"이라고 설명했듯이 세종과 정조는 그날그날의 운영에만 집중하는 왕이 아닌 '개념적 관점 Conceptual Perspective'을 가진 개념적 리더였다.

세종과 정조는 여느 왕과는 다르게 특정 붕당에 치우치지 않고 인재를 골고루 선발하며 중용의 정치를 펼친 왕이었다. 그러기에 그들은 매 순간이 고뇌와 외로움의 연속이었다.

4차 산업혁명시대의 화두를 처음으로 던진 클라우스 슈밥의 말과 같이 세종과 정조는 상황 맥락 지능과 정서 지능을 갖고 공공의 이익을 위해 함께 탐구하고 발전시키며 백성들과 공유(영감지능)하면서 압박감 속에서 평정심(신체지능)을 유지하는 리더십이 더 많이 요구되었을 것이다. 이번 장을 쓰는 필자들은 이런 리더십을 개념적 리더십이라고 부른다.

'개념적 관점 Conceptual Perspective'이란 '일상생활의 현실을 뛰어넘어 생각하는 것'을 의미한다. 개념적 관점을 가진 사람은 멀리, 넓게 내다보는 사람이다. 즉, 개념적 관점에서 전체 그림을 보며 함께 나눌 줄 알고 모든 일에 쉽게 흔들리지 않는 사람을 개념적 리더십을 갖춘 리더라고 말할 수 있는데 세종과 정조가 그런 왕이었다.

세종과 정조와 같이 개념적 리더십을 갖기 위해서는 무엇을 갖춰야 할까? 바로 '서번트 리더십'이다. 서번트 리더십은 앞서 설명한 것처럼 리더의 어떤 스타일이 아니라 남을 향해 진심으로 우러나오는 마음과 태도이다. 왕이라는 최고의 자리에 있다 해도 서번트 리더십을 갖추지 못한 자, 개념적 리더십을 갖추지 않은 자를 사람들은 따르지 않을 것이고 왕들은 진정한 리더로 추종받지도 못한다. 세종과 정조는 시대와 국경을 뛰어넘어 서번트 리더의 좋은 모델로 회자할 수 있는 위인들이다.

제 6 항 세종과 정조의 서번트 리더십의 특징

앞장에서 여러 저자들이 래리 스피어스의 서번트 리더십 10가지 특성을 상세하게 설명했듯이 서번트 리더는 경청, 공감, 치유, 인식, 설득, 개념화, 미래보기, 청지기직, 이웃의 성장에 헌신하기, 공동체 세우기 덕목을 갖춘 자이다. 이런 특성을 바탕으로 세종과 정조에 대해 서번트 리더십 점수를 매긴다면 상당히 높은 점수가 나올 것이다.

가. 경청과 공감

세종은 대신들로부터 백성에 이르기까지 다양하게 소통하였다. 그는 자신의 부족함을 인정하고 신하들의 말에 경청하는 열린 마음이 있었다. 세종은 여러 계층의 다양한 의견을 듣고 알맞은 대책을 강구하는 것을 가장 중요시했다. 세종이 즉위한 후 처음으로 한 말이 "의논하자."였다. 그리고 긴급 사안이 발생했을 때 모두 한자리에 모여 의논하게 하되, 일의 잘된 것과 잘못된 것을 말하게 했다.

신하와의 독서 토론인 '경연(經筵)'을 무려 1898회나 열었고 정치, 군사, 학문, 예술, 과학 등 다방면에서 뛰어난 재능을 가졌지만, 늘 상대방의 생각을 묻고 끄집어내면서 지혜를 모았다.

실제로 세종은 인재들의 말에 귀 기울여 듣는 임금이었고, 그러다가 좋은 의견이 나오면 힘을 실어주는 왕이었다. 신하들의 의견이 채택되고 실행돼 큰 업적이 된 것도 있다.

집현전이 그 예다. 즉위 초인 1419년 1월에 좌의정 박은은 "문풍을 진흥시키기 위해 뛰어난 인재를 선발해 집현전에 모으자."고 제안했다. 세종은 "경의 말이 아름답다(嘉)"고 화답했고, 그 제안이 실현되도록 '집현전 소속 전임 관원'을 배치해 주었다. 이듬해 3월 집현전 설립 때는 아이디어를 낸 박은을 초대 영전사(領殿事)라는 최고 지위에 앉혀 그 일을 주관케 했다.

세종은 항상 돌이켜 앉아서 내가 무엇을 잘못하는가를 신하, 백성, 친척들에게 묻고, 끊임없이 자신의 잘못과 부족함을 물었다. 세종은 목적의 정당성을 확신하면서도 자기 생각이나 판단을 신료에게 강요하는 '나를 따르라'는 식의 리더십을 발휘하지 않았다. 인내와 설득, 토론과 숙의의 과정을 통해 합의와 공감을 얻어 신료 스스로 따르도록 하는 유연한 방법을 채택했다. 세종은 이렇게 수직적 구조에서 수평적 구조를 이루며 소통을 한 시대의 서번트 리더였다.

정조는 국왕으로서는 드물게 글쓰기를 즐겼다. 특히, 바쁜 시간을 비집고 붓을 휘둘러 편지를 쓰며 가까운 신료나 친지들, 그리고 정조를 비난한 신료들까지도 경청과 공감을 통해 인간적 교류를 했다. 요즘 우리가 카카오톡과 위챗, 스냅챗으로 간단하면서도 익살과 유머러스하게 문자 보내듯이 "껄껄"이란 가볍게 웃는 의성

어를 구사하며 "부인은 쾌차했는가?" "삼뿌리를 보내니 약으로 쓰
도록 하라." "음식을 나눠주며 부채를 보낸다." "이 전복과 조청은
맛이 좋기에 경과 나누어 맛보고자 약간을 편지에 동봉한다." 정
조는 왕으로서의 권위 의식을 버리고 자신의 마음을 솔직히 표현
하여 상대방의 공감을 이끌어내었다. 정조는 297통의 편지글을
남겼다. 정조를 제외한 왕 중에는 100통을 남긴 경우도 없다. 이처
럼 정조는 경청과 공감을 통해 모두와 소통하고자 하는 왕이었다.

나. 치유와 청지기 정신

세종은 집현전에서 '사가 제도'라고 하는 일종의 안식년 제도를
실행하여 능률이 오르지 않는 학자들로 하여금 1년씩 전국을 돌
며 식견을 넓힐 기회를 주었다.

세종은 또한 지금으로부터 무려 600년 전에 출산휴가 제도를
도입했다. 당시 관청에서 일하는 관리(여자 노비)의 출산 휴가는 1주
일이었다. 하지만 세종은 산모가 출산이 예정된 달을 포함해 출산
후 100일을 쉴 수 있도록 명을 내렸고, 출산 전에 산모의 복무를
면제하는 출산 준비 휴가를 신설했다. 이후에는 산모를 돌보는 남
편도 산후 1개월간 쉬도록 했다.

1430년 세종은 새로운 세법인 공법(토지의 비옥도에 따라 등급을 정
해서 세금을 징수하는 법안) 입안을 마치고 양인 이상의 남자에게 투표
권을 주었다. 민중이 참여할 수 있는 역사상 최초의 근대적 투표
는 미국에서 1824년에 시행한 여론조사다. 하지만 조선에서는 15
세기, 미국보다 무려 400년이나 앞서 대의 민주주의가 실시되었

다.

세종이 왕조시대에 민생을 위해 전국을 대상으로 여론조사를 한 사실은 역사상 전무후무한 일로 기간은 5개월, 조사대상은 무려 17만 명(당시 총인구 약 80만 명)이었다. 대상은 노비, 여자, 어린이를 제외한 모든 백성이었다.

이렇게 공법 제도는 약 17년 동안 지속한 전국적인 여론조사와 헤아릴 수 없는 횟수의 토론을 거친 결과, 황희를 비롯한 반대자들도 설득되어 마침내 찬성하는 가운데 시행되었다.

다. 설득

세종은 신하들의 말이 마음에 들지 않거나 설사 사리에 맞지 않더라도 곧바로 부정하지 않았다. 아무리 비판적인 말을 해도 일단 "경의 말이 좋다." "그대 말이 아름답다."고 하여 긍정 반응을 보인 다음 상대방이 진심으로 하고 싶은 말, 즉 속말을 꺼내 놓을 때까지 기다렸다. 그리고 상대방이 왜 그런 의견을 내는지 파악한 후 의견을 말하였다.

정조는 역사적 서번트 리더 중 설득의 달인 또는 원조이기도 하다. 정조는 의사소통과 설득의 수단으로 비밀 편지를 활용하였다. 그렇다면 정조는 누구에게 얼마나 편지를 보냈을까?

어찰록에 의하면 정조는 친족과 신료들에게 편지를 보낸 것으로 기록되어 있다. 특히, 심환지에게 보낸 비밀 편지는 무려 4년이라는 시간 동안 350통이나 되었다. 개혁을 추진한 채제공에게는 심환지보다 더 많은 비밀 편지를 보낸 것으로 추정되지만 채제공에게 보낸 비밀 편지는 편지가 흩어져있어 그 수를 가름하기는 어렵다고 한다. 정조의 비밀편지는 서번트 리더로서 친족과 신료들의 안부 기능뿐만 아니라 정치 현안을 지시하고 정보를 교환하며 상대방이 정조의 뜻을 이해할 수 있도록 하는 설득의 수단으로 사용되었다. 이처럼 비밀 편지를 신하와 왕래한 국왕의 열정은 조선시대에 유례를 찾아보기 힘들다. 아마도 세계 정치에서도 찾아보기 힘들 것이다.

제 7 항 리틀 정조 프로젝트를 통한 서번트 리더십 훈련

우린 리틀 정조라고 말해주세요. 그럼 우리는 무엇이든 할 수 있지요. 경청하고. 공감하며 힐링 할 수 있는 인식하고, 설득하는 서번트 리더가 될 수 있어. 큰 꿈을 가진 리틀 정조가 될래요. 이웃을 위해 소중한 꿈을 키울 거에요.
 - <난 할 수 있어> 동요를 개사해 만든 리틀 정조 서번트 리더십 노래-

최근 신문 기사를 읽어보면 청년들은 구직난이라고 하지만 반대로 기업들은 구인난이라고 말하고 있다. 명문대를 나왔다고 문제 해결이나 조직 적응력이 있으며 창의적 사고와 협업을 잘하는 인재가 아니기 때문이다. 명문대 출신은 흘러넘치지만 기업에서 일할 수 있는 인재는 많지 않다.

현재 우리 사회의 교육 환경에서는 아이들과 청년들이 사회성과 열정을 키우기가 현실적으로 어렵다 보니 인재가 부족한 현상이 일고 있는 것이다.

여기에 4차 산업혁명 이후 인재상이 급격히 바뀌고 있다. 노동과 기술 분야에는 인공지능과 로봇이 점점 그 자리를 차지할 것으로 보이고 사람이 해야 할 것은 기술 분야보다는 또다른 무엇이다. 세종과 정조와 같이 사회적 협업 능력과 실행 능력 두 가지를 갖추면서 더불어 스스로 일을 사랑하고 무언가를 이루고 싶은 사람이 새 시대의 인재다. 또한, 자기 주도적 열정을 갖추면서 타인을 위해 끊임없이 노력하는 인재가 필요한 시점이다. 이런 인재는 그런데 하루아침에 만들어지지 않는다. 마티스와 세종, 정조와 같이 '나에 대해 깊이 알고, 이웃을 깊이 관찰해서 타인을 위한 창의적이고 융합적인 사고와 함께 협력하며 세상을 아름답게 바꾸는' 리더십 훈련이 유아 때부터 필요하다.

미래교육을 연구하며 확산을 꿈꾸는 거꾸로 미디어연구소(소장 박병기)는 미래형 학교와 리더십 모형 연구와 도구 개발을 하고 있는데 그 씨앗은 바로 BPSS이다. BPSS에서 BP는 Big Picture의 약자이고 S는 다중지능 중 9번째 지능인 Spiritual Intelligence의 첫머리를 딴 S이다. 마지막 S는 Servant Leadership(서번트 리더십)의 S이다.

거꾸로 미디어연구소는 경기도 광주시청소년수련관에서 2019년부터 2020년까지 초등학교 2학년부터 중고등학생까지 BPSS라는 씨앗을 뿌렸다. 그리고 경기도 수원시에서는 만 5-6세를 대상으로 BPSS중 S의 씨앗 하나를 뿌렸다. 여기서 S는 Servant

Leadership(서번트 리더십)이고 정조의 서번트 리더십의 정신을 키우기 위해 '리틀 정조 프로젝트' 사업을 진행하였다. 또한, 인천 남동구 자원봉사센터에서는 중·고등학생을 대상으로 4차 산업혁명 시대 청소년 자원봉사 리더십 교육이 4시간씩 4회에 걸쳐 진행되었다. 거꾸로 미디어연구소가 이런 씨앗을 뿌리면서 기대하는 열매는 창의, 융합, 협력, 인성 능력이다. 거꾸로미디어연구소는 새 시대가 요구하는 인재 또는 리더들을 올바르게 키우기 위해 미래저널을 만들어 모든 학생이 저널을 쓰게 했다. 미래저널은 정조가 매일 썼던 존현각 일기, 일성록 같은 저널 쓰기라고 할 수 있다.

경기도 수원시에서 진행되었던 '리틀 정조 프로젝트'는 수원 시내 4개 어린이집을 대상으로 3개월 동안 시범적으로 진행되었다. 이 사업의 목표는 새 시대의 리더십 롤 모델로 정조를 선정하여 그의 서번트 리더십을 배울 수 있도록 하는 것이었다.

리틀 정조 프로젝트에서는 BPSS 중 S인 서번트 리더십이 강조되었다. 초기 설계는 아동의 연령, 적은 예산, 제한된 시간이라는 한계성으로 인해 S인 서번트 리더십 10가지 특성 중 경청과 공감 그리고 치유의 3가지 특성만을 가지고 서번트 리더십 교육이 설계되었다. 교육의 접근 방법은 알파Alpha 세대에 맞는 교육방식으로 디지털과 아날로그가 넘나드는 하이브리드형 접근과 유아의 발달 단계에 맞는 교육 현장 체험 활동을 병행하는 크로스오버 학습 방법으로 진행되었다. 알파 세대란 태어날 때부터 인공지능과 모바일 등을 경험하며 자란 세대로 디지털 기술 환경에 익숙한 세대를 말한다. 또한, 하이브리드형 접근은 디지털에 익숙한 아이들에게 미래저널을 아날로그 방식인 저널 쓰기와 디지털 방식인 영상 녹화를 아동과 어린이집 상황에 맞게 병행한 것이다. 그리고 우리는 리틀 정조답게 경청과 공감, 치유를 일상생활에서 실천하도록 교육하였다. 크로스오버Crossover 학습으로 이론적 학습의 접근과 다양한 환경에서 학습된 교육을 통해 풍부한 학습 기회와 습득능력을 극대화하기 위해 화성행궁이라는 지역의 특성을 살려 연계, 체험학습을 진행하였다.

이 사업은 초기 설계 단계부터 진행 단계에 이르기까지 어린이집 관계자들에게 근심 어린 조언과 눈빛을 받았다. 이유는 다음과 같았다. 첫째는 4차 산업혁명과 정조의 리더십 연계성에 대한 이해 부족이었다. 둘째는 서번트 리더십의 10가지 특성인 경청, 공감, 치유, 인식, 설득, 개념화, 미래보기, 청지기 정신, 이웃의 성장에 헌신하기, 공동체 세우기 등이 유아의 언어와 맞지 않는다는 이유였다. 셋째로는 유아의 교육 접근에서 아날로그와 디지털이 넘나드는 하이브리드 방식이 유아의 눈높이 교육인 놀이교육 중심의 방식과 맞지 않는다는 것이었다. 하지만 우려와는 전혀 다르게 이 교육에 참여한 4개 어린이집에 놀라운 변화들이 횟수가 거듭할수록 생기기 시작했다.

첫째, 유아의 변화에 있어 언어의 확장과 놀이 중심의 교육이 창의·인성교육으로 확장되었다. 언어 확장이란 애초 유아라는 이유로 단어의 이해가 부족할 것이라고 예상했던 것과는 다르게 유아들은 서번트 리더십의 특성인 경청과 공감 그리고 치유의 조작적 정의를 경험과 체험으로 정확하게 이해하고 실천하였다. 그리고 미래저널을 통해 매일 감사 3가지, 나는 누구인가, 세상에 선한 영향력을 미친 사람 선정하기에 대해 생각하고 관찰하고 실천하면서 놀랍게도 언어 구사력, 작문 쓰기, 읽기, 발표력이 향상된 것으로 연구결과 나타났다. 또한, 놀이에서도 알파 세대에게 맞는 디지털/미디어 리터러시 접근 방법이 놀이교육이 가진 주도성, 몰입, 즐거움, 과정 지향, 협력에 있어 커다란 영향을 미치는 요인으로 밝혀졌다. 따라서 유아의 주도적 놀이의 확장성은 교사에 의해 생기는 것이 아니라 유아의 창의성으로 생긴다는 것을 교사의 심층적 연구인 관찰일지에서 분석되었다. 놀라운 사실은 이 일이 코로나19 사태가 발생하기 전인 2019년에 진행되었다는 점이다.

둘째, 미래사회에 필요한 교사의 역할이 무엇인지를 참여한 교사들이 프로젝트를 통해 인식하게 되었다는 점이다. 지금의 유아교육 전문교사는 모든 수업을 주도적으로 계획하고 계획대로 유아들을 잘 이끌어 주는 역할이었다면 이 프로젝트를 통해 교사는 가르치는 것이 우선이 아닌 모든 유아의 재능과 능력을 발견하며 각자의 능력에 맞게 촉진하고 잠재된 것을 이끌어주고 지지해 주는 역할이 미래사회 교사가 가져야 할 자세라는 것을 알게 되었다고 심층 인터뷰에 말하였다. 또한, 미래저널은 단순히 쓰는 게 아니라 가정과 어린이집 교사가 서로 내용을 공유하면서 교사는 유아들의 각 가정의 일상생활을, 학부모는 교사의 일상생활을 서로 알게 되면서 경청과 공감 그리고 소통이 예전보다 더욱더 깊어지게 되어 교육에 더욱 집중하게 되었다는 것이 연구결과 밝혀졌다.

셋째, 가정마다 대화의 수준이 달라졌고 사소한 것도 감사하게 되면서 감사의 수가 늘어났다고 참여한 부모들이 심층 인터뷰에서 말하였다. 프로젝트를 통해 '가족 구성원 모두의 소중함이 기존과는 사뭇 다르며 단순한 인성교육이 아닌 새 시대의 리더십 교육이 미래지향적 방향으로 접근한 것에 만족함을 느꼈다.'라고 밝히고 있다.

이 프로젝트가 짧은 시간에 놀라운 변화를 하게 된 것은 첫째, 알파 세대에게 맞는 디지털/미디어 리터러시의 교육 접근 방식을 도입했다는 점, 둘째, 육아 교육에 앞서 교사와 학부모 리더십 교육이 먼저 되었다는 점, 셋째, 학생뿐만 아니라 교사와 학부모 가정까지 미래저널을 함께 쓰면서 나를 찾고 타인을 생각하며 경청과 공감 그리고 치유를 배우고 익히며 리더십 훈련을 받았다는 점이 핵심이다.

이상과 같이 경기도 광주시에 진행된 eBPSS 마이크로칼리지, 수원시에서 진행된 리틀 정조 풀뿌리 리더십 프로젝트, 인천 남동구에서 열린 청소년 자원봉사 리더십 교육의 결과는 다가올 21세기의 리더십 교육에 있어 우리에게 시사하는 바가 크다.

첫째, 시대에 맞는 서번트 리더십은 청소년을 대상으로 교육하기 이전에 교사 또는 학부모인 기성세대의 교육이 시급하다는 점이다. 현재 청소년의 리더십 부재는 청소년의 교육적 차원에서의 문제이기보다는 기성세대의 리더십 부재가 더욱 크다고 말할 수 있다.

둘째, 리더십 교육도 시대의 맞는 방식으로 교육 방법이 바뀌어야 한다. 시대는 4차 산업혁명을 말하고 있다. 따라서 리더십의 교육방식도 새 시대에 맞는 도구로 사용되어야 한다. 과거 구석기, 신석기, 청동기 시대의 도구는 돌도끼, 토기, 철로 만든 무기였다면 이제 4차 산업혁명 시대 도구는 빛의 시대 즉 광(光)기 시대이다. 빛을 사용한 디지털/미디어 리터러시 교육방식으로 이른 시일 안에 전환되어야 한다. 디지털 혁신시대에 아직도 주입교육, 강의식 체험, 토론 방식으로 리더십 교육이 진행되고 있는데 이는 긴급 수정이 필요하다.

광화문에 있는 세종대왕 동상. ⓒ거꾸로미디어

마지막으로 eBPSS을 기반으로 리틀 정조 리더십 교육의 효과성이 다양한 측면에서 검증되었으니 이제 세종, 정약용, 김구, 이순신 등 한국의 훌륭한 리더십을 갖춘 인물 또는 위인들을 중심으로 하이브리드 리더십 교육이 확대 전개되어야 한다. 따라서 전통적인 리더십의 유형과 특성의 개념도 이제 바뀌어야 한다. 과거 전통적 리더십인 자유방임주의형, 독재형, 민주주의형 리더십에서 4차 산업혁명이 시대 리더십, 나를 알아가는 리더십 개발, 나와 타인을 알아가는 서번트 리더십, 그리고 나를 변화시키고 타인과 지역을 변화시켜가는 변혁적 리더십으로 선진국 또는 외국의 리더십 보다 우리의 훌륭한 리더십이 전 세계에 알려지는 기반이 되기를 바란다.

지정의(知情意.I.E.V.) 노트

지知(Intellect. 지식, 지혜, 인지, 인식 등): 방금 읽으신 내용을 통해 새롭게 배우게 된 것, 전에는 알지 못했거나 희미했지만 새롭게 인지하게 된 내용, 분별력이 강화된 내용, 이해와 성찰이 있었던 내용을 적어보세요.

....

....

....

정情(Emotion, 감정, 사랑, 희로애락 등): 방금 읽으신 내용을 통해 경험하게 된 감정, 희로애락, 열정, 애정, 배려를 적어보세요.

....

....

....

의意(Volition. 뜻, 의지, 결정, 선택, 비전 등): 방금 읽으신 내용을 통해 지(知)와 정(情)을 적으셨습니다. 지와 정을 어떻게 의지적으로 적용할 것인지를 적어보세요. 나의 일에 대한 꿈, 노력, 성실, 실천, 행함 등의 결심 등을 적어 봅니다. 의는 실천적이고 확인 가능한 그 무엇이면 가장 좋습니다.

....

....

....

참고
문헌

참고문헌은 APA 스타일로 통일했으며 본문에 직접 인용하지 않았어도
글을 쓰며 참고한 문헌을 모두 포함했습니다

제 1 장 서번트 리더십에서 언택트 리더십까지

*AC01682214], A. (1981). Webster's New Collegiate Dictionary: G. & C. Merriam Company.

*Bass, B. M., & Avolio, B. J. (1990). Transformational Leadership Development: Manual for the Multifactor Leadership Questionnaire: Consulting Psychologists Press.

*Block, P. (2013). Stewardship : choosing service over self-interest (Second edition, revised and expanded. ed.). San Francisco: Berrett-Koehler Publishers.

*Burns, J. M. G. (2007). Transforming Leadership: Grove Atlantic.

*Christensen, C. M., Raynor, M. E., Dyer, J., & Gregersen, H. (2011). Disruptive Innovation: The Christensen Collection (The Innovator's Dilemma, The Innovator's Solution, The Innovator's DNA, and Harvard Business Review article "How Will You Measure Your Life?") (4 Items): Harvard Business Review Press.

*Clawson, J. G. (2012). Level three leadership : getting below the surface (5th ed.). Boston: Prentice Hall.

*Clinton, J. R. (2012). The making of a leader : recognizing the lessons and stages of leadership development (Rev. ed.). Colorado Springs, CO: NavPress.

*Costa, P. T., & McCrae, R. R. (1992). The Five-Factor Model of Personality and Its Relevance to Personality Disorders. Journal of Personality Disorders, 6(4), 343-359. doi: 10.1521/pedi.1992.6.4.343

*Greenleaf, R. K. (1977). Servant leadership : a journey into the nature of legitimate power and greatness. New York: Paulist Press.

*Greenleaf, R. K. (2002). Servant Leadership [25th Anniversary Edition]: A Journey into the Nature of Legitimate Power and Greatness: Paulistpress.

*Greenleaf, R. K. (2011). What is servant leadership.

Ichbiah, D., & Robinson, J. L. (2020). The Four Lives of Steve Jobs: Steve Jobs biography: Babelcube Incorporated.

*Lam, B. (2019). Summary of 21Lessons for the 21st Century by Yuval Noah Harari: Epic Books LLC.

*Maxwell, J. C. (2013). How Successful People Lead: Taking Your Influence to the Next Level: Center Street.

*Nongard, R. (2014). Transformational Leadership How To Lead From Your Strengths And Maximize Your Impact: Lulu.com.

*Schein, E. H. (2004). Organizational Culture and Leadership: Wiley.

*Sipe, J. W., & Frick, D. M. (2009). Seven pillars of servant leadership : practicing the wisdom of leading by serving. New York: Paulist Press.

*Spears, L. C., & Lawrence, M. (2002). Focus on leadership servant-leadership for the twenty-first century. New York: J. Wiley & Sons.

*Spears, L. C., & Lawrence, M. (2016). Practicing Servant-Leadership: Succeeding Through Trust, Bravery, and Forgiveness: Wiley.

*강미선, & 김운한. (2020). 4차 산업혁명과 마케팅: CommunicationBooks.

*곽춘금. (2016). 논어를 통해본 사람됨의 철학. (국내석사학위논문), 부산교육대학교 교육대학원, 부산. Retrieved from http://www.riss.kr/link?id=T14213598

*권영수. (2017). [월요논단] 4차 산업혁명 시대의 리더와 리더십, 전자신문. Retrieved from https://www.etnews.com/20170707000111?m=1

*글로벌SQ연구소. (2015). 이것이 SQ다. 대전광역시: 도서출판 세종문화.

*김난도 외. (2018). 트렌드 코리아 2019: 서울대 소비트렌드분석센터의 2019 전망: 미래의 창.

*김영옥. (2019). 한국어 교재에 나타난 겸손 표현 분석 연구. (국내석사학위논문), 숭실대학교 교육대학원, 서울. Retrieved from http://www.riss.kr/link?id=T15015698

*김영필. (2017.04.27). 차세대 성장엔진 위한 소프트인프라 "후머니티가 4차 산업혁명 핵심가치", 서울경제. Retrieved from https://www.sedaily.com/NewsView/1OET6G2SKG?OutLink=kkt

*나이스비트, 존., & 나이스비트, 도리스. (2018). 미래의 단서. 서울: 부키.

*남영학. (2012). 스스로 변하고 조직을 혁신하고 문제를 해결하라 : 팀과 나의 가치를 올려주는 변화·혁신·문제해결 지침서. (주)미래와경영.

*박병기. (2018). 제4차 산업혁명 시대의 리더십, 교육 & 교회. 수원: 거꾸로미디어.

*박병기, 김희경, & 나미현. (2020a). 미래교육 마스터키. 수원: 거꾸로미디어.

*박병기, 김희경, & 나미현. (2020b). eBPSS 마이크로칼리지와 빅데이터의 수집 및 개발: 광주시청소년수련관, 한국청소년진흥재단, 거꾸로미디어.

*박병기, 김희경, 강수연, & 안경연. (2019). BPSS 미래저널. 경기: 거꾸로 미디어.

*박새롬. (2017). 변혁적 리더십에 기반한 사회과 수업 전문성의 의미와 구성 요소. 사회과교육, 56(2), 1-17.

*변정아. (2018). 사고의 자발성: 존 듀이의 관점. (석사학위), 서울교육대학교, 서울대교육연구소. (Ed.) (1995). 하우.

*슈밥, 클라우스. (2016). 클라우스 슈밥의 제4차 산업혁명. 서울: 새로운 현재.

*쏘르바, 레스. T. (2007). 신뢰: 리더십의 본질: 베이스캠프.

*아난드, 바라트. (2017). 콘텐츠의 미래: 리더스북.
*오로라. (2020.04.17). 코로나로 뜬 단어 언택트(untact) 가 이사람 작품이었어? 조선일보.
https://news.chosun.com/site/data/html_dir/2020/04/16/2020041602083.html
*장경철. (2014). 죽음과 종교: Kyobobook MCP.
*하라리, 유발. (2015). 사피엔스: 유인원에서 사이보그까지, 인간 역사의 대담하고 위대한 질문: 김영사.
*허정윤. (2016). 협동학습에서 청소년이 인지한 긍정적 상호의존성이 공동체의식에 미치는 영향. (국내석사학위논문), 한국방송통신대학교 대학원, 서울. Retrieved from http://www.riss.kr/link?id=T14147645

제 2 장 나는 누구인가? 그들은 누구인가?

[위기를 위대함으로 승화시킨 서번트 리더 정약용]

*강석준. (2005). SQ 리더십 교육을 통한 가톨릭 교육 정체성의 재조명과 방안. 司牧硏究, 15(-), 70-119.
*고미숙. (2020). 읽고 쓴다는 것, 그 거룩함과 통쾌함에 대하여. 북드라망.
*곽진주. (2019). 대학생의 아르바이트 동기유형, 진로결정자기효능감과 진로성숙도 간의 관계. (국내석사학위논문), 숭실대학교 대학원, 서울. Retrieved from http://www.riss.kr/link?id=T15305551
교육부. (2015). 초중등학교총론.
*글로벌SQ연구소. (2015). 이것이 SQ다. 도서출판 세종문화.
*길문주. (2019). 지각된 부모양육방식이 생애목표를 매개로 자기조절학습에 미치는 영향. (국내석사학위논문), 이화여자대학교 교육대학원, 서울. Retrieved from http://www.riss.kr/link?id=T15044094
*김남용. (2020). 소그룹 활성화를 위한 평신도 서번트 리더십. (국내박사학위논문), 웨스트민스터신학대학원대학교, 용인. Retrieved from http://www.riss.kr/link?id=T15483677
*김누리. (2013). 독일 68혁명과 대학개혁. [Die 68er Revolution und die Hochschulreform in Deutschland]. 獨語敎育, 58(58), 247-276.
*김덕수. (2006). 한국형 리더와 리더십: 이코 북.
*김동윤, 김성도, 오장근, 송은주, & 양정윤. (2016). 제4차 산업혁명의 인간학적 지평에 대한 초학제적 연구: 담론수립에서 정책적용까지. Retrieved from http://www.riss.kr/link?id=G3743839
*김두환. (2020). 보안환경 변화에 따른 군조직의 효율적 대응방안. (국내박사학위논문), 건양대학교 대학원, 논산. Retrieved from http://www.riss.kr/link?id=T15545797
*김보경. (2013). 의미망을 활용한 어휘 교육의 효과성 연구. (국내석사학위논문), 한국교원대학교 대학원, 청원군. Retrieved from http://www.riss.kr/link?id=T13092024

*김봉진. (2016). 서번트 리더십, MCS의 이용, 조직역량, 그리고 조직성과간의 관계에 관한 연구. (국내박사학위논문), 동아대학교 대학원, 부산. Retrieved from http://www.riss.kr/link?id=T14008786

*김정현. (2018). 니체와 불교의 치유적 사유. [The healing thinking of Nietzsche and buddhism]. 니체연구, 34(0), 121-155.

*김희경. (2019). 서번트 리더십이 직무열의에 미치는 영향. (국내박사학위논문), 숭실대학교 대학원, 서울. Retrieved from http://www.riss.kr/link?id=T15015942

*노현정. (2020). 미래저널 쓰기와 굿메모리스포츠 융합을 통한 미래교육이 청소년에게 미치는 영향. (국내석사학위논문), 웨스트민스터신학대학원대학교, 용인. Retrieved from http://www.riss.kr/link?id=T15483675

*다산 정 약용 평전: 조선 후기 민족 최고 의 실천적 학자. (2014). 민음사.

*그린리프, 로버트 K. (2006). 서번트 리더십 원전: 참솔.

*류성창, & 강태훈. (2018). 4차 산업혁명 대비 미래 교육과정 및 교육방법 방향 탐색. [Exploring the Curriculum and Educational Methods for the Era of Industry 4.0]. 교육연구, 72(-), 101-117.

*리더십이 조직효과성에 미치는 영향에 관한 연구: 한국형 리더십 중심으로. (2015).

*머커스 버킹엄, 도널드 클리프턴. (2002). 위대한 나의발견 강점혁명. 청림출판.

*모현희. (2020). 청소년 SQ지능 현장사례 연구보고서. (국내석사학위논문), 전북대학교 교육대학원, 전주. Retrieved from http://www.riss.kr/link?id=T15524383

*박미정. (2018). 대학생들의 학업적 자기효능감과 문제해결능력이 대학생활적응에 미치는 영향. (국내석사학위논문), 국민대학교 교육대학원 상담심리전공(야), 서울. Retrieved from http://www.riss.kr/link?id=T14708566

*박병기. (2018). 제4차 산업혁명 시대의 리더십, 교육 & 교회. 수원: 거꾸로 미디어.

*박병기, 강현숙, & 이영신. (2006). 창의성과 학습동기의 관계. 교육심리연구, 20(3), 651-678.

*박병기, & 김희경. (2019). 4차 산업혁명에 따른 청소년 활동 및 교육의 변혁 탐색 -경기도 광주시청소년수련관이 진행한 eBPSS 마이크로칼리지를 중심으로. [Gwangju City (Gyeonggi-do) Exploring the Paradigm Shift in Youth Activity Youth Training Center]. 청소년학연구, 26(8), 209-229.

*박병기, 김희경, 나미현, 김봉주, & 류철식. (2020). 4차 산업혁명시대 인재양성을 위한 서번트 리더십 지수(SLQ) 척도 개발 및 타당도 연구. [For Talents Cultivation in the 4th Industrial Revolution Era, Servant Leadership Quotient (SLQ) Scale Development and Validity Study]. 한국콘텐츠학회논문지, 20(1), 127-141.

*박병기, 김희경, 강수연, & 안경연. (2019). BPSS 미래저널. 거꾸로 미디어.

*박병기, 김희경 & 나미현. (2020). eBPSS 마이크로칼리지와 빅데이터의 수집 및 개발. 광주시청소년수련관, 한국청소년진흥재단, 거꾸로미디어.

*박병기, 김희경 & 나미현. (2020). 미래교육의 MASTER KEY. 거꾸로미디어연구소.

*박석무. (2014). 다산 정약용 평전. 민음사.

*박선민, & 김아영. (2014). 감사일지쓰기가 초등학생의 감사성향과 행복감에 미치는 영향. [The Effects of Writing a Daily Log of Gratitude on the Disposition towards Gratefulness and Feelings of Happiness of Elementary School Students]. 교육방법연구, 26(2), 347-369.

*박의석. (2003). 한국 교육제도의 문제점과 개선방안 연구. (국내석사학위논문), 동아대학교 교육대학원, 부산. Retrieved from http://www.riss.kr/link?id=T9176550

*박인기. (2014). 글쓰기의 미래적 가치 - 글쓰기의 미래적 효능과 글쓰기 교육의 양태(mode) -. [For the value of the writing in future society -The efficacy of writing and the mode of writing education in future society-]. 작문연구, 0(20), 9-36.

*박종평. (2014). 진심진력: 삶의 전장에서 이순신을 만나다: 더퀘스트.

*박준성. (2016). 제4차 산업혁명에 대비한 중장기 교육 방향. 한반도선진화재단 기타 단행본, -(-), 73-77.

*박창언. (2017). 2015 개정 교육과정의 창의융합형 인재상과 역량 중심의 교육목적 체제 분석. [The creative convergent person and the analysis of educational purpose system based competence in the 2015 revised curriculum]. 예술인문사회융합멀티미디어논문지, 7(1), 743-752.

*박현모. (2014). 세종이라면 - 오래된 미래의 리더십: 미다스북스.

*박효순. (2020). 청소년기 SQ가 자존감 형성에 미치는 영향. (국내석사학위논문), 서강대학교 교육대학원, 서울. Retrieved from http://www.riss.kr/link?id=T15472322

*박희훈. (2017). 대학 서열, 부모의 사회경제적 배경, 직업 지위 간의 경로분석. (국내박사학위논문), 동아대학교 대학원, 부산. Retrieved from http://www.riss.kr/link?id=T14441590

*백기복. (2017). 한국형 리더십: 북코리아.

*변성우. (2020). 5년 후가 기대되는 내 인생의 빅 픽처를 그려라. 도서출판 타래.

*변순용. (2015). 대학과 대학교육의 이데올로기와 유토피아. 교양교육연구, 11-28.

*서중해. (2017). 제4차 산업혁명, 어떻게 인식하고 대응할 것인가. 국토 : planning and policy, 424(-), 2-4.

*성미경. (2016). 방송심의 의미연결망 연구. (국내박사학위논문), 성균관대학교 일반대학원, 서울. Retrieved from http://www.riss.kr/link?id=T14017381

*성태제, 시기자. (2006). 연구방법론. 학지사.

*송민호. (2018). 트위터를 활용한 저출산 커뮤니케이션의 의미연결망 분석. (국내석사학위논문), *인천대학교 일반대학원, 인천. Retrieved from http://www.riss.kr/link?id=T14751257

*송숙희. (2018). 150년 하버드 글쓰기 비법. 유노북스.

*송용욱. (2018). 서번트 리더십이 공무원의 직업소명의식과 직무열의에 미치는 영향 : 조직정치지각의 조절효과. (국내박사학위논문), 조선대학교 대학원, 광주. Retrieved from http://www.riss.kr/link?id=T15050131

*슈밥, 클라우스. (2016). 클라우스 슈밥의 제4차 산업혁명. 새로운 현재.

*신열. (2017). 제4차 산업혁명을 준비하는 정부의 역할. 월간 공공정책, 144(-), 62-65.

*신정철. (2019). 메모 독서법. 위즈덤 하우스.

*안종배. (2017). 4차 산업혁명에서의 교육 패러다임의 변화. 미디어와 교육, 7(1), 21-34.

*안효선. (2017). 빅데이터를 활용한 패션디자인 감성분석 연구. (국내박사학위논문), 이화여자대학교 대학원, 서울. Retrieved from http://www.riss.kr/link?id=T14567843

*양명희. (2018). 효과적 경청에 관한 연구. 광신논단, 28(0), 257-276.

*양지혜, & 김종인. (2016). 서번트 리더십이 Workplace Spirituality 및 조직시민행동에 미치는 영향. (국내박사학위논문), 건국대학교 대학원, 서울. Retrieved from http://www.riss.kr/link?id=T14164504

*김일섭 전 서울과학종합대학원 총장 외 18명. (2017). 이제 한국형 경영이다: Weekly BIZ books.

*유정근. (2019). 변혁적 리더십과 서번트 리더십이 조직시민행동에 미치는 영향에 관한 연구. (국내박사학위논문), 안동대학교 일반대학원, 안동. Retrieved from http://www.riss.kr/link?id=T15335060

*유제훈. (2019). 기독교 리더십의 재구성에 관한 연구. (국내박사학위논문), 웨스트민스터신학대학원대학교, 용인. Retrieved from http://www.riss.kr/link?id=T15065607

*윤정하. (2014). 저널쓰기가 초등학생의 자아존중감과 주관적 안녕감에 미치는 영향. (국내석사학위논문), 서울교육대학교 교육전문대학원, 서울. Retrieved from http://www.riss.kr/link?id=T13424495

*윤형돈. (2018). 조선 리더십 경영: 와이즈베리.

*이경상, 이창호, 김민, & 김평화. (2018). 제4차 산업혁명시대 대비 청소년활동정책 전략 연구. Retrieved from http://www.dbpia.co.kr/journal/articleDetail?nodeId=NODE08511910

*이관응. (2001). 신뢰경영과 서번트 리더십. ㈜엘테크.

*이남인. (2012). 양연구와 질연구의 구별에 대한 현상학적 해명—Aristoteles, Descartes, Husserl을 중심으로—. 현상학과 현대철학 55.

*이대열. (2017). 지능의 탄생: RNA에서 인공지능까지: Bada Publishing.

*이두휴, & 고형일. (2003). 대학서열체계의 공고화와 지역간 불균등발전. [University Ranking and Regional Economic Development]. 교육사회학연구, 13(1), 191-214.

*이민화. (2017). 제4차 산업혁명의 선진국 사례와 한국의 대응전략. Retrieved from http://www.dbpia.co.kr/journal/articleDetail?nodeId=NODE07113220

*이범웅. (2018). 공감 능력 향상을 위한 도덕교육 방안 탐색. [A Study on Exploring the Methods of Moral Education to Develope Empathic Capability]. 초등도덕교육, 62(0), 1-39.

*이상은. (2019). OECD Education 2030에 나타난 역량교육의 주요 특징 및 시사점: 2015 개정 교육과정과의 비교를 중심으로. [Characteristics of a New Competency Education Framework in OECD Education 2030 Project and its Implication to Korea's 2015 Revised Curriculum]. 比較教育研究, 29(4), 123-154.

*이영배. (2020). 공동체문화 실천의 동인과 대안의 전망. [The Impetus For the Practice of Community Culture and the Prospects of Its Alternatives]. 인문학연구, 42(0), 483-510.

*이예슬. (2014). 글쓰기 치료의 효과 연구에 대한 메타분석. (국내석사학위논문), 서울대학교 대학원, 서울. Retrieved from http://www.riss.kr/link?id=T13439092

*이재흥. (2017). 4차 산업혁명 시대… 우리는 무엇을 해야 하는가?, 487, 30-38.

*이주호. (2017). 제4차 산업혁명에 대응한 교육 대전환. Retrieved from http://www.dbpia.co.kr/journal/articleDetail?nodeId=NODE07113225

*이주호, 김선웅, & 김승보. (2003). 한국 대학의 서열과 경쟁. [Articles : Hierarchy and Competition among Korean Universities]. 경제학연구, 51(2), 5-36.

*이지성. (2019). 인공지능에게 대체되지 않는 나를 만드는 법 에이트: Thinking Garden.

*이참슬. (2020). 4차 산업혁명 시대 인재상 논의에 대한 비판적 연구. (국내박사학위논문), 상명

대학교 일반대학원, 서울. Retrieved from http://www.riss.kr/link?id=T15487057

*임경용. (2016). 생애목표유형에 따른 진로결정자기효능감과 진로결정수준의 차이 연구. (국내석사학위논문), 조선대학교 일반대학원, 광주. Retrieved from http://www.riss.kr/link?id=T14038778

*임무경. (2013). 끌리는 사람은 분명 따로 있다 - 인간관계 불변의 법칙: 소통과 대인관계를 높이는 기술: ㈜미래와경영.

*임종헌, 유경훈, & 김병찬. (2017). 4차 산업혁명사회에서 교육의 방향과 교원의 역량에 관한 탐색적 연구. [An Exploratory Study on the Direction of Education and Teacher Competencies in the 4th Industrial Revolution]. 한국교육, 44(2), 5-32.

*장병규. (2019). 4차 산업혁명 대정부 권고안. 대통령 직속 4차산업혁명위원회.

*전옥표. (2013). 빅 픽처를 그려라. 비즈니스북스.

*정약용. (1991). 유배지에서 보낸 편지. 창비.

*정약용, 노만수(편). (2013). 이 개 만도 못한 버러지들 아: 앨피.

*정약용, 박석무. 편. (2019). 유배지에서 보낸 편지(개정3판): 창비 Changbi Publishers.

*정약용, 한양원. 편. (2019). 정약용의 목민심서: 나무의 꿈.

*정연순. (2006). 미국의 대안교육 사례, 14-33.

*정은경. (2012). 생애목표 의미와 추구 과정. (국내석사학위논문), 서울대학교 대학원, 서울. Retrieved from http://www.riss.kr/link?id=T12948415

*조난심. (2017). 제4차 산업혁명과 교육, 330-347.

*조상식. (2016). '제4차 산업혁명'과 미래 교육의 과제. 미디어와 교육, 6(2), 152-185.

*조윤제. (2018). 다산의 마지막 공부: Chungrim Publishing Co., Ltd.

*조효진, & 손난희. (2006). 상담 일반 : 공감능력과 이타행동. [Empathy and Altruistic Behavior]. 상담학연구, 7(1), 1-9.

*창조경제연구회. (2016). 디지털 사회의 미래. Retrieved from http://www.dbpia.co.kr/journal/articleDetail?nodeId=NODE07243200

*최우재, 신제구, & 백기복. (2018). 제4차 산업혁명 시대가 요구하는 리더십은 무엇인가? [What are the Important Leadership Competencies on the 4th Industrial Revolution Era?]. Korea Business Review, 22(3), 175-195.

*최유진. (2018). 자아정체성 형성을 위한 자기 성찰적 글쓰기 교육 연구. (국내석사학위논문), 부산대학교 대학원, 부산. Retrieved from http://www.riss.kr/link?id=T14782842

*최익용. (2010). 대한 민국 리더십을 말한다: 한국형 리더십 의 미래: 이상 biz.

*최인철. (2007). 나를 바꾸는 심리학의 지혜 프레임. 21세기북스.

*최지선. (2017). 이슈리더십과 서번트 리더십이 성과에 미치는 인지적 과정과 감성적 과정 연구. (국내박사학위논문), 국민대학교 일반대학원, 서울. Retrieved from http://www.riss.kr/link?id=T14561221

*타락 & 지뢰. (2004). [기고] 평범한 아이들의 특별한 학교, 메트에서 지낸 3개월, 105-112.

*한수미. (2020). 서번트 리더십이 조직효과성에 미치는 영향. (국내박사학위논문), 대전대학교 일반대학원, 대전. Retrieved from http://www.riss.kr/link?id=T15528481

*한진환. (2011). 서번트 리더십과 조직시민행동의 관계에서 임파워먼트의 매개효과. [Impact of the Intermediate of Empowerment on the Relationship between Servant Leadership and Organizational Citizenship Behavior]. 한국콘텐츠학회논문지, 11(9),

302-314.

*허선영. (2019). 발화 정도에 따른 소리내어 읽기의 효과. 교양교육연구, 교영교육연구 제13권 제5호, 239~252.

[난세의 영웅들은 서번트 리더들이었다 - 조엄, 곽낙원, 문익점]

*다음백과 "곽낙원." 백과.
*다음사전 "영웅." 사전.
*박병기, 김희경, & 나미현 (2020). "미래교육의 MASTER KEY." 책 1권: 2.
*블로거 글. (2015). "한반도 위기와 우리 역사속의 대외정벌." 블러그.
*옥천향 (2019). "문익점 목화이야기." 다음카페.
*위키백과 "고구마." 백과.
*위키백과 "조선통신사." 백과.
*전경일 (2017). "조선관리, 먹거리 혁명에 뛰어들다." 책 1권.
*한국민족문화대백과사전 "을미사변." 백과사전.

제 3 장 타인을 위한 삶

[은혜의 빛이 온 세상에 퍼지다 - 거상 김만덕]

*그린리프, 로버트 K. (2006). 서번트 리더십 원전: 참솔.
*기계형. (2017.12). 여성사 자료 발굴을 위한 기초조사. 271-292.
*김은석. (2013). 거상 김만덕, 아름다운 그녀의 도전. 기록인, 24, 21-25.
*김태환, 허향진. (2009). 제주여성사. 제주발전연구원, 345-350.
*박병기. (2018). 제4차산업혁명시대의 리더십, 교육&교회.
*박병기, 김희경, & 강수연. (2019.02.18). BPSS 미래저널. 경기: 거꾸로 미디어.
*송병재. (2006.06). 제주거상 김만덕에 관한 연구. 경영논집.
*양정필. (2017.03). 18세기 후반 金萬德의 경제활동 再考察. 한국사학회, 229-269.
*양진영. (2017). 나눔정신 고취를 위한 김만덕 기념관 전시기획안 연구. 제주대학교 사회교육대학원.
*윤종혁, 양성관, 박승재, 조옥경, 황은희, & 김규식. (2017). 제4차 산업혁명과 미래교육 실천방안. 교육부,한국교육개발원.
*이경민. (2017). 새로운 시대 인재상의 유아교육적 함의: 4 차 산업혁명시대와 행복교육에서 추구하는 역량의 담론을 중심으로. 유아교육연구, 37(3), 137-156.
*장재봉. (2003). 너와 나, 그리고 우리의 양심. 신앙과 삶, -(7), 19-38.
*정창권. (2006). 꽃으로피기보다 새가되어 날아가리. 푸른숲.

*한승철. (2014.12). 제주 여성 유통물류인으로서의 김만덕의 성공요인 탐구.

[사람에게는 저마다의 향기가 있다 - 이태석]

*CPBC (Producer). (2017.05.18). 다큐멘터리 사제 -2부 길위에서. Retrieved from https://www.youtube.com/watch?v=z3gZ2qFYbOs

*CPBC (Producer). (2017.05.19). 다큐멘터리 사제 -3부 그리스도의 향기. Retrieved from https://www.youtube.com/watch?v=RpJiELaWbE8

*Holmes, J. G., & Rempel, J. K. (1989). Trust in close relationships. Review of Personality and Social Psychology, Vol. 10: Sage Publications, Thousand Oaks, CA.

*Jackson, S., & Bosma, H. A. (1992). Developmental research on adolescence: European perspectives for the 1990s and beyond. British Journal of Developmental Psychology, 10(4), 319-337.

*KBS (Producer). (2013.09.22). 울지마 톤즈, 그후 '브라스밴드 한국에 오다.'.

*Kim, T. (2016.03.14a). 고 이태석(요한) 신부님 강의 1/2. Retrieved from https://www.youtube.com/watch?v=K4APZKU5Euc

*Kim, T. (2016.03.14b). 고 이태석(요한) 신부님 강의 2/2. Retrieved from https://www.youtube.com/watch?v=Y94rpHvAACY

*Livovich, M. P. (1999). An investigation of servant-leadership in public school superintendents in the state of Indiana. Indiana State University.

*Rempel, J. K., Holmes, J. G., & Zanna, M. P. (1985). Trust in close relationships. Journal of personality and social psychology, 49(1), 95.

*고바야시가오루. (2004). 피터 드러커 리더가 되는 길: 청림출판.

*그린리프, 로버트 K. (2006). 서번트 리더십 원전: 참솔.

*김성국. (2016.03.20). 하인처럼 봉사하며 조직 이끄는 사람이 진정한 리더. 중앙일보.

*김영필. (2017.04.27). 차세대 성장엔진 위한 소프트인프라 "후머니티가 4차 산업혁명 핵심가치". 서울경제. Retrieved from https://www.sedaily.com/NewsView/1OET6G2SKG?OutLink=kkt

*동세호. (2018.12.21). 울지마 톤즈 고 이태석 신부 수단제자 '의사 꿈 이뤘다'. SBS NEWS.

*디셰인, 제임스. (2000). 神秘家와 修道僧: 거룩함과 全體性. 신학전망(130), 126-142.

*문정섭. (2013). 마지막을 앞둔 환자에게 듣는 진솔한 이야기. 소화기연관학회, 합동학술대회.

*박병기. (2019). eBPSS FT 스쿨 원데이 인텐시브. 수원: 거꾸로미디어.

*선한천사. (2019.02.12). (고)이태석 신부님의 삶을 생각하며: Thinking of Father Lee Tae-Seok's life. Retrieved from https://www.youtube.com/watch?v=uWK0sPVWziA&list=RDuWK0sPVWziA&start_radio=1&t=26

*손상영. (2018). 4차 산업혁명의 사회적 수용성 확보를 위한 국가전략 연구(NO:18-08-01). 정보통신정책연구원: 경제·인문사회연구회 협동연구 총서.

*가톨릭신문. (2011.01.23). 다시 시작하는 이태석: 이태석 1막 1장 -삶과 신앙 가톨릭 신문.

*영남일보. (2011.05.27). "상대 얘기를 들어주려 하고 생색내려 하지 않아... 영남일보. Retrieved from https://m.yeongnam.com/view.php?key=20110527.010330800130001

*윤영수. (2017). 가톨릭 수도자가 상담자로서 경험하는 소진의 현상학적 연구. 신학전망(197), 107-153.
*은서기. (2018.04.10). 4차 산업혁명 키워드 '기술이 아닌 사람'. 세이프타임즈. Retrieved from http://www.safetimes.co.kr/news/articleView.html?idxno=64387
*이태석. (2010). 친구가 되어 주실래요: 생활성서사.
*인성희, 방은령. (2013). 청소년의 서번트 리더십에 관한 연구. 놀이치료연구-한국놀이치료 학회, 16(4), 319-341.
*임병헌. (1994). 수도자의 정체성에 대한 소고: 교회에 관한 교의 헌장 Lumen Gentium 제 6장을 중심으로. 가톨릭 신학과 사상, 12, 17-45.
*채송무. (2017.03.30). 대선주자 인터뷰: 안철수의 '공정과 미래'. 아이뉴스 24.

제 4 장 시대를 읽는 서번트 리더

[자신을 다스릴 줄 아는 리더 - 백범 김구]

*김구. (1994). 백범일지: 필맥.
*설민석. (2019). 책 읽어 드립니다 - '설민석의 백범일지' 강독 1,2,3편. 대한민국.
*윤조커. (2019). 한국사 백범 김구의 생애 업적 리더십 독립운동가. Retrieved from   blog.naver.com/lkm3046/221699977686
*이원태. (2017). 대장 김창수. In 주. 무. (주)비에이엔터테인먼트, (주)원탁   (Producer). 대한민국: 씨네그루(주)키다리이엔티, ㈜키위컴퍼니.
*한민석. (2013). 백범 김구의 안악 신민회 시기 교육활동. [Baekbeom Kim Gu's Educational Activity in the Period of Anak and Sinminhoe]. 교육사상연구, 27(3), 321-347.

[융합의 아이콘, 서번트 리더십 실천의 롤모델 – 이명신]

*그린리프, 로버트 K, 강주현 옮김. (2006). 서번트 리더십 원전.
*박병기. (2018). 제4차산업혁명시대의 리더십 교육 그리고 교회. 수원: 거꾸로미디어.
*윤형돈. (2018). 조선 리더십 경영: 와이즈베리

[내가 누구인지를 아는 시대의 리더 – 방시혁]

*Robert K. Greenleaf Center. The servant leader : newsletter of the Robert K.
*Greenleaf Center (pp. v.). Indianapolis, IN: The Center.
*Gibbs, N. (2019). TIME 100 Most Influential People 2019. TIME.
NEWS, S. (2019). 방시혁 대표 "나는 아티스트, 성과보다 '무엇을 왜' 하는지 논의", 한국대중음

약. 서울.
*Spears, L. C., & Lawrence, M. (2002). Focus on leadership servant-leadership for the twenty-first century. New York: J. Wiley & Sons.
*Spears, L. C., & Lawrence, M. (2016). Practicing Servant-Leadership: Succeeding Through Trust, Bravery, and Forgiveness: Wiley.
*김남국. (2018). BTS Insight 잘함과 진심 BTS에게 배우는 Z세대 경영전략. 서울: 비밀신서.
*김연지. (2018). "방시혁 멘토 존경해" 방탄소년단, 계약 1년 남겨두고 빅히트와 재계약. 중앙일보. http://news.kbs.co.kr/news/view.do?ncd=4054096
*김정은, 김성훈. (2018). 엔터테인먼트 코리아. 서울: 미래의 창
*김채수. (2014). 글로벌 시대 인간의 존재의미와 그 창출방안. 인문과학연구, 43, 397-439.
*김하진. (2019). 빅히트이 음악산업 혁신 방안. 텐아시아. Retrieved from hahahajin@tenasia.co.k
*대중문화연구회. (2019). 유튜브 와 K-콘텐츠 레볼루션: Chagǔn Uju
*박병기. (2018). 제4차 산업혁명 시대의 리더십, 교육, & 교회. 수원: 거꾸로미디어.
*박병기, 김희경, & 강수연. (2019). BPSS 미래저널. 수원: 거꾸로미디어연구소
*박병기. (2019). 제4차 eBPSS FT 변혁적 리더십 강의. 수원: 거꾸로미디어.
*박병기, 김희경. (2019). 4차 산업혁명에 따른 청소년 활동 및 교육의 변혁 탐색 -경기도 광주시 청소년수련관이 진행한 eBPSS 마이크로칼리지를 중심으로. [Gwangju City (Gyeonggi-do) Exploring the Paradigm Shift in Youth Activity Youth Training Center]. 청소년학연구, 26(8), 209-229.
*박지현. (2018). 2018 대한민국 셀러브리티 방시혁과 방탄소년단의 빅히트(BigHit). 중앙시사 매거진.
*방시혁 서울대. 홍보팀 (2019). 제 73회 전기 수여식 졸업식 축사. 서울.
*방시혁. (2018). 하이원 서울가요대상, 올해의 제작자상/Interviewer: 동아일보.
*배철현 (2019). 배철현의 위대한 리더(양장본 HardCover). 살림
*이소윤, 이진주. (2015). 9번째 지능: 청림출판.
*장진원. (2018). 고객경험 혁신, BTS 신화를 쓰다. 포브스.
*정현모 외 8인. (2018). KBS1 명견만리, 방시혁 PD의 방탄소년단과 K-pop의 미래. 서울

제 5 장 세상을 변화시키는 FIRE 하이브리드 리더십

[섬기는 자의 롤 모델 - 존 우든]

*Bisheff, S. (2004). John Wooden : an American treasure. Nashville, Tenn.: Cumberland House.
*Chapin, D., & Prugh, J. (1973). The wizard of Westwood; Coach John Wooden and his UCLA Bruins. Boston,: Houghton Mifflin.

*Fellowship of Christian Athletes. (2005). Heart of a coach. Ventura, CA: Regal Books.

*Hybels, B. (2009). Courageous leadership (Expanded edition. ed.). Grand Rapids, MI: Zondervan.

*Johnson, N. L. (2004). The John Wooden pyramid of success : the biography, oral history, philosophy and ultimate guide to life, leadership, friendship and love of the greatest coach in the history of sports (Rev. 2nd ed.). Los Angeles: Cool Titles.

*Kimball, D. (2003). The emerging church : vintage Christianity for new generations. Grand Rapids, MI: Zondervan.

*Sanders, J. O. (2007). Spiritual maturity : principles of spiritual growth for every believer. ChIcago, IL: Moody Publishers.

*Smith, J. M. (2013). The sons of Westwood : John Wooden, UCLA, and the dynasty that changed college basketball. Urbana: University of Illinois Press.

*Wooden, J. (2015). The greatest coach ever : Tony Dungy, David Robinson, Tom Osborne and others pay tribute to the timeless wisdom and insights of John Wooden (Revell edition. ed.). Grand Rapids, MI: Revell.

*Wooden, J., & Carty, J. (2005). Coach Wooden's pyramid of success. Ventura, Calif.: Regal.

*Wooden, J., & Jamison, S. (2005). Wooden on leadership (1st ed.). New York, NY: McGraw-Hill.

*Wooden, J., & Jamison, S. (2009). Coach Wooden's leadership game plan for success : 12 lessons for extraordinary performance and personal excellence. New York: McGraw-Hill.

*Wooden, J., & Jamison, S. (2010). The wisdom of Wooden : my century on and off the court. New York: McGraw-Hill.

*Wooden, J., & Tobin, J. (1988). They call me coach (Rev., expanded, and updated. ed.). Chicago: Contemporary Books.

*박병기. (1995). 존 우든 자택 인터뷰, 중앙일보USA.

[섬기는 자의 꿈 - 마틴 루터 킹 주니어]

*Lee, S., & Byun, G. (2016). Influence Tactics: Conceptualization, Review, and Recommendations for Future Research. The Korean Academic Association of Business Administration, 29, 853-892. doi:10.18032/kaaba.2016.29.5.853

*권태선. (2007). 마틴 루터 킹(평화를 꿈꾼 인권운동가)(내가 만난 역사 인물 이야기): 창비.

*두버네이, 에바. (Writer). (2014). 셀마(영화_Selma, 2014). 미국.

*장은혜, 이광희, 장은영, 곽현근. (2014). 서번트 리더십이 창의성에 미치는 영향에 관한 연구 : 임파워먼트 매개효과. 산업경영시스템학회지, 37(1), 104-114.

[21세기형 리더십의 아이콘 - 버락 오바마]

*Brill, M. T. (2006). Barack Obama: Working to Make a Difference: Millbrook Press.

*Burt-Murray, A., & Obama, B. (2009). The Obamas in the White House : reflections on family, faith & leadership (Special anniversary ed.). New York: Time Inc. Home Entertainment.

*Cohen, D., Greenberg, M., Dodson, H., Burnett, D., Halstead, D., & Obama, B. (2009). Obama : the historic front pages : from announcement to inauguration, chronicled by leading U.S. and international newspapers. New York: Sterling.

*Gormley, B. (2015). Barack Obama: Our 44th President: Aladdin.

Mansfield, S. (2011). The Faith of Barack Obama: Thomas Nelson.

*Mendell, D., & Thomson, S. L. (2008). Obama: A Promise of Change: HarperCollins.

*Obama, B. (2007). The audacity of hope : thoughts on reclaiming the American Dream. Edinburgh ; New York: Canongate.

*Obama, B. (2007). The Audacity of Hope: Thoughts on Reclaiming the American Dream: Canongate Books.

*Obama, B. (2008). Change we can believe in : Barack Obama's plan to renew America's promise (1st ed.). New York: Three Rivers Press.

*Obama, B. (2008). Dreams from my father : a story of race and inheritance. Edinburgh: Canongate.

*Obama, B. (2009). The Obama education plan : an Education week guide (1st ed.). San Francisco: Jossey-Bass.

*Obama, B., Harrison, M., & Gilbert, S. (2009). Barack Obama : speeches on the road to the White House. Carlsbad, Calif.: Excellent Books.

*Obama, B., McCain, J., & Copyright Collection (Library of Congress). (2008). 20/20. [2008-09-26].

*Obama, B., McCain, J., & Copyright Collection (Library of Congress). (2008). 20/20. [2008-10-03].

*Obama, B., McCain, J., & Copyright Collection (Library of Congress). (2008). ABC News vote '08. [Election night coverage. 2008-11-04, 6:00 pm-2008-11-05, 2:00 am EST].

*Obama, B., McCain, J., & Copyright Collection (Library of Congress). (2008). ABC News vote '08. Presidential debate [and] Presidential debate analysis. [2008-09-26].

*Obama, B., McCain, J., & Copyright Collection (Library of Congress). (2008). ABC News vote '08. Presidential debate. [2008-10-07].

*Obama, B., McCain, J., & Copyright Collection (Library of Congress). (2008). ABC News vote '08. Presidential debate. [2008-10-15].

*Obama, B., Obama, M., Walters, B., & Copyright Collection (Library of Congress). (2008). Barbara Walters special. [2008-11-26], Barack Obama, Michelle Obama.

*Obama, B., & Rogak, L. (2009). Barack Obama in his own words (Running Press

miniature ed.). Philadelphia, PA: Running Press.
*Obama, B., & Scholastic Inc. (2009). Yes we can! : a salute to children from President Obama's victory speech (1st ed.). New York: Scholastic.
*REYNOLDS, S. S. (2009). Writers praise Barack Obama's inaugural address, Los Angeles Times. Retrieved from https://www.latimes.com/archives/la-xpm-2009-jan-21-na-inaug-literati21-story.html
*Sharpley-Whiting, T. D., & Obama, B. (2009). The speech : race and Barack Obama's "A more perfect union" (1st U.S. ed.). New York: Bloomsbury.
*Swaine, J. (2008). Barack Obama: The 50 facts you might not know, Telegraph. Retrieved from https://bit.ly/obamaleadership1
*김현숙. (2009). 오바마 대통령의 정치리더십 연구. (국내석사학위논문), 숙명여자대학교 사회교육대학원, 서울. Retrieved from http://www.riss.kr/link?id=T11731113
*최성원 (Writer). (2017). [핫이슈] 오바마의 8년... 희망과 변화.: KBS.
*함정민 (Producer). (2017). 오바마 비디오 2920일, SBS 스페셜: SBS.

[마티스가 된 듯 마침내 FIRE 하이브리드 리더가 되다 - 세종과 정조]

*"박현모의 세종리더십." from https://hmparkblog.tistory.com/41?category=518093.
*Chŏng, Y. (2012). 세종의 정치와 리더십: 신뢰의 리더, Pungnaep.
*김용관. (2011). CEO 정조에게 경영을 묻다, 돋을 새김.
*박영규. (2008). 한권으로 읽는 세종대왕실록, 웅진지식하우스.
*박현모. (2007). "세종과 정조의 리더십 스타일 비교." 오늘의 동양사상: 133-152.
*배종대. (2009). "세종의 호학." 법학연구원 제52호: 1-39.
*설민석. (2016). 설민석의 조선왕조실록 : 대한민국이 선택한 역사 이야기, 세계사.
*아난드, 바라트. (2017). 콘텐츠의 미래, 리더스북.
*안대회. (2010). 정조의 비밀편지 (키워드 한국문화 02), 문학 동네.
*윤형돈. (2018). 조선 리더십 경영, 와이즈베리.
*정창권. (2018). 정조처럼 소통하라: 편지로 상대의 마음을 얻은 옛사람들의 소통 비결, 사우.
*구글코리아 조용민. " '4차 산업혁명시대, 미래자녀교육, 자신을 혁신하는 방법, 세바시."
*크리스텐슨, 클레이튼. (2018). 파괴적 혁신 4.0, 세종서적.

저자
소개

◆ 박병기(카카오톡 ID : gugguro)

현재 웨신대 미래교육리더십 전공 담당 교수로 활동 중이고 거꾸로미디어연구소 소장으로서, 킨티브의 교육이사로서 미래교육을 연구하고 있다. 26년 동안 미국 이민자로 살면서 언어학(UCLA), 신학(CES), 교차문화학(Fuller), 변혁적 리더십(Bakke)을 공부했다. 박사학위는 변혁적 리더십(Transformational Leadership)으로 받았다. 미래교육을 리더십 및 언어학적 관점으로 연구하고 풀면서, 미래교육을 이끄는 청소년, 교사(FT), 리더를 대상으로 리더십 훈련하는 데에 관심이 높다.

◆ 조계형 (카카오톡 ID : chogyy)

현재 광주시청소년수련관 관장으로 활동 중이며 청소년학, 사회복지학, 평생교육학, 경영학을 전공하였고, 경기대학교 청소년학 박사과정을 수료하였다. 주로 청소년과 평생교육 분야에서 20여년 활동하였으며, 대학에서는 사회복지와 청소년과목을 강의하였다. 저서로는 〈청소년을 위한 전문직 이야기(공저)〉, 〈중년을 넘는 기술〉, 〈청소년교육론(공저)〉을 집필하였고, 미래교육과 리더십을 주제로 연구와 활동에 노력하고 있다.

◆ 조기연 (카카오톡 ID : ckiyoun)

한국청소년진흥재단 경기도지부 지부장이며, 국제청소년교육원 원장, 청소년 유해환경감시단장 등 20여년 동안 청소년 관련 분야에서 활동하고 있다. 월드 비전 경기남부지역본부 꿈꾸는아이들사업단, 수원청소년문화센터, 영통청소년문화의집 자문위원 및 윤슬청소년지역아동센터 운영위원으로, 수원시지역 사회보장협의체 청소년분과에서 활동 중이다. 경기대학교 대학원에서 청소년학 석사를 수료하였으며, 웨신대에서 미래교육리더십을 전공(석사)하며 eBPSS 철학을 공부 중이다.

◆ 강수연 (카카오톡 ID : nr97gsy)

현재 거꾸로미디어연구소 교학장이며 eBPSS 마이크로칼리지의 FT이자 연구원으로 활동 중이다. 웨신대 미래교육리더십 전공 학생대표로서 석사 과정을 막 마쳤다. eBPSS 미래저널과 청소년이 함께 연구한 서번트 리더십을 공저했고 거꾸로미디어연구소에서 개발한 FMFE(Finding Meaning Focusing Energy) 전문 FT로 활동 중이다. 거꾸로미디어연구소와 경기도 광주시청소년수련관이 공동 수여 한 자성지겸예협상 첫 수상자이기도 하다. 석사논문 제목은 '저널링(미래저널)이 9번째 지능에 미치는 영향-FMFE를 중심으로'이다.

◆ 나미현 (카카오톡 ID : bibliocs)

단국대학교 대학원에서 교육학(상담심리) 박사 학위를 취득하였다. 20년 동안 북앤미[Book&ME] 법인 대표로 있으면서 부모교육, 독서통합교육, 창의 인성과 관련된 교육 컨텐츠를 개발하고 강사를 양성하였다. 단국대학교, 수원여자대학교, 강남대학교 등에서 교육학과 상담심리 관련 과목을 강의하였다. 현재는 웨신대 미래교육 리더십 전공 겸임교수로 재직하고 있으며, 거꾸로미디어 연구소에서 미래교육 리더십과 관련된 연구와 활동을 하고 있다. .

◆ 경제원 (카카오톡 ID : kyungjw09)

대학에서 사회복지학과 청소년학을 공부하였다. 현재 웨신대 미래교육리더십학과 석사과정에 재학 중이다. 청소년에게 선한 영향력을 끼치는 사람이 되고싶다는 비전으로 7년째 청소년지도사로 활동 중이다. 청소년 활동을 하면서 청소년지도사, 사회복지사, 평생교육사, 직업상담사, 건강가정사, 미술심리치료사, 진로진학상담사, 심리학 학사 등의 자격증을 취득하였다. 내가 만나는 청소년들에게 부족함 없는 지도사가 되고 싶다는 생각에 자기계발에 힘쓰고 있다.

◆ 이새봄 (카카오톡 ID : sebom1)

웨신대 미래교육리더십 전공 석사 학위를 취득하였다. 미국과 한국에서 15년 이상의 영어교육 경력이 있고 스페인어, 중국어를 구사한다. 웨신대에서 eBPSS 철학을 외국인 석, 박사 과정 대상으로 강의하고 있고 거꾸로미디어 연구소에서 개발한 EFLL(Effective Foreign Language Learning) 담당 FT로 활동 중이다. 글로벌 커뮤니케이션을 연구하며 BnE(eBPSS EFLL) Global Communication Group 설립을 준비하고 있다.

◆ 노현정 (카카오톡 ID : nooooo79)

현재 웨신대 미래교육리더십 전공 박사 과정에 재학 중이며 미래저널 쓰기와 굿메모리스포츠 융합을 통한 미래교육으로 동 대학원에서 석사 학위를 받았다. eBPSS 마이크로칼리지에서 좋은기억력스포츠 FT로 활동했으며 eBPSS 미래저널 스토리텔러로 변화되고 성장한 주인공들의 이야기를 써왔다. eBPSS 철학을 갖고 시대를 넘어 시대를 사는 리더들을 발굴, 탐색, 연구하여 살아있는 이야기를 전하고 개발 시켜 주는 미래 리더십 플랫폼을 계획 중이다.

◆ 유고은(카카오톡 ID : ani6373)

아주대학교 대학원 석사(사회복지학과) 학위를 취득하였다. 다양한 TV 영상 콘텐츠 제작자로 10여 년간 팀장으로 있으면서 문화 콘텐츠와 사회복지의 결합을 통한 새로운 미디어 복지의 방향을 연구하였고 대학교 외래교수로 출강하여 학생들에게 콘텐츠 제작 관련 과목을 강의하였다. 현재는 청소년지도사 활동을 하며 청소년지도사, 평생교육사, 사회복지사, 아동학 학사, 미술 교원자격 등의 취득으로 끊임없는 자기계발로 청소년지도사의 자질을 갖추기 위해 힘쓰고 있다. 향후 인간과 인간을 따뜻하게 연결할 수 있는 세상을 만드는 새로운 미디어 복지의 방향을 연구할 계획을 갖고 있다.

◆ **김희경 (카카오톡 ID : hopedesign)**

교육학, 사회복지학, NGO 전문가이다. 행정, 교육, 연구분야에서 25년 동안 일한 현장 전문가이다. 공무원, 어린이집 원장, 자원봉사센터장, 시민단체 사무총장, 미래교육플랫폼 대표 역할을 맡아 일을 했다. 경기도광주시청소년수련관 운영국장으로서 미래학교 eBPSS마이크로칼리지(광주시)를 운영하며 연구활동 중이며 향후 운영 중인 미래교육플랫폼에서 증강학교를 세울 계획을 갖고 있다.

◆ **김옥선 (카카오톡 ID : oksunny3)**

경기대학교에서 청소년학 박사과정을 수료하였고, 청소년 진로분야 전문가로서 진로체험지원센터 총괄 업무를 담당하여 지역사회 물적, 인적 자원 연계를 통한 청소년 진로탐색 및 활동에 도움을 주었다. 현재는 광주시청소년수련관 총무특화팀 팀장으로 특화사업인 eBPSS 마이크로칼리지(광주시) 프로그램을 운영하고 있다. 청소년 진로 관련 학술논문으로 〈AHP를 이용한 교육기부자, 진로진학상담교사, 학생의 직업체험 성과요인에 대한 중요도 분석〉이 있다.

언택트 시대의 마음택트 리더십

(4차 산업혁명시대, 서번트 리더십)

초판 1쇄 발행 2020년 8월15일 (광복 75주년)

지은이	박병기, 조계형, 조기연, 강수연, 나미현, 경제원, 이새봄,
	노현정, 유고은, 김희경, 김옥선
펴낸이	박병기
편집인	박병기
편집디자인	이준숙
편집보조	박병기
표지	컬러브디자인
교정	김지예, 박병기
출판등록	2017년 5월 12일 제353-2017-000014호
대표전화	031-242-7442
홈페이지	https://gugguro.news, https://microcollege.life
이메일	admin@ebpss.page, gugguro21@gmaill.com

Copyright ⓒ 각 절의 저자들이 저작권에 대한 권한과 책임이 있습니다.

ISBN 979-11-961443-5-7
잘못 만들어진 책은 구입한 곳에서 교환해드립니다.

거꾸로 미디어